시적 정의와 인권

지은이 **김경민**

김경민(金京敃)은 서강대학교 국어국문학과를 졸업하고, 동 대학원에서 「근대 소설의 형성과 성병」으로 석사 학위, 「현대 소설의 인권의식 연구」로 박사 학위를 받았다. 지금은 대구대학교 기초교육대학 창조융합학부에서 교수로 근무하고 있다. 「문학을 통한 인권감수성 형성과 인권 교육」이 2015년도 교육부 학술·연구지원 우수성과로 선정되어 교육부 장관 표창을 받았다. 대표 논문으로는 「'법률적 인간'의 출현과 문학적 형상화」, 「현대소설의 문학법리학적 연구」, 「1970년대 소설에 형상화된 시민성 연구」, 「70년대 노동소설에 재현된 정형화된 이미지로서의 여성노동자」 등이 있다.

시적 정의와 인권

찍은 날 2017년 2월 10일 · **펴낸 날** 2017년 2월 17일
지은이 김경민 · **펴낸이** 김상동 · **펴낸 곳** 경북대학교출판부
출판등록 1973년 10월 10일 ㉄97호 · **주소** 대구광역시 북구 대학로 80
전화 053-950-6741~3 · **팩스** 053-953-4692 · **이메일** press@knu.ac.kr
홈페이지 http://knupress.com
ISBN 978-89-7180-454-4 93810
* 정가는 뒤표지에 있습니다. 파본은 바꾸어 드립니다.

시적 정의와 인권

김경민 지음

경북대학교출판부

❙ 머리말 ❙

인권은 오래전부터 고민했던 연구 주제였다. 누군가는 인권이라는 주제를 보고 평생 써먹어도 되겠다며 부러워했다. 연구자로서 그보다 더 좋은 복이 어디 있을까. 그러나 한편으로는 새로운 연구 주제를 찾느라 힘들어도 좋으니 더 이상 인권이라는 주제가 간절해질 필요가 없는 세상이 되었으면 하는 바람을 갖기도 한다. 박사논문을 쓸 무렵, 이 땅의 남쪽에서는 어느 여성노동자가 300일이 넘는 시간을 크레인 위에서 싸우고 있었다. 그녀의 소식을 접할 때마다 1978년에 발표된 「흔들리는 땅」에서 지붕 위에 올라가 싸우던 버스 차장 '남숙'이 떠올랐다. 30여 년 전의 문제가 여전히 되풀이되고 있는 2011년의 상황이 답답했고, 그래도 조금만 더 버티면 나아질 것이라 자위했다. 그러나 5년이 지난 지금, 달라진 것은 없고, 사람들은 오히려 더 힘든 시간을 보내고 있다.

현실에 참패한 픽션, 픽션을 제압한 현실. 이 책을 준비하던 작년 겨울의 한국 사회를 설명해 주는 말을 1964년에 발표된 소설에서 또 한 번 찾을 수 있었다. 이럴 때마다 문학은 어떤 힘이 있을까 고민하게 되고, 문학 공부는 어떤 역할을 할 수 있을까 자책하게 된다. 그러나 암흑천지 같던 1960년대에도 인간다운 삶을 꿈꾸었던 문학이 있었음을 발견하였고, 그러한 문학의 가치가 오늘날에도 여전히 유효한 것임을 확인할 수 있었다. 현실은 소설을 제압했고, 소설은 현실에 참패한 듯하지만, 그럼에도 불구하고 문학은 당대의 독자들에게, 더 나아가 몇 십 년 후의 독자들에게도, 고통의 시간을 이겨 내고 희망을 갖게 한다. 스스로를 되돌아보게 하고, 부끄러움을 느끼게 한다. 내가 아닌 다른 사람을 생각하게 하고, 그와 함께 비를 맞을 수 있는 용기를 심어 준다.

적어도 내게 문학은 이런 것이었다. 문학 공부를 계속하고 학생들에게 문학을 가르치는 이유 또한 이 때문이다. 누군가의 부러움처럼, 인권이라는 주제에 대해서는 문학연구자로 또 한 사람의 시민으로 계속 연구하고 고민해 나갈 것이다. 그러나 적어도 앞으로 할 연구에서는 1960년대와 다를 바 없는 인권상황이 아니라, 보다 더 진보한 개념의 인권 문제를 놓고 진지하게 논의할 수 있게 되기를 기대해 본다. 과거에는 상상할 수조차 없었던 다양한 삶의 문제들이 문학이라는 장(場)에서 인권이라는 이름으로 자유롭게 이야기되었으면 좋겠다.

대개 학술서의 머리말은 책 내용을 간단히 소개하는 것이 일반적이다. 하지만 독자들이 1960년대의 소설을 인권이라는 주제로 읽어 낸 나의 분석에 집중하기보다는 이 책에 언급된 많은 소설들에 관심을 가져주길 바라는 뜻에서 책 내용을 정리해 소개하는 과정은 생략하기로 한다. 이 책을 통해 독자들이 읽은 지 오래된 혹은 알지 못했던 1960년대의 소설들을 만나게 된다면 좋겠다. 또 그것을 통해 1960년대를, 그리고 그 시대를 살았던 사람들의 삶을 들여다볼 수 있다면 더할 나위 없겠다. 더 나아가 이 책으로 인해 독자들이 지금 우리가 살고 있는 이 사회에 대해 잠시나마 관심을 가지고 고민하게 되기를 바란다면, 이는 지나친 욕심일까? 마침 공교롭게도 요즘 1960년대로의 회귀가 이루어지고 있다.

이 책이 나오기까지 도움을 받은 분이 많다. 석사 때부터 지금까지 아낌없는 격려와 가르침을 주신 김경수 선생님 덕분에 여기까지 올 수 있었다. 이재선·최시한·이상란·장일구 선생님과 모교의 모든 교수님들께 깊이 감사드린다. 그리고 언제나 따뜻한 지혜와 가르침을 주시는 정유성 선생님께도 감사의 말씀을 올린다. 함께 고민하고 공부했던 동료, 선후배에게도 고마움을 전한다.

마지막으로, 나의 가장 소중한 가족에게 사랑을 가득 담아 고마운 마음을 전한다.

2017년의 봄을 기다리며

김경민

목 차

제1장

근대소설의 형성과 인권의 탄생

인권, 문학과 법의 공존 가능성

문학은 상상력을 기반으로 인간이 추구해야 할 가치 있는 삶에 대해 끊임없이 문제 제기하고 탐색하는 예술양식의 하나다. 그러나 상상력을 기반으로 하는 동시에 현실세계로부터도 완전히 자유로울 수 없는 속성 때문에 문학이 비판하는 대상과 추구하는 가치는 언제나 그것이 생산되는 사회와 밀접한 관계를 이룰 수밖에 없다. 인권 역시 인간이 추구해야 할 가치 있는 삶을 논할 때 빼놓을 수 없는 대상이다. 이러한 인권은 언제나 갈등과 대립의 중심에 있으며, 인권을 요구하는 이들에게는 항상 억압되고 결여된 형태로 존재한다. 이것이 바로 문학이 인권에 주목하는 이유이다.

인권의 가치가 문학에서 구체적으로 다뤄지기 시작한 것은 근대 시민사회가 형성되면서부터였다. 특히 근대 시민사회를 배경으로 탄생한 소설이라는 새로운 장르는 인권이라는 주제와 긴밀한 관계를 이루고 있었다. "완결된 삶의 총체성"을 전제로 하는 중세적 세계관에 대한 각성과 저항으로 형성된 근대는 "주어진 총체성"이 아닌 "찾아야 하는 총체성"의 시대였고, 따라서 그것을 찾는 주체인 '개인'의 존재가 중요해진 시대였다.[1] 또한 시민혁명과 상공업의 발달은 시민들에게 자신의 권리를 요구하고 지킬 수 있는 명분과 힘을 마련해 주었다. 이때부터 '개인'과 '권리'는 다른 어떤 가치보다 중요한 절대적 명제가 되었고, 이런 분위기는 자연스럽게 '인권'의 가치를 명문화하기에 이른다. 근대소설도 이런 배경에서 탄생하였기에 근대소설이 추구하는 중요한 가치 중 하나가 인권인 것은 당연한 결과일 수밖에 없다.

한국 사회에서 '개인'에 대한 자각이 시작되고 이를 토대로 인권에 대한 논의가 본격화되었던 시기는 1960년대이다. 비록 성공하지는 못했으나, 사람들의 자발적 의지로 시작된 4·19 혁명은 '개인'과 '인권'에 대해 깨닫는 계기가 되었다. 여기에는 박정희 정권이 적극적으로 인권담론을 구축해 나간 것도 중요한 요인으로 작용했다. 정권이 만든 각종 인권행사와 인권 관련 법·제도 덕분에 사람들이 인권개념에 대해 인식하기 시작한 것이다. 물론 현실은 인권이나 민주주의의 가치와는 너무나 상반된 모습이었다. 이런 모순된 상황 속에서 인권에 대한 사람들의 요구는 커질 수밖에 없었으며, 문학은 당시 사회에서 억압된 것이자 결여된 것으로 존재하는 인권문제에 주목하기 시작한다.

이처럼 소설과 인권 사이에 충분한 상관관계가 있음에도 불구하고 지금까지 문학연구에서 인권은 특별히 주목받지 못했다. 정확히 말하자면, 인권이라는 주제를 전면에 내세워 구체적으로 분석한 연구가 거의 없었다. 물론 인권이라는 구체적 개념을 명시하지 않았을 뿐 인권의 가치는 오래전부터 문학이 고민하고 탐구해 온 주제와 다르

1 게오르그 루카치 지음, 반성완 옮김, 『소설의 이론』, 심설당, 1985, 59~74쪽.

지 않았다. 그러나 막연하게 '인간이 추구해야 할 가치 있는 삶'이라는 주제로 접근할 때와 '인권'이라는 구체적이고 명확한 개념을 전제로 분석할 때 제기할 수 있는 문제와 모색할 수 있는 대응방안은 분명 큰 차이를 보일 수밖에 없다.

그동안 인권은 법적·정치적 담론의 전유물이었다. 이 점이 인권이라는 주제와 문학연구의 만남을 더욱 어렵게 하였다. 그러나 위에서 언급한 것처럼, 인권은 문학이 추구하는 가치와 본질적으로 다르지 않으며 이러한 사실을 근거로 문학과 법이라는 상이한 두 분야의 공존 가능성을 제시할 수 있다. 인권 외에도 정의, 공동체의 질서, 분배 등은 그동안 법적·정치적 주제로만 여겼던 것들이지만, 이 또한 인간이 추구해야 할 가치나 바람직한 삶의 조건이라는 점에서 문학이 고민하는 내용과 다르지 않다. 결국 문학과 법은 같은 문제의식을 공유하고 있다는 결론에 이르게 되는데, 이러한 인식이 바로 문학법리학의 출발점이다.

문학법리학을 기반으로 한 이 책의 목적은 동일한 문제의식을 공유하는 법과 문학이 같은 문제에 접근하고 대응하는 방법상의 차이를 비교해 보는 데 있다. 그중에서도 부조리한 사회 현상에 대해 문학이 문제 제기하고 대응하는 방법을 살펴보는 것이 주가 될 것이다. 법적·정치적 담론은 현실적 제약을 많이 받는 데 비해 문학은 그러한 현실적 제약으로부터 비교적 자유로운 상태에서 문제 대상을 비판하고 대안을 제시할 수 있다. 가령 이 책에서 주로 논의 대상으로 삼고 있는 1960년대의 경우에도, 개발독재라는 시대 상황으로 인해 정치적·법적 담론은 기형적으로 형성될 수밖에 없었던 반면 문학은 법과 정치가 시도하지 못한 문제 제기와 새로운 해결 가능성을 적극적으로 제시할 수 있었다. 인간의 삶을 대상으로 그것을 묘사하거나 규정하며, 나아가 보다 가치 있고 바람직한 삶의 모습을 추구한다는 점에서 법학과 문학은 닮은 점이 많은 학문이다. 그러나 공통점만큼이나 많은 차이점 때문에 그동안 상호교류가 많지 않았던 것이 사실이다. 지금까지의 인권논의가 법적·정치적 영역에 편중되었던 것을 생각한다면 균형잡힌 인권담론을 위해서는 문학연구에서의 보다 적극적인 관심이 필요한 상황이다. 이러한 문제의식을 기반으로, 이 책에서는 '인권'이라는 주제가 문학이 지향하는 본질적 가치와 다르지 않으며, 오히려 기존의 법적·정치적 논의의 한계를 뛰어넘는 새로운 인권담론이 문학을 통해 구축될 수 있음을 입증해 보이고자 한다.

문학법리학적 연구를 전제로 하는 만큼, 본격적인 논의로 들어가기 전에 문학법리학적 방법으로 진행된 선행연구들을 먼저 살펴볼 필요가 있다. 미국에서 문학법리학에 대한 관심은 제임스 화이트(James B. White)와 리처드 위스버그(Richard Weisberg)를 시작으로 이후 리처드 포스너(Richard Posner)와 커런 돌린(Kieran Dolin) 등을 위시한 많은 학자들에 의해 꾸준히 이어져 왔다.[2] 한국에서 문학법리학이라는 학제 간 연구에 주목한 이들로는 안경환과 장경학이 대표적이다. 장경학은 1989년에 발표한 『법률과 문학』에서 법과 문학이 원래 하나의 기원에서 파생된 것이며 분리할 수 없는 것이라는 전제하에, 법과 문학이 변증법적 관계를 통해 발전해 가야 한다고 주장한다. 특히 장경학은 법학자이면서도 대상에 대해 실존적 사유를 하는 시인의 관점이 법철학자의

---

2 미국의 문학법리학 운동에 관해서는 안경환의 「미국에서의 "법과 문학" 운동」(『문학과 영상』 2001.봄)에 자세히 설명되어 있다.

그것보다 더 중요하며 설득력 있는 것이라고 언급하면서 문학의 역할과 가치를 강조한다. 안경환 역시 『법과 문학 사이』, 『법, 영화를 캐스팅하다』, 『법, 셰익스피어를 입다』 등 여러 저작에서 문학과 법의 기능과 사명이 공동체를 사는 인간의 삶의 본질을 규명한다는 점에서 다를 바 없다고 주장한다. 그는 찰스 디킨스, 마크 트웨인, 셰익스피어 등의 작품을 분석하면서 시적 정의와 법적 정의의 상관성에 대해 구체적이고 설득력 있는 문제 제기를 꾸준히 해 왔다. 비록 영미권 문학 작품을 주요 분석 대상으로 삼았다는 아쉬움이 있으나, 문제적 사회에 대응하는 문학의 역할에 주목했다는 점에서 분명 의의가 있다.

이들이 법학자의 관점에서 문학법리학에 접근했다면, 문학적 상상력을 가리켜 '공공의 상상력'이라고 했던 김경수의 최근 논의들은 문학연구자의 입장에서 문학법리학의 가능성을 시사한다. 물론 이전에도 소설에서의 법정 장면이나 감옥, 변호사 등의 소재에 주목한 논의들은 있었으나 대부분 소재 분석의 차원에만 머물러 있었다. 반면 김경수는 법과 문학의 근원적인 친연성에 주목하여 문학에 형상화된 다양한 법리적 문제를 분석하였다. 그는 법과 문학이 사회적 역할이나 문제의식 등을 공유하고 있을 뿐만 아니라 이를 풀어내는 형식적 측면에서의 유사성도 상당 부분 가지고 있음을 설명하고, 이를 『난장이가 쏘아올린 작은 공』, 『보이지 않는 손』, 『즐거운 나의 집』 등 다양한 텍스트를 대상으로 입증해 보이며 '공공의 상상력'으로서의 소설의 역할을 강조하였다.

최근 들어 법과 문학의 상관성을 전제로 인권이라는 주제와 소설을 연결해 보려는 시도들이 조금씩 나오기 시작했다. 그러나 대부분이 법학자의 시각에서 분석된 것이며, 문학적 방법론을 토대로 한 논의의 상당수가 영문학 작품을 대상으로 한 것이라는 점에서 여전히 아쉬운 점이 많다. 기존 연구들의 이러한 한계를 넘어서는 의미로, 이 책에서는 우리나라 소설을 대상으로 문학이 법적 인권담론의 문제점을 보완하고 새로운 시각으로 인권담론을 형성할 수 있음을 증명해 보이고자 한다.

새로운 시각으로서의 문학법리학

소설이 인권침해와 같은 현실의 문제 상황에 맞서 저항담론을 구축할 수 있는 힘은 '문학적 상상력'에서 비롯된다. 소설이 상상력의 산물임은 여러 의미로 해석할 수 있다. 특히 독서 과정에서 독자가 발휘하는 상상력에 주목해 볼 필요가 있다. 독자는 상상력을 통해 자신과 다른 상황에 처해 있으며 다른 종류의 감정과 사고를 지닌 타인, 즉 이야기 속 인물로 옮겨 갈 수 있다. 이것이 바로 '공감'이다. 이 공감의 원리를 통해 독자는 현실 세계에서도 '나' 아닌 '다른 사람'을 이해할 수 있게 된다. 이러한 공감의 기능에 대해 미국의 법철학자 마사 누스바움(Martha C. Nussbaum)은 그리스 시대의 비극과 그것을 보는 관객의 반응을 예로 들어 설명한 바 있다.

> 비극은 인간의 삶에서 발생할지도 모르는 나쁜 일들을, 실제 삶에서 그것이 발생하기 훨씬 이전에, 어린 시민들에게 숙지시킨다. 이 과정에서 관객은 의심할 여지 없이 분명하게 드러나는 고통과, 그것이 초래한 상실에 의미를 부여한다. 이것이 시적이며 시각적인 연극이 도덕적 무게를 갖는 방식이다. 관객을 비극의 영웅과 동일시하도록 이끌고, 동시에 그 영웅이 상대적으로 훌륭한 사람이며 그의 고통이 그의 계획적인 사악함에서 비롯된 것이 아

니라고 묘사함으로써, 연극은 고통에 대한 공감이 상상력을 붙잡을 수 있도록 한다. 이러한 감성은 극의 형식 안에 짜여 있다.[3]

관객(독자)은 문학적 상상력을 통해 "그들의 세계에서 보이지 않았던 사람들을 인식하게" 되고, 문학 속에서 "고통 받는 사람이 나일 수도 있다는 생각을" 하게 된다는 것이다.[4] 독자는 허구의 이야기를 통해 직접 경험의 한계를 넘어 다양한 상황에 직면하고 다양한 유형의 인물을 만날 수는 있지만, 현실과 허구의 경계를 넘지 못하는 한 이야기 속 인물과 상황은 관념적인 허구의 대상으로 그치게 된다. 그러나 이야기 속 인물에 공감하는 순간 현실과 허구의 경계는 무너진다. 이야기 속 인물에 공감한 독자는 인물이 처해 있는 문제 상황을 관망하는 것이 아니라 분노하거나 비판하는 등 적극적으로 관여하게 된다. 이렇게 문제 상황에 처한 타인을 외면하거나 부정하지 않고 그것에 대해 부당하다고 느끼는 것이 바로 인권의식이 형성되는 첫 번째 단계이다. 결국 인권문제에 대한 소설적 대응이란 인권침해 상황에 놓인 타인(인물)에 대해 독자의 공감을 이끌어 내기 위한 문학적 전략이라 할 수 있다.

문학적 상상력은 독자의 공감을 형성할 뿐 아니라 현실의 지배담론에 도전하는 저항담론을 형성하기도 한다. 상상력을 기반으로 구성된 소설은 단순히 현실세계를 재현하고 모방하는 것이 아니라 '가능세계(possible world)'를 모색하는 역할을 한다. 가능세계란 현실에서의 모순

---

3 Martha C. Nussbaum, "The Narrative Imagination", *Cultivating Humanity*, Harvard U.P., 1997, p. 93.

4 위의 책, 94쪽.

과 한계가 극복되고 바람직한 삶의 가치가 실현되는 이상적 세계를 의미한다. 소설이 이런 가능세계를 그린다는 것은, 인간이 추구해야 할 삶에 대해 끊임없이 고민하고 그런 삶을 실현하기 위한 방법을 탐색하는 공간이 바로 소설이라는 말과도 통한다. 미국의 법철학자 제롬 브루너(Jerome Bruner)는 가능세계를 그려 내는 문학적 상상력의 독특한 위상에 대해 설명한 바 있다. 브루너가 생각하는 문학은 "우리가 알고 있는 세계로부터 추출된" 세계이지만, 한편으로는 "우리가 그 삶을 넘어서서 대안적 세계를 생각하도록 권유"하는 것이기도 하다.[5] 규정된 틀을 벗어나 다르게 사고하고 새로운 시각으로 접근할 수 있는 힘이 문학적 상상력의 또 다른 가치인 것이다. 이런 힘을 발휘할 때 문학은 저항담론의 장이 된다. 문학적 상상력을 '공공의 상상력'이라 부르는 이유도 이 때문이다. 공공의 상상력으로서의 문학적 상상력은 "한 사회의 의미와 가치, 이상과 규범을 약호화하는 법적 상상력의 세계를 이해하는 수단이자 동시에 끊임없이 그와 길항하면서 현실 질서의 변형이나 재규정을 위한 가능성을 탐색하는 상상력"을 의미한다.[6] 현실의 가치를 그대로 승인하는 것이 아니라 오히려 그것의 변화와 전복을 기반으로 하는 가능세계를 꿈꾸는 문학적 상상력이야말로 인권과 같은 사회적 문제를 다루기에 적합하다고 할 수 있다.

공감을 형성하고 가능세계를 모색하는 것은 분명 법이 하지 못하는 문학만의 특징이다. 보수적 성격이 강한 법이 현실의 규범과 제약에 갇혀 적극적으로 문제해결이나 대안제시를 할 수 없는 데 비해, 문

---

5 제롬 브루너 지음, 김경수·강현석 옮김, 『이야기 만들기』, 교육과학사, 2010, 136쪽.
6 김경수, 「법과 문학, 문학법리학」, 서강대학교 국제지역문화원 인문세미나 교재개발위원회, 『현대사회와 인문학적 상상력』, 서강대학교출판부, 2007, 102쪽.

학은 특유의 상상력으로 현실의 금기나 제약을 넘어서는 적극적 문제 제기와 비판을 시도한다. 또한 법에 의한 문제해결이 단일한 기준에 근거한 해석과 판단이라는 한계에 갇혀 있다면, 문학이 제기하는 대응방법은 다양성과 가능성을 전제로 한다. 그리고 법적 해결이 기성의 판단기준과 규율에 근거한 소극적이고 타율적인 방법인 데 비해, 문학은 독자들이 자발적으로 문제를 인식하고 해결하도록 이끄는 역할을 한다. 이러한 문학적 특성들은 법적 대응방식의 한계와 모순을 극복하고 새로운 가능성을 제시한다는 점에서 문학법리학적 연구의 중요한 전제가 된다.

법의 언어로 구성된 제도적 인권담론

문학적 인권담론의 구체적 양상을 확인하기에 앞서, 소설들이 비판하는 인권침해 문제가 발생하는 1960년대의 시대상에 대한 이해가 필요하다. 문학을 통해 형성되는 담론은 기본적으로 권력의 주도로 형성된 담론에 저항하는 성격을 띠게 마련이다. 인권을 둘러싼 담론 또한 마찬가지이다. 따라서 문학적 인권담론을 분석하기 위해서는 먼저 그것의 비판 대상이 되는 인권담론에 대해 살펴볼 필요가 있다. 이 책에서 논의 대상을 1960년대로 선정한 이유는 이 시기에 인권에 대한 관심과 논의가 본격화되었기 때문이다. 정확히 말하자면, 법적·정치적 차원에서의 인권담론이 본격적으로 형성된 시기가 1960년대인 것이다. 1960년대는 정치·경제·문화 등 사회 전 분야에서 이전 시대와는 본질적으로 다른 시대적 특성이 드러나기 시작한 시기이다. 한마디로 1960년대는 근대국가 형성의 움직임이 적극적으로 이루어진 시기라 할 수 있다. 인권에 대한 본격적인 논의가 이 시기에 시작된 것도 이런 시대적 특징과 관련된다. 현대 사회에서 인권은 인간이라면 누구나 부여받는 천부인권의 개념이 아니라, "국가라는 정치 기구 및 제도 속에서 구체적으로 실현된" 권리이다.[7] 따라서 근대국가의 형성과 인권의 실현은 긴밀한 관계를 이룰 수밖에 없다.

근대국가를 구성하는 기본적 요소는 근대적 법과 행정제도 그리고 시민(국민)으로서의 개인이다. 한국 사회에서 이 두 가지 요건을 다 갖춘 근대국가가 형성되기 시작한 시기가 바로 1960년대이다. 근대적 법과 행정제도는 해방 이후 초대 정권 때부터 존재했지만, 근대적 행정체계가 정비되고 실질적으로 제 기능을 하며 법치주의가 사회 전반에 걸쳐 공고해진 것은 박정희 정권이 들어서면서부터였다. 이는 경제성장과 강력한 군대 장악력을 토대로 안정적인 정치·경제적 기반을 마련했기에 가능했다. 그러나 1960년대를 근대국가 형성기로 규정할 수 있는 또 다른 이유는 바로 1960년대의 시작과 함께 일어난 4·19 혁명이다. 혁명의 결과를 두고는 성공이냐 실패냐 의견이 분분하지만, 4·19 혁명이 '근대적 개인'이라는 귀중한 유산을 남긴 것만은 분명하다. 사람들은 혁명을 통해 어렴풋하게나마 개인의 자유와 권리 등의 가치를 깨닫기 시작했다. 이런 현상들은 분명 이전에는 경험하지 못한 것이었다. 일제 식민지 시기에는 개인은커녕 개인의 권리를 보호해 줄 국가조차 없었고, 이후 갑작스런 해방으로 충분한 준비를 하지 못한 채 구성된 초대 정부 또한 제대로 기능을 할 리 없었다. 그리고 잇달아 일어난 전쟁으로 인해 근대국가로의 발전은 또 한 번 유보되었

---

7 최현, 『인권』, 책세상, 2008, 17쪽.

고, 그렇게 1960년대를 맞은 것이다. 결국 모든 변화는 1960년대를 기점으로 이루어졌고, 변화된 사회적 조건을 바탕으로 인권에 대한 의식 또한 본격적으로 형성되기 시작했다.

1960년대는 강력한 행정력과 법체계를 기반으로 근대국가를 형성했던 박정희 정권이 탄생한 시대인 동시에, 근대적 주체로서의 시민이 처음으로 역사의 무대에 등장한 4·19 혁명의 시대이기도 하다. 인권 또한 이 시대만큼이나 양가적인 속성을 띠고 담론화되었다. 인권은 4·19 혁명을 계기로 촉발된 민주주의와 자유에 대한 열망이 집약된 대상이기도 하지만, 아이러니하게도 국민을 형성하고 통제할 효과적인 도구가 필요했던 박정희 정권이 선택한 전략이기도 했다. 그런 의미에서 박정희 정권에 의해 형성된 인권담론을 먼저 살펴볼 필요가 있다. 박정희 정권은 어느 정권보다 잔인한 인권탄압을 펼쳤지만 한편으로는 가장 적극적으로 인권담론을 형성하기도 했다. 따라서 이 시기에 무조건적인 인권탄압만 이루어졌을 것이라는 생각은 성급한 판단이다. 어느 시기보다 강력했던 국가권력의 통제와 억압으로 1960년대에는 인권담론이 전무했을 것이라는 기존의 편협한 시각 또한 수정되어야 한다.

이승만 정권과 박정희 정권은 반공이데올로기를 강력한 무기로 삼아 독재 권력을 유지했다는 공통점이 있으나, 박정희 정권의 반공이데올로기는 이승만 정권의 그것과 확연한 차이를 보인다. 우리나라 반공이데올로기의 변천 과정을 3단계로 구분한 논의에 따르면, 첫 번째 단계인 이승만 정권 시기에는 외양적 반공이데올로기가 확산되고, 두 번째 단계인 박정희 정권 시기에는 실재적이고 내재적인 반공이데올로기가 구축되며, 마지막 단계인 전두환·노태우 정권에서는 기존의 반공이데올로기가 확대·재생산되는 특징을 보인다.[8] 여기서 박정희 정권과 이승만 정권의 차이를 명확하게 보여 주는 부분이 바로 '내면화'인데, 이승만 정권의 반공이데올로기가 주로 제도적 차원에만 머무르는 소박한 것이었다면, 박정희 정권의 그것은 국민들의 내면을 장악해 사유방식을 통제했다는 점에서 한층 진화된 것이었다. 이승만 정권에 대해서는 억압과 독재라는 평가에 큰 저항이 없는 데 반해, 박정희 정권에 대해서는 독재와 파시즘이라는 평가 못지않게 자발적 동원이나 대중독재와 같은 분석이 이루어지는 까닭도 이 때문이다.

이러한 자발적 동원이 가능했던 것은 박정희 정권이 강제와 탄압의 방식으로만 통치한 것이 아니기 때문이다. 박정희는 5·16 쿠데타를 일으킬 때부터 민주주의를 기반으로 하고 있음을 강조하였고, 이후에도 민주주의는 박정희 정권이 지향하는 절대적 가치로 자리 잡았다.[9] 해방과 전쟁을 치르면서 민주주의는 남한 사회에서 유일하게 지지될 수 있는 이념이었다. 공산주의에 대항하기 위해 국가가 선택한 것도, 4·19 혁명 이후 생겨나기 시작한 민중의 저항담론이 표방한 것도 모두 민주주의였다. 그리고 미국을 중심으로 한 당시 세계정세 또한 민주주의를 거스를 수 없는 분위기로 형성하는 데 한몫을 하였

---

8 반공이데올로기의 변천 과정과 각각의 특징에 대해서는 윤충로·강정구의 「분단과 지배 이데올로기의 형성·내면화」(『사회과학연구』 6권, 1998)를 참고하였다.

9 민주주의에 대한 박정희의 언급은 5·16 쿠데타 시기에 박정희가 한국의 민주주의를 독자적인 '행정적 민주주의'라고 칭한 데서부터 찾을 수 있다. "나는 혁명시기에 있어서 우리가 바라는 민주주의란 서양식의 민주주의가 아니라 우리 사회와 정치형편에 알맞은 민주주의를 해나가야 된다고 생각하는 것이다. 즉 그러한 민주주의란 다름 아닌 바로 '행정적 민주주의'라고 말할 수 있다."(박정희, 『우리 민족의 나갈 길』, 동아출판사, 1962) 이후 '행정적 민주주의', '민족적 민주주의', '한국적 민주주의' 등으로 수식어만 바뀔 뿐 '민주주의'라는 개념은 박정희 정권이 집권하는 동안 계속해서 사용된다.

다. 이런 배경 아래 인권은 민주주의를 표방하는 박정희 정권의 정책 수립과 운용에서 상당히 중요한 역할을 담당한다. 박정희 정권이 형성한 인권담론은, 미국과 유엔을 흉내 내는 정도로 인권을 이해하고 '행사로서의 인권' 수준을 넘지 못했던 이승만 정권의 인권담론과 확연한 대조를 이룬다. 박정희 정권에 있어 인권은 실질적인 제도의 하나로, 국민국가를 형성하기 위한 세련되고 정교한 '통치의 수사'였다. 헌법 조항에만 명시된 채 실질적으로는 사문화된 개념에 가까웠던 인권이 사회적으로 확대되고 재생산되었던 시기가 바로 1960년대인 것이다.[10]

박정희 정권은 집권 일 년 후인 1962년 5월 21일 법무부직제를 개정하여 검찰국에 인권옹호과를 신설하였다. 인권옹호과가 신설되기 전에는 검찰국 정보과에서 인권업무를 담당했는데, 정보과는 범죄정보를 수집하고 보도연맹을 관할하는 등 사상범에 대한 감시와 통제를 주된 업무로 하는 곳이었다는 점을 미루어 볼 때 정보과에서 담당하던 인권업무의 내용을 짐작할 수 있다.[11] 신설된 인권옹호과에는 인권침해 사건에 대한 정보수집 및 조사, 인권옹호단체의 감독과 조성, 빈곤자의 소송원조, 기타 인권옹호에 관한 사무와 갱생보호회·갱생보호단체의 감독 업무가 주어졌다.[12] 특히 박정희 정권이 가장 주력한 부분은 인권사업에 관한 홍보였다. 인권옹호과의 홍보사업으로는 인권옹호주간 행사와 인권잡지 발행을 들 수 있다. 1962년부터 발간된

---

10 이승만 정권의 인권담론과 박정희 정권의 인권담론에 관한 비교는 이정은의 다음 논문들을 참고하였다. 「제도로서의 인권과 인권의 내면화」, 『사회와 역사』 79호, 2008, 「4·19 혁명과 인권」, 『민주주의와 인권』 9(2), 2009.

11 이정은, 「제도로서의 인권과 인권의 내면화」, 『사회와 역사』 79호, 2008, 60~61쪽.

12 1962. 5. 21. 각령 제770호 〈법무부직제〉 제6조 제4항.

『인권연보』는 정부기관이 발행하는 잡지인 만큼 정부의 인권사업을 소개하고 정당화하는 내용이 대부분이었다. 특히 '인권의 날'을 비롯한 인권주간 행사 소개와 대통령과 각계각층 인사들의 인사말이 많은 지면을 차지하고 있으며, '세계인권선언'이나 인권관련 법률 소개도 자주 다루어지는 내용 중 하나였다. 또한 1962년부터 매년 인권주간에 열린 인권옹호상 시상은 국가의 인권사업을 알리는 동시에 국가가 기획한 인권담론을 형성하고 확산시키는 역할을 하였다.

이런 일련의 인권사업을 통해 박정희 정권이 기획했던 인권담론의 목적은 분명했다. 정권이 시종일관 민주주의를 체제의 기반으로 내세우면서 행정적 민주주의·민족적 민주주의·한국적 민주주의같이 자신의 필요에 따라 자의적으로 민주주의를 해석하고 활용한 것처럼, 인권 역시 정권의 필요에 따라 다양한 기호들과 결합하면서 국가가 원하고 기획하는 의미로 개념화해 나갔다. 경제개발의 필요성도 기본적 인권 보장이라는 명분 아래 제기되었으며, 국시로 삼았던 반공 역시 공산주의의 인권유린과 자유민주주의의 인권옹호라는 대립구도 속에서 정당화하는 등 군사정권의 정당성을 획득하는 데 있어 인권은 아주 효과적인 기제로 사용되었다.

박정희 정권의 인권담론이 가지는 태생적 모순은 인권사업의 구체적인 내용과 인권에 대한 박정희의 발언에서 쉽게 찾을 수 있다. 가령 1963년 제3공화국의 성립과 함께 개정된 법무부직제를 살펴보면, 인권월보 및 연보 발간, 교육업무, 반공유공자심사위원회의 운영과 상금·형사보상금 지급사무 및 공소기각 사건조사 항목이 새롭게 신설되는데, 그중 '반공유공자심사' 항목이 인권업무의 일환으로 포함되었다는 점은 박정희 정권이 구현한 인권담론의 기저에 반공이데올로기가 자리 잡고 있다는 것을 입증해 준다.[13] 그리고 앞서 언급한 인권옹호상의 수상자 대부분이 고아원이나 영아원, 모자원 등의 사회사업을 한 이들이나 직업보도소나 상담소 등에서 인권업무를 맡고 있는 공무원과 경찰이라는 점 또한 박정희 정권이 구현한 인권담론의 목적을 분명히 드러낸다. 사회사업가나 자신을 희생해 다른 사람의 생명을 구한 이들에게 이 상을 수여했다는 것은 희생을 미화시켜 국민들에게 강요하는 한편 국가의 책임이 되어야 할 사회복지사업을 개인의 몫으로 돌리는 것으로 해석할 수 있다. 또한 경찰을 비롯한 국가공무원에게 이 상을 준 것은 국가 주도로 형성된 인권담론에 충실히 따를 것을 국민들에게 종용하는 것으로 볼 수 있다.[14]

특히 『인권연보』에 실린 대통령치사는 박정희 정권이 추구하는 인권의 실상을 여실히 보여 준다.

> ① 아무리 制度上으로 基本權 保障의 規定이 있다고 해도 이것만으로 참된 自由와 幸福은 이루어지지 않습니다. 사람다운 삶을 해갈 수 있는 社會와 生活水準을 가져와야 할 것이고 이것은 곧 가난을 물리치는 國家의 自主力量을 培養하는 것이요 또 우리 現實에서 가장 要緊한 課題입니다. (1962년, 107쪽)[15]
>
> ② 인권의 기초는 이성과 양식에 바탕을 둔 인격입니다만 실제로 무엇보다도 중요한 것은 인권을 누릴 수 있는 경제건설이며 법질서의 존중입니다. 경제건설 없이 빈곤을 면할 길은 없는 것이며 빈곤을 추방하지 않고서는 인권은 확보될 도리가 없는 것입니다. (1969년, 166~167쪽)

---

13 1963. 12. 16. 각령 제1700호. 〈법무부직제〉 제6조 제4항.

14 인권옹호상에 관한 보다 자세한 설명은 이정은의 「제도로서의 인권과 인권의 내면화」 3-Ⅱ장을 참조할 것.

15 나머지 인용 부분도 『인권연보』의 발행연도와 쪽수만 기재하겠다.

③ 우리는 그동안 이러한 모든 위협으로부터 우리의 자유와 인권을 보호 신장하고 공포와 빈곤을 몰아내기 위하여 "싸우며 건설하자"는 기치를 내걸고 북괴의 도발을 저지할 수 있는 방위력을 강화하는 한편 조국근대화를 위한 경제건설에 박차를 가하여 많은 성과를 거둠으로써 세계에서 급진적인 발전을 이룩하고 있는 중진국으로 등장하여 보람찬 70년대의 첫 해를 보내고 있는 것입니다. (1971년, 238쪽)

박정희의 이 연설들은 경제가 성장하면 인권문제는 자연히 해결될 것이라는 성장이데올로기를 전제로 하고 있다. 이런 시각은 경제성장이라는 명분하에 개인의 억압과 희생을 정당화하는 문제적 상황을 야기한다.

① 只今 이 時刻에도 人權宣言의 人類 久遠의 希望을 억눌린채 北韓에는 우리 同胞들이 共産主義 아래 呻吟하고 있다는 事實에 想到할 때 無限한 同情을 품고 하루바삐 그 暗黑으로부터 救出해야 할 義務를 痛感하는 것입니다. (1962년, 106쪽)

② 내가 오늘의 이 뜻깊은 날에 즈음하여 무엇보다도 가슴아프게 생각하는 것은 지금 이 時刻에도 北韓에 있는 우리 同胞들은 人權을 유린當하고 人間의 價値와 自由를 否定當한 채 共産主義의 暗黑治下에서 呻吟하고 있다는 事實입니다.

또한 우리가 아직도 完全한 經濟的 自立과 繁榮을 이룩하지 못한 채 後進國의 位置를 決然히 벗어나지 못하고 있다는 事實입니다.

우리가 오늘을 紀念하는 참 뜻은 바로 北韓同胞를 하루 速히 自由의 품안으로 解放시키겠다는 우리의 決意를 새로이하는 한편 우리 모든 國民들이 다같이 繁榮된 生活을 누릴 수 있는 「잘 사는 나라」를 만들겠다는 覺悟를 굳게 하여 奮發하는데 있다는 것을 나는 特히 强調하고자 하는 바입니다. (1965년, 144쪽)

이 부분에서 드러나는 인권의 가치는 국가안보와 공산세력 견제에 있다. 이처럼 인권을 논의하는 맥락에서 반공이데올로기가 중심축으로 언급되는 것은 반공이데올로기를 강하게 표방했던 미국을 통해 인권 담론을 접했기 때문이기도 하나, 더 큰 이유는 박정희 정권의 직접적인 필요에 있었다. 성장이데올로기를 효과적으로 운용하기 위해서는 국민들을 감시하고 동원할 명분이 필요했는데, 그것이 바로 반공이데올로기였던 것이다. 박정희 정권이 집권하는 동안 경제성장과 반공이데올로기는 2인3각의 형태로 언제나 함께 작용하는 절대적 지배담론이었다.

① 또 법질서로 말하더라도 그런 것입니다. 국민 한사람 한사람이 법을 지킬 줄 몰라가지고서는 사회질서는 유지할 수 없는 것이며 사회질서가 유지되지 않고서 인권이 확보될 수 없는 것은 너무나 자명한 사실인 것입니다.
우리는 경제건설을 서둘러 빈곤을 추방하고 법질서를 지켜 사회질서를 확립하고, 모든 역량을 집결시켜 공산침략세력을 무찌름으로써 밝은 인권의 사회건설에 매진해야 하겠읍니다. (1969년, 167쪽)

② 元來 人權思想은 國家權力에 대한 市民의 民權鬪爭에 緣由하는 것이지만 오늘날의 그 本質은 모든 社會構成員이 다 같이 『法에 의한 支配』를 받음을 原理로 하는 데 그 意義가 있는 것입니다.
따라서 國民個人의 遵法精神의 昴揚과 아울러 國民을 위해서 일하는 國家의 모든 公職者들이 率先하여 遵法意識을 높이는 동시에 一般大衆의 模範이 되도록 努力해야 하겠읍니다.
法을 잘 지키는 國民, 秩序있는 社會, 紀綱이 바로잡힌 國家를 이룩하는데 모두 함께 努力해 나가야 하겠다는 것입니다. (1968년, 184쪽)

③ 이를 爲하여 政府는 刑事補償法을 改正하여 억울한 被害者에게 그를 補償하는 方法을 더욱 强化하는 方案을 推進하는 等 여러가지로 銳意 研究中이지만 무엇 보다도 重要한 것은 國民 스스로가 遵法 精神과 相助의 姿勢로 積極 協助해야 하겠읍니다. (1966년, 187쪽)

위의 인용된 부분에서는 인권보장이 어디까지나 국가가 만들어 놓은 법과 규범의 경계를 벗어나지 않는 조건하에서만 가능하다는 것을 이야기하면서 법치주의를 강조한다. 그러나 여기서 말하는 법은 국가보안법이나 반공법과 같은 몇몇 문제적인 법을 뜻하는 경우가 대부분이다. 따라서 인용된 이 부분은 국가보안법이나 반공법을 위반하는 경우에는 인권마저도 보장받지 못한다는 경고의 목소리이기도 했다.

국가가 강조한 법치주의는 법률상담제도의 적극적인 운영을 통해서도 드러난다. 인권옹호주간을 비롯해 상시적으로 이루어진 인권상담의 경우, 상담 내용 대부분이 자신의 억울한 사정과 피해 상황을 호소하는 것이었다. 구체적으로는 유복자의 호적처리 문제, 혼인·이혼신고, 간통·중혼 관련 문제, 임금체불 등 노동 관련 문제, 재산상속이나 부동산등기 등 경제적 문제 등이 자주 질문되는 주제들이었다. 이를 통해 당시 사람들이 생각하던 인권이 주로 개인 간의 다툼에서 빚어지는 권리침해나 호적, 혼인·이혼신고, 재산상속이나 부동산등기 등의 법적인 문제에 제한되어 있었으며, 국가폭력이나 공권력에 의한 권리침해에 대해서는 문제의식이 없었거나 적어도 공개적으로 문제제기를 할 수 없었음을 짐작할 수 있다. 이것이 바로 박정희 정권이 의도한 인권담론의 모습이다. 그러나 비록 정권의 정당화와 체제 안정을 위한 형식적 인권사업에 불과하였으며 사람들 또한 인권의 의미를 정확하게 알지 못했다 하더라도, 다양한 인권제도와 사업, 인권에 대한 홍보와 같은 일련의 상황들은 사람들에게 인권을 중요한 삶의 가치로 인식하게 하는 계기가 되었다.

이렇듯 1960년대의 인권 상황을 억압과 침해 등의 부정적 평가로 일관하기에는 무리가 있다. 이 책이 1960년대에 주목한 이유는 이 때문이다. 유신으로 상징되는 1970년대는 그야말로 박정희 정권의 독재적이고 반민주적인 성격이 가장 극단적으로 발현된 시기로, 자연히 인권에 대한 국가적 관심이나 논의도 줄어들 수밖에 없다. 법무부에서 발간하던 『인권연보』가 1971년까지 발간되고 중단된 사실도 1960년대와 1970년대의 서로 다른 인권 상황을 설명해 준다. 이는 분명 형식적이고 한계적일지라도 국가에 의해 인권담론이 형성되고 활성화되었던 1960년대의 상황과는 다른 양상이다. '포섭과 배제'[16]의 전략에 따라 차별적으로 인권을 보장했던 1960년대의 '제도적 인권담론'[17]은 1970년대와 비교할 때 훨씬 더 다양하고 역동적인 형태를 띠고 있었다.

이후 살펴볼 1960년대의 인권침해 문제들 역시 제도적 인권담론이 시행되는 과정에서 생겨난 것이다. 국가가 인권보장을 위해 제시하는 조건들이 지닌 모순과 폭력성, 배제와 포섭의 전략이 유발하는 불안과 공포가 1960년대 인권침해 상황을 극대화한 것이다. 이런 문제들에 대한 소설적 대응을 분석하기에 앞서 박정희 정권이 구축한 제도적 인권담론의 특징을 먼저 살펴본 이유도 여기에 있다. 제도적 인권담론을 통해 1960년대에 가장 두드러지게 나타났던 인권침해 상황을 파악할 수 있기 때문이다. 당시 발간된 『인권연보』야말로 제도적 인권담론의 특징과 구체적 요소들이 집약되어 있는 것인 만큼, 이를 통해

---

16 '포섭과 배제'는 근대국가의 전형적인 권력 메커니즘으로, 원칙과 규율을 만들어 놓고 개인들로 하여금 이에 따를 것을 강요하며, 그런 개인들의 행동을 감시, 처벌하는 형태를 뜻한다. 이때 개인들에게 행동의 지침이 되는 원칙과 규율은 곧 그 집단 내에서 '정상'의 의미를 부여받는다. '정상성'에 대해서는 4장에서 보다 자세히 살펴볼 것이다.

17 문학적 접근을 통한 인권담론과 달리, 정권의 필요와 계획에 따라 구성된 인권담론을 '제도적 인권담론'이라는 개념으로 구분하고자 한다. 이 표현은 정권이 구축한 인권담론이 기본적으로 법과 제도를 기반으로 기획되고 형성되었다는 점에 착안한 것이다. 그리고 이와 대조되는 개념으로 문학적 접근을 통해 구축된 인권담론을 '문학적 인권담론'이라 부르기로 한다.

당시 가장 문제가 되었던 인권침해 상황을 추론해 볼 수 있다. 『인권연보』를 통해 확인한 당시 제도적 인권담론의 특징은 반공이데올로기와 경제성장, 법치주의라는 키워드로 요약된다.

먼저, 1960년대 이전부터 남한 사회를 장악했던 반공이데올로기로 인한 인권침해 상황을 꼽을 수 있다. 박정희는 매년 『인권연보』에 실리는 대통령치사에서 북한의 공산주의 정권을 견제하고 비판할 목적으로 인권을 거론한다. 여기서 인권은 반공이데올로기를 전제로 부여되는 것이라는 제도적 인권담론의 첫 번째 특징을 확인할 수 있다. 앞서 이승만 정권의 반공이데올로기와 비교하는 과정에서도 설명한 것처럼, 박정희 정권의 반공이데올로기는 더 이상 물리적이고 가시적인 폭력을 수반하지 않는다. 대신 상징적 폭력의 형태를 띠고 개인의 의식/무의식 속에 내재된 상태로 기능한다. 그 때문에 1960년대의 반공이데올로기로 인한 인권침해 상황은 양심과 사상의 자유가 침해되고, 표현의 자유가 제한되는 형태로 나타난다. 양심과 사상의 자유는 자율적이고 주체적인 개인이 되기 위한 기본적 요소인 동시에 민주주의 사회를 구성하는 본질적 요소이다. 따라서 북한의 공산주의를 비판하며 민주주의를 내세웠던 박정희 정권이 반공이데올로기를 앞세워 양심과 사상의 자유를 억압하고 반민주적 행동을 한 것은 자신들의 인권담론이 모순적이라는 사실을 자인하는 것과 같다고 할 수 있다.

양심과 사상의 자유는 양심과 사상의 형성 및 결정의 자유, 양심과 사상을 소극적으로 지키는 자유, 양심과 사상을 적극적으로 실현하는 자유를 포함하는 개념으로, 이 중 양심과 사상의 자유의 본질적 가치를 가장 잘 반영한 것은 양심과 사상을 적극적으로 실현하는 자유이다. 이는 개인이 자신의 양심과 사상에 따라 발언하고 조직을 결성하는 등의 구체적 행동을 통해 양심과 사상을 실현하는 것을 의미한다. 이 마지막 조건이 보장되지 않은 양심과 사상의 자유는 큰 의미가 없다고 해도 과언이 아닐 만큼, 양심과 사상의 '실현'이라는 과정이 가장 중요하다.[18] 그러나 검열제도라는 외부로부터의 억압과 개인의 내면에서 작용하는 자기검열은 양심과 사상의 '실현'을 불가능하게 하였으며, 이런 상황은 1960년대 전반에 걸쳐 빈번하게 그리고 지속적으로 나타난다.

반공이데올로기와 함께 박정희 정권에 정당성을 부여했던 중요한 지배담론은 근대화와 경제 성장이었으며, 이로 인한 억압적 상황 또한 1960년대의 특징적인 인권 상황이라 할 수 있다. 물론 이런 내용도 『인권연보』의 대통령치사에 빠지지 않고 등장한다. 인권문제 해결을 위해서는 경제성장이 선결조건임을 강조하면서, 박정희 정권은 성장과 개발을 명분으로 분배와 평등의 가치를 희생시킨다. 이전에도 경제적 궁핍은 주요한 사회문제였지만, 1960년대에 들어와서는 불평등한 분배구조가 더욱 공고해지면서 상대적 박탈감이 극대화되기에 이른다. 그 결과 빈민이나 노동자와 같이 동일한 문제를 공유한 계급과 집단을 중심으로 문제 제기가 이루어지게 된다.

마지막으로, 근대국가를 형성하는 과정에서 강조되었던 국가주의에 의한 인권침해 상황을 생각해 볼 수 있다. 국가주의란 "사회의 운영에서 국가를 최우선으로 하는 사상"으로, "개인 삶의 의의를 국가 이익의 차원에서 찾는 이념 체계"이다.[19] 당연히 개인의 가치보다는 집단

---

18 양심과 사상의 자유에 관한 설명은 조국의 『양심과 사상의 자유를 위하여』(책세상, 2009, 7~22쪽)를 참고하였다.

19 권혁범, 『국민으로부터의 탈퇴: 국민국가, 진보, 개인』, 삼인, 2004, 19쪽.

전체의 이익이나 지배질서 등을 우선하게 마련이고, 이 과정에서 개인은 철저하게 배제되고 희생된다. 이때 집단의 권위와 지배질서는 전제군주제의 통치방식처럼 권력자 한 사람의 자의적인 권력행사에 의해 구축되는 것이 아니라 법의 이름으로 규정되고 정당화된다. 이는 비단 1960년대 박정희 정권만의 특징이 아니라 근대국가 건설을 위해 국가주의를 내세운 모든 사회에서 공통적으로 나타나는 특징이다. 그러나 문제는 법 제정과 판결을 비롯해 법의 실질적인 운용에 이르는 모든 권한이 분권화되어 있지 않고 한 사람의 권력자에게 집중되어 있다는 것이다. 이런 모순된 구조에서 이루어지는 법적 지배는 전제군주제와 다를 바 없다. 법 자체가 모순적이고 폭력적이며, 그 법을 견제하거나 비판할 대항적 권력마저 부재한 상태에서 박정희 정권은 개인의 정치적 자유를 억압하는 국가폭력을 법의 이름으로 정당화한다. 『인권연보』의 곳곳에서 준법정신과 법에 근거한 사회질서 유지가 강조되는 것도 모두 이런 맥락으로 이해할 수 있다. 이상의 세 가지 인권침해 상황은 제도적 인권담론의 특징이자 허구성을 드러내는 지점인 동시에 1960년대에 가장 빈번하게 발생했던 인권문제들이다. 1960년대 작가들이 인권문제에 관심을 갖고 이를 소설에서 재현하고자 했다면 그들이 지닌 문제의식의 출발점은 단연 이러한 억압적 상황이었을 것이다.

제2장

개인의 발견과 자성(自省)의 서사

반공이데올로기와 성장이데올로기의 내면화

1960년대는 박정희 정권의 시대이기도 하지만 그보다 앞서 4·19 혁명의 시대이기도 하다. 흔히 4·19 혁명의 의의 가운데 하나로 개인의 발견을 꼽는데, 이는 4·19 혁명이라는 단일한 사건에서 비롯된 결과가 아니라 4·19 혁명을 이끈 사람들의 성격을 규정하는 과정에서 만들어진 것이다. 4·19 혁명을 주도했던 이들은 대부분 고등학생이나 대학생들로, 흔히 '4·19 세대'로 불리는 새로운 세대다. 이들은 해방 후 초등학교에 입학하여 미국식 교육체제와 커리큘럼에 따라 교육받은 까닭에 유년 시절부터 자연스럽게 미국식 민주주의 교육을 접할 수 있었다. 유년 시절부터 자유와 민주주의의 가치를 배운 이 세대는 대학이라는 공간에서 또 한 번 이 가치를 경험하게 된다. 대학은 "체제의 한계를 벗어나는 자유를 누리는" 곳으로, "사람을 자유롭게 하고, 새로운, 낯선, 억압되고 금지된 사상을 볼 수 있는 기회"[20]가

20 김승옥 외, 「(좌담) 4월혁명과 60년대를 다시 생각한다」, 최원식·임규찬 엮음, 『4월혁명

펼쳐진 공간이었으며, 개인의 개성과 의견을 자유롭게 표명할 수 있는 곳이었다. 게다가 이들은 비록 짧은 기간이었지만 자신들이 요구하는 시대적 가치를 스스로의 힘으로 실현시키는 혁명의 경험까지 하게 된다. 이러한 경험을 통해 이들은 스스로가 독립된 존재로서의 개인임을 자각하게 된다. 이런 시대적 분위기는 당시 문단에까지 이어져 4·19 세대라 불리던 이들의 문학과 비평에서도 개인에 대한 의식이 발현되기 시작한다. 대표적인 4·19 세대인 김주영은 1960년대 작가와 1950년대 작가의 차이로 개인에 대한 의식을 꼽았다.[21] 또 다른 4·19 세대 비평가인 김현도 이전 시대 작가들이 만든 인물이 무의지적이며 수동적인 데 비해, 4·19 세대 작가들이 만든 인물은 자신이 처해 있는 상황은 물론 스스로의 문제적 태도에 대해서도 자각하고 반성하는 모습을 보인다고 하면서 4·19 세대의 특징으로 개인을 강조하였다.[22]

이런 문화적 토대 덕분에 당시 사람들은 개인의 개념과 가치를 관념적으로나마 이해하게 되는데, 이는 이내 반공이데올로기와 성장이데올로기로 상징되는 지배담론과 충돌하게 된다. 반공이데올로기는 법의 위력을 능가하는 가공할 만한 폭력으로, 사람들의 사고와 행동을 획일화시키고 사회를 전체주의적으로 만들어 간다. 자본주의적 가치를 기반으로 하는 성장이데올로기 또한 사람들에게 무비판적이고 수동적인 소시민의 삶을 강요한다. 반공이데올로기는 공산주의를 부

과 한국문학』, 창작과비평사, 2002, 36쪽.

21 김주연은 백낙청과의 '소시민 논쟁'에서 1960년대 작가적 인식의 새로운 출발이 긍정적인 의미로 사용된 소시민 의식에 있다고 주장하였는데, 그가 말한 소시민 의식이란 '개인(개인 의식)'의 발전된 형태라 할 수 있다. 이에 대한 보다 자세한 설명은 김주연의 「새시대의 문학의 성립」(『아세아』, 1969.4.)을 참조할 것.

22 김현, 「구원의 문학과 개인주의」, 『현대 한국 문학의 이론/사회와 윤리』, 문학과지성사, 1991.

정하고 비판하기 위해, 성장이데올로기는 시장과 자본을 효율적으로 운용하기 위해 공통적으로 자유의 가치를 표방하고 있지만 결과적으로 두 이데올로기가 추구하는 사회의 모습은 전체주의 사회와 다르지 않다.[23] 전체주의는 사람들의 사고능력을 마비시켜 궁극적으로는 국가에 순응하는 도구적 존재가 되기를 원한다. 문제는 이런 상태가 지속되면 수동적으로 순응하는 정도가 아니라 적극적이고 능동적으로 지배이데올로기에 복종하는 '자발적 예속'[24] 상태에까지 이를 수 있다는 것이다. 반공이데올로기와 성장이데올로기는 처음부터 선택의 가능성을 차단함으로써 사고와 판단의 기회를 박탈하거나 표현의 자유를 제한한다. 나아가 인간으로서의 존엄성마저 부정하고 이를 다른 것으로 대체해 버림으로써 사람들의 자율성을 훼손한다.

이런 문제 상황에 맞서 소설은 고백의 형식을 통해 등장인물들이 근대적 개인으로 성장해 가는 과정을 보여 준다. "근대문학은 고백의 형식과 함께 시작되었다"[25]는 가라타니 고진의 발언은 일본의 근대문

---

23 기원과 성격이 전혀 다른 듯 보이는 반공이데올로기와 성장이데올로기는 서로의 필요에 의해 결합되기도 하는데, 이 경우 더욱 강력한 시너지 효과를 발휘한다. 대개는 성장이데올로기가 전면에서 적극적으로 사람들의 자발적 선택과 행동을 이끌어 내는 동안 반공이데올로기는 사람들의 무의식에 침투하여 보다 강력한 감시와 억압의 회로판을 심어 놓는 방식으로 결합된다. 즉, 반공이데올로기가 북한이라는 외부의 적과 빨갱이라는 내부의 적을 공통의 적으로 앞세워 사람들을 '하나'로 만들어 놓으면, 성장이데올로기는 이렇게 '하나'가 된 순응적인 사람들을 도구화하여 성장과 발전이라는 미명 아래 착취하는 것이다.

24 "16세기 프랑스의 사상가 에티엔느 드 라 보에티의 책 제목이기도 한 '자발적 예속'은 인민이 자유를 적극적으로 지키지 않고 소극적으로만 바라며, 그래서 때로는 폭군에게 현혹되어 자유를 기꺼이 포기하고 자발적으로 예속되기까지 하는 현상을 일컫는다." 이와 유사한 개념으로 최근 많이 사용되고 있는 "'대중 독재'는 현대의 파시즘 체제에서 대중이 일방적, 강제적으로 동원되기만 한 것이 아니라 일정 정도의 자발성을 가지고서 그 체제를 지지하기도 한 측면을 강조하는 개념이다." (공진성, 『폭력』, 책세상, 2009, 101쪽)

25 가라타니 고진 지음, 박유하 옮김, 『일본근대문학의 기원』, 민음사, 1997, 103쪽.

학에만 해당되는 것이 아니다. 근대소설의 발생 과정에서 '고백'이라는 행위는 더 이상 신에 대한 복종과 고해성사를 의미하는 것이 아니라, 자신에 대한 성찰이면서 동시에 내면의 발견을 의미하는 것이었다. 고진의 주장에 따르면, "'내면' 또는 '자기'는 선험적으로 존재하는 것이 아니라", "고백이라는 형식 또는 고백이라는 행위가 고백해야 할 '내면' 또는 '진정한 자기'를 만들어내는 것"이다.[26]

여기서 '내면' 혹은 '자기'로 표현된 것은 물론 '근대적 개인'이라는 개념과 함께 나타난 것이다. 신민(臣民)으로서의 타율적 정체성을 갖고 있던 중세 사람들과 달리, 근대적 개인은 다른 사람뿐 아니라 신(神)과도 무관한, 독립적이고 절대적인 실체로서의 '나'가 존재한다는 것을 분명히 자각하고 있었다. 그런 점에서 근대적 개인에게 내면과 양심은 누구도 침범할 수 없는 절대적 성소(聖所)와도 같다. 이는 내면을 형성하고 지키는 것이 곧 독립적이고 자율적인 주체로서의 개인을 정립하는 것이라는 의미로도 해석가능하다. 전체의 일부 혹은 몰개성적인 익명의 존재가 아니라 독립적이고 고유한 존재로서의 개인에 대한 인식이 없는 상태에서는 권리에 대한 고민이나 요구를 할 수 없다.[27] 고유한 자기 세계에 대한 인식이 정립되어 있을 때, 비로소 국가 혹은 타인이 자신에게 가하는 행동이 부당하거나 잘못된 것임을 인식하고, 자신의 권리를 지켜 낼 수 있다. 이 장에서 살펴볼 소설들은 등장인물들이 '고백'의 형식을 통해 근대적 개인으로서의 정체성을 자각하고

---

26 위의 책, 104쪽.

27 린 헌트 또한 인권을 갖기 위해서는 독립적으로 도덕적 판단을 할 수 있는 개인으로서의 지각이 중요하다고 강조한다. 인권의 발명과 개인의 탄생의 상관성에 대한 보다 자세한 설명은 린 헌트의 『인권의 발명』(전진성 옮김, 돌베개, 2009)을 참조할 것.

그것을 기반으로 인권의식을 정립해 가는 과정을 그린 작품들이다.[28]

자기검열과 소시민성의 강요

사고와 표현의 자유를 제한하여 개인의 자율성을 침해하는 문제를 다룬 소설들에는 몇 가지 공통점이 있다. 우선 소설들의 배경이 되는 사회는 복수(複數)의 가능성을 배제한 '닫힌 세계'의 형태로 형상화된다는 점이다. 그리고 이렇게 폐쇄적이고 억압적인 사회가 만들어 낸 소시민이라는 인물형도 공통점이라 할 수 있다. 전체주의 사회의 감시로 인한 자기검열과 그로 인한 진술공포의 문제 또한 개인의 자율성 침해라는 문제를 논할 때 간과해서는 안 될 중요한 주제 중 하나다. 자기검열과 소시민성에 대한 강요는 당대 작가들 또한 자유로울 수 없었던 문제인 만큼 이 주제를 다룬 소설 대부분은 자전적 성격을 띠고 있다.

양심과 사상의 자유가 억압되는 사회는 '닫힌 세계'의 전형이라 할 수 있다. 개인의 자율성을 억압하는 '닫힌 세계'의 가장 큰 특징은 복수의 선택지를 허용하지 않는다는 것이다. 다양한 선택 가능성이 주어진 경우 사람들은 나름의 사고와 판단을 통해 각자 개성 있는 선택을 할 수 있다. 이와 달리 선택 가능한 항목 자체가 하나일 경우, 사람들은 굳이 사고하고 판단할 필요를 느끼지 못하고, 주어진 결과에

---

28 '고백'이라는 행위는 문학과 법이 공유할 수 있는 대상이라는 점에서 문학법리학적 연구에 적합한 주제 중 하나라 할 수 있다. 문학과 법, 그리고 종교에서 '고백'이라는 행위가 갖는 의미와 그것을 둘러싼 다양한 논의는 Peter Brooks의 *Troubling Confessions*(The University of Chicago Press, 2000)에 자세히 소개되어 있다.

수긍하기만 한다. 만일 주어진 선택항을 택하지 않는다면 그 사람은 사회로부터 배제되고 축출된다. 이러한 배제와 축출의 위협은 사람들을 무비판적이고 순응적인 형태로 만들어 간다.

남정현의 「자수민」은 '여기'라는 가상의 공간을 설정해 '닫힌 세계'의 억압적 상황을 비유적으로 보여 준다. 「자수민」의 배경이 되는 사회는 "미군이 사용하던 한 개의 허술한 창고, 그것을 반공주택영단(反共住宅營團)에서 아주 헐값에 구입하여 사람을 수용하기 위해 수리한"(「자수민」, 237쪽) '여기'라는 가상의 사회다. 천장에 매달린 커다란 전구와 정면 벽을 거의 다 점령하다시피 한 거울, 창이 없는 벽은 사람들의 생각을 제한한다. 특히 전구는 사물에 대한 사람들의 정확한 인지를 방해하는 것으로, 이는 올바른 판단이나 사고의 저해로 이어진다. 이런 점에서 전구는 '아무개'가 표현한 것처럼 "흉측한 공포의 덩어리"(「자수민」, 239쪽)일 뿐이다. 창이 없는 것 또한 외부와의 철저한 단절을 통해 사람들의 인식과 판단을 가로막기 위함이다. 이 같은 장치들로 꾸며진 '여기'의 설립 목적은 사람들의 "생명과 재산을 남김없이 보호하고 자유와 평화를 만판 누릴 수 있는 그런 이상적인 주택을 건설"(「자수민」, 240쪽)하는 것이다. 커다란 전구와 창이 없는 건물구조는 모두 "반공의식에 투철한 영단의 기술진들이 구미 선진국의 새로운 기술을 습득"(「자수민」, 240쪽)하여 만든 성과이자 이들의 자랑으로서, 이 주택의 설립 목적을 극대화하는 장치들이다.

이곳에 창이 없고 커다란 전구가 매달려 있는 이유는 외부로부터 일체의 불온한 사상이 침투해 들어오는 것을 미연에 방지하고, 정부 정책에 반대할 자를 감시하여 불온분자를 색출하기 위함이다. 따라서 영단의 사업에 적극 참여하지 않거나 '여기'를 비방하고 훼손하는 자는 '오열 분자'로 간주되어 당국에 고발되고, 준엄한 심판을 받게 된다. 전등을 철거해 버리고 싶지만 '아무개'가 참을 수밖에 없는 이유 또한 이 때문이다. 영단의 체제나 운영방식에 문제 제기를 하는 행위는 "간첩이냐 아니냐 하는 가부를 판정하는 데 있어서 유일한 증거물"(「자수민」, 240쪽)로 작용하기 때문이다. 그래서 '아무개'를 비롯한 모든 사람들은 일절 문제 제기나 비판을 하지 않을 뿐 아니라 아예 아무 생각조차 하지 않는다. "분뇨(糞尿) 속에서도 정정히 고개를 쳐들고 삶을 이어 가는 차라리 한 마리의 구더기가"(「자수민」, 249쪽) 되기를 바랄 정도로 '여기'의 사람들에게 허락되는 것은 아무것도 없다. 더욱 이들을 괴롭게 하는 것은 정면 벽을 거의 다 점령하다시피 한 거울이다. 이 거울을 통해 "아무개는 견딜 수 없는 자폭의 심연으로 떨어져 내리는 자신의 억울한 모습을 발견하"(「자수민」, 244쪽)고 몸서리를 친다. 구더기만도 못한 "자신의 모습을 확인한 데 대한 일종의 실망감"(「자수민」, 244쪽)과 마치 "무슨 형벌이라도 받는 심정"(「자수민」, 244쪽)을 매 순간 확인해야 하는 상황에서 인간으로서의 자존감은 심하게 훼손된다.

이렇듯 자신의 삶에 대한 최소한의 결정권마저 박탈당한 사람들이 사는 곳은 아이러니하게도 "'자유'를 발판으로 하여"(「자수민」, 251쪽) 설립되고 운영되는 곳이다. 그러나 거울을 치워 달라는 요구에 영단의 관리자는 남의 사유재산을 뺏고 남의 자유의사를 무시하는 것은 빨갱이들이나 하는 짓이라며 정체가 좀 이상하다, 사상이 좀 불순하게 보인다는 이유를 들어 오히려 '아무개'를 빨갱이로 의심하려 든다. 이처럼 '여기'에서는 남들과 조금만 다른 행동을 하거나, 다른 의견을 제시하는 이들은 여지없이 빨갱이로 낙인찍혀 축출의 대상이 된다. 반공이데올로기와 같은 전체주의 속성의 이데올로기를 경계해야 하는 이유는 그것이 오롯이 개인에게 부여되어야 할 사고와 판단의 자유, 선택의 권리를 제한함으로써 개인의 내심을 침해하고 조종하기 때문이다. 이렇듯 전체주의적 이데올로기는 사람들에게 소시민적 삶의 방식을 강요한다.

이호철의 『심천도』는 공무원 사회라는 전형적인 '닫힌 세계'에서 집단이 강요하는 전체주의적 폭력성이 사람들을 소시민으로 변모시키는 과정을 구체적으로 그리고 있다. 폐쇄적인 공무원 사회에서 대부분의 사람들은 "말마디나 해야 할 때 입바른 소리를 피하며 눈치나 살피지만"(『심천도』, 300쪽), 이 주사는 항상 제 생각을 정정당당하게 분명히 주장하는 사람이다. 특히 이 주사가 속해 있는 공무원 사회는 상황에 따라 "원칙론과 실제 사정을 따로 따로 떼어서 생각"(『심천도』, 284쪽)하는 편리한 사고방식과 무사주의, 적당주의가 조직 전체에 만연한 곳이다. 이런 곳에서 이 주사처럼 "혼자서만 원칙론을 고집한다는 것은 웬만큼 낯가죽이 두텁지 않고서는 힘든"(『심천도』, 284쪽) 일이다. 그리고 원칙과 소신에 따라 자신의 의견을 제시했다 하더라도 돌아오는 것은 "사람이라는 것이 항상 자기의 분수라는 것을 알아야 하는 것이구 추세에 따라가야지. 혼자 똑똑한 체한다고 똑똑해지는 것이 아니란 말야. 우선 인생수업부터 해야겠네…"(『심천도』, 302쪽)라는 비아냥거림뿐이다.

이런 비아냥거림을 들으면서도 이 주사는 또 한 번 남은 예산처리 문제를 두고 부서 내에서 혼자만 의견을 달리한다. 모두들 자신의 주머니 속으로 얼마간 가져갈 심산으로 일처리를 하고자 하지만, 이 주사만 원칙을 내세워 이를 반대한다. 이 주사를 제외한 나머지 공무원들이 반대의견을 내세우지 않는 까닭은 항상 쪼들리는 생활형편 때문이다. 이 주사처럼 조직 내에서 낙인이 찍히면 조직에서 배제되고, 결국 생계를 위협받을 수밖에 없다. 많은 이들이 핑계로 내세우는 '구체적인 현실'은 물론 피할 수 없는 상황이지만 동시에 그것은 진흙 수렁과도 같아서 누구나 한 번 그 논리에 발을 들여놓으면 쉽게 빠져나올 수 없게 된다. 김 사무관의 경우가 그러하다. 처음에는 이 주사처럼 소신 있는 원칙주의자였던 그도 이내 '구체적인 현실'의 논리에 빠지고 만다. 김 사무관을 전형적인 소시민적 공무원으로 만든 것은 "쥐꼬리만한 공무원 봉급으로써야 뒷감당이 안 되는"(『심천도』, 316쪽) 현실 상황이었으며, "우선 뭐니뭐니 해도 먹고 살고서야 일이고 나라고 있을 것"(『심천도』, 316쪽)이라는 생각이었다. 김 사무관처럼 재빨리 조직의 논리에 적응하지 못하고, 이 주사처럼 자신의 신념에 따라 의견을 제시하게 되면 결국에는 조직에서 배제당할 수밖에 없다. 여기서 '닫힌 세계'의 특징이 드러난다. 모순적이고 부정적인 조직의 지배질서에 순응하지 않으면 생계를 위협받는 상황은, 겉으로 보기에는 복수의 선택항이 있는 듯하지만 실제로는 하나의 행동만을 강요하는 상황이다. 생계를 포기하면서까지 자신의 신념을 지키기란 사실상 불가능하기 때문이다.

> 자기가 차츰 고립되어 가고 있다는 것이 스스로 알려진 것이다. 이런 경우, 하는 소리는 대개 옳은 소리이기는 하였지만, 어딘가 겉도는 듯 맥이 빠진 기색은 역력하게 드러났다. 과연 그는 과장과 1 대 1로 맞붙어 스스로 사표를 쓰든지 과장의 사표를 받든지 할 배짱이 있을까. 김 사무관이나 양 주사를 비롯하여 전 과원이 손가락 틈 사이로 물 빠지듯이 빠져나간 이상, 그건 무모한 짓일 터이다. 그건 용기가 아니라 만용이다. 이런 의식이 그 자신을 초조하게 만들었다. 『심천도』, 404쪽

만일 개인의 확고한 신념에 따라 옳은 판단을 하더라도 조직의 다른 사람들로부터 정당성을 인정받지 못하면 결국 정의로운 행동을 한 사람은 무력해지고 만다. 그리고 한두 사람씩 이렇게 무력해지다 보면 무사주의, 적당주의는 조직논리로 점점 더 굳건해지고 조직의 전체주의적 속성은 더욱 확고해진다.

이 주사는 자기합리화의 논리로 무장하여 현실과 타협하는 김 사무관이나 양 주사의 태도를 냉철하게 비판한다. 때로는 하극상이라는 비난을 들으면서까지 옳지 못한 상관의 명령에는 정정당당하게 자신의 입장을 설명하고 응하지 못하겠다고 반발하기도 한다. 전체주의적 메커니즘이 유지되기 위해 강조되는 조직체계와 질서, 조화와 통일이라는 가치들에 대해서도 이 주사는 비판적 자세를 유지함으로써 '메커니즘의 논리'라는 거대한 조류에 쉽게 휩쓸리지 않는다. 조화와 융합을 중요시하는 메커니즘의 속성상 균열을 일으키는 이 주사와 같은 존재는 눈엣가시이며, 이런 이들에게는 어떤 식으로든 탄압이 가해지게 마련이다. 그런데 조직 내에서 비판적 목소리를 내는 소수를 배제하고 고립시키는 과정에서 다수의 사람들이 전면에 내세우는 가장 전형적인 논리가 반공이데올로기라는 사실은 매우 흥미롭다. 조직의 이익이나 다수의 의견을 거스르고 비판적인 의견을 제시하는 이들을 가장 쉽게 축출해 내는 구실은 바로 '빨갱이'라는 낙인이다. 이 주사가 노예근성을 운운하며 과장을 비판했을 때 과장의 반응도 바로 "저 새끼 꼭 빨갱이 새끼군. 하는 투나 하는 소리나 꼭 빨갱이군"(『심천도』, 386쪽)이라는 말이었다. 이 주사는 이전에도 이미 아버지로부터 같은 주의를 받은 적이 있다.

"가마안, 난 지금 곰곰이 생각하고 있었는데, 이제야 생각이 났다. 네 하는 소리나 지껄이는 투는 꼭 빨갱이들 비슷하구나. 얘기 내용도 더러 그런 냄새가 풍기고. 너무 근엄하고 진지한 체를 해도 꼭 그놈들 비슷해진다는 말이다. 네 생각도 충분히 옳고 일리가 없지는 않겠다마는, 그런 식은 자칫하면 빨갱이로 오해받을 소지도 있다는 말이다. 조심해야지."

순간, 이원영 주사는 웬만큼 술 기운이 오른 속에서도 온몸에서 모든 기운이 수울 빠져나가는 느낌이었다. 잠시 머엉하게 입을 벌린 채 아버지를 건너다보다가 나지막한 소리로 받았다.

"아버지께서 그렇게 나오면, 이편에서는 더 할 소리가 없어지지요. 할 소리가 없어지는 것은 할 소리가 없어서 없어지는 것이 아니라, 빨갱이와 비슷하다는 것만으로도 대번에 기분이 나빠지니까요. 허지만, 아버지 같은 그런 식의 시점과 히스테리가 있는 한, 객관적인 사태를 제대로 볼 수 있는 길은 원천적으로 차단되고, 조국 근대화도 구두선에 그친다는 얘기입니다."

『심천도』, 336~337쪽

비판적 사고와 자유로운 의사 표현이 '빨갱이'로 인식되는 것은 남한 사회 전반에 걸쳐 반공이데올로기가 체화되어 있기 때문이다. 대부분은 이런 탄압과 배제의 시선 때문에 소신과 신념을 꺾어 버리지만, 이 주사는 끝까지 자신의 신념대로 행동하는 길을 선택한다. 이 주사가 끝내 사표라는 길을 선택한 이유는, 일단 한 번 타협하게 되면 자신의 그 비굴한 행동을 합리화하기 위해 계속해서 더 위악적이고 타락한 방법을 택하는 악순환의 고리에 빠져들 것을 알았기 때문이다. 자신의 선택이 "반체제의 논리로까지 몰아갈"(『심천도』, 418쪽) 수도 있는, "너무나도 엄청난 일이고 무모하기까지 한 일"(『심천도』, 418쪽)인 것을 번연히 알면서도 그러한 선택을 하는 것은 분명 엄청난 용기가 필요한 일이다. 조직이 요구하는 답이 아닌, 개인의 신념에 따른 선택은 조직에서의 배제와 축출을 의미하기 때문이다. 이 주사의 사직은 이 주사의 자의적 선택인 듯하지만, 실제로는 전체주의적 조직논리가 암묵적으로 강요한 불가피한 선택이었다. 이런 점에서 이는 분명 타의에 의한 선택이다.

사고의 다양성과 개인의 개성을 부정하고, 획일화된 가치를 강요하는 '닫힌 세계'의 원인은 비단 반공이데올로기만이 아니다. 자본주의적 가치관 또한 사람들에게 모든 일에 대한 관심과 고민을 중단하고 오직 '살아남는 일'에만 몰두할 것을 권한다. 김승옥의 「환상수첩」에는 이러한 자본주의적 가치관에 순응하는 인물과 그것을 부정하고 비판하는 인물이 모두 등장한다. 영빈과 수영은 비인간적인 자본주의의 논리를 누구보다 영악하게 이용할 줄 아는 인물들이다. 영빈은 선애에 대한 책임 때문에 고민하는 '나'(정우)에게 자신이 아는 창녀와 선애를 교환하자고 제안한다. 영빈은 모든 것이 돈으로 환원가능하다는 자본주의의 대전제 아래 돈과 창녀를 쉽게 교환하듯 인간끼리의 교환거래도 가능하다고 생각한다. 돈이 모든 것의 고유한 가치를 압도하여 절대적 가치로 격상한 자본주의적 가치관은 인간에 대한 책임과 도리, 기본적인 예의와 같은 것들은 고려하지 않는다. 이런 생각을 가진 수영 역시 "죄의 기준이란 게 없어진 지금"(「환상수첩」, 96쪽)의 시대가 문제일 뿐, "어떻게 해서든지 살아내야 한다"(「환상수첩」, 96쪽)는 목표를 이루기 위해 불가피하게 죄를 짓게 되는 자신의 선택과 행동이 문제될 것은 없다고 믿는다. 그래서 그는 춘화를 파는 행위도 거리낌 없이 하며, 자신 때문에 여동생이 윤간을 당한 사실을 듣고서도 천연스럽게 "할 수 없는 일"(「환상수첩」, 92쪽)이라고 말해 버린다. 사회 전체에서 죄의 기준이 없어진 상황에서, 개인이 굳이 죄의 기준을 정하여 그것에 따르는 삶을 사는 것은 바람직한 것이 아니라 그저 바보 같은 행동일 뿐이라고 생각하는 이들은 무기력하고 비굴한 소시민성에서 더 나아가 위악적인 행동까지 서슴지 않으며 폐쇄적 사회의 논리에 편입된다.

이처럼 사람들은 살아남아야 한다는 명분을 내세워 "진(眞)과 위(僞)의 차이를 구별해낼 수 없"(『환상수첩』, 58쪽)는 상태에까지 이른다. 정우 역시 자본주의의 논리가 가장 강하게 작용하는 서울에서 사람을 미워하는 법을 배우게 된다. 많은 기대를 하고 들어온 대학 강의에서 교수들이 하는 이야기란 "상대편을 어떻게 하면 꽈악 눌러버릴 수 있느냐 하는 공격방법"(『환상수첩』, 27쪽)이었고, 진심으로 존경하는 인물의 자리에는 "리즈의 수입, 케네디의 인기, 이브 몽탕의 매력, 슈바이처의 명예 혹은 카뮈의 행운"(『환상수첩』, 28쪽)과 같은 부러움의 대상만이 가득 차 있을 뿐이었다. 지향하고자 하는 가치가 아닌 부러움이라는 세속적 욕망만이 존재하고, 상대를 밟고 일어서는 길이 곧 자신이 사는 길이라고 부추기는 사회는 사람들을 위악한 행동으로 이끈다. 이렇게 냉혹한 경쟁과 승부의 세계를 정우는 이미 어린 시절에 경험한 바 있다.

> 국민학교 사학년 때였던가, 나는 토끼 사육장에서 아카시아잎을 토끼들에게 먹이고 있었다. 사육장의 당번은 아니었지만, 토끼들이 마른 풀에 몸을 부비는 바스락 소리밖엔 아무 소리도 들리지 않는 사육장에서, 나는 하학 후의 낮시간을 거기서 보내는 게 아주 즐거웠다. 그러나 담임선생님께서는 나의 그러한 행동이 대단히 염려스러웠던 모양이었다.
>
> 그날도 뒤에서 인기척이 있으므로 돌아봤더니 담임선생님이었다.
>
> "넌 도대체 무슨 애가 그 모양이냐?"
>
> 화가 나 계셨다.
>
> "사내애가 기껏 그림 그리기나 좋아하고 토끼 사육장에나 드나들고……"

그리고,

"내일부턴 사육장에 들어오지 마. 그 대신 학교 파하면 해가 질 때까지 운동장에서 축구를 해야 한다. 내가 감독할 테니 잊어버리지 마. 사내자식이 싸움도 하고 그래라, 원." (…) 그뒤 선생님 덕분에 나는 악착스레 축구도 하고 열심히 싸움도 해보았으나 얼굴에 상처가 훈장처럼 남고 엄지발가락이 피멍이 들었다가 빠지고 빠지고 했을 뿐 별로 변한 것 같지도 않았다. 토끼와 축구를 한꺼번에 마스터할 수는 없는 모양이었다. 그러나 그래야 한다고 사람들은 내게 요구해오는 것이었다. 「환상수첩」, 26~27쪽

사내아이라는 이유만으로 자신의 의사와는 무관하게 축구와 싸움을 해야 했던 어린 시절의 상황과 서울에서의 대학 생활은 삶에 대한 결정권이 주어지지 않은 채 하나의 방식만을 강요한다는 점에서 다르지 않다.

영빈과 수영이 이런 사회에 적극적으로 적응한 이들이라면 선애와 윤수는 이들의 반대편에 서 있는 인물들이다. 선애는 미담기사의 소재가 된 후부터 친구들의 도시락을 거절하기도 하고 "생활에 부대껴서 닳아질 대로 닳아"(「환상수첩」, 17쪽) 거세졌지만 몸 파는 일은 하지 않겠다고 할 만큼, 자신이 옳다고 생각하는 삶의 가치를 지켜 나가는 자존감이 강한 인물이다. 그녀는 자살이라는 극단의 방법을 택할지언정 끝까지 자신의 신념을 지켜 낸다. 정우와 영빈의 장난으로 자신이 교환대상이 되고 더 이상 자신의 존엄성을 지킬 수 없게 된 상황에서 그녀는 자살을 선택한 것이다. 그것이 타락한 세상의 논리와 타협하지 않고 자존감을 지키는 유일한 방법이었기 때문이다. 윤수 역시 선애와 같은 유형의 인물이다. 그는 수영의 동생이 깡패들에게 윤간당한 사실을 알고 그 깡패들과 싸우다 죽게 된다. 이런 윤수의 행동은 분

명 “아무리 생각해도 어설픈 미덕”(『환상수첩』, 93쪽)이다. 윤간당한 친구의 동생에 대해서는 물론이고, 죽는 순간까지도 여행지에서 만난 미아에 대해 책임을 다하려 하는 윤수의 모습은 분명 속물적 가치와 위악적 행동들이 난무한 이 사회에서 아무런 보상도 받지 못하는 무의미한 것일 뿐이다. 사회가 요구하는 가치를 거부한 채, 오히려 무의미한 것으로 간주되는 행동을 하는 선애와 윤수는 사회구성원으로서의 자격을 상실하게 된다. 선애와 윤수가 끝까지 이 사회에서 살아남지 못하고 자의로든, 타의로든 죽음을 맞게 되는 것은 곧 이 사회로부터의 배제를 의미한다.

선애와 윤수, 영빈과 수영으로 각각 상징되는 상반된 삶의 태도 사이에서 고민하던 ‘나’(정우)는 결국 도시적 삶의 방식에 한계를 느끼며 새로운 생존방법을 찾아 귀향을 선택한다. 귀향을 선택하게 된 결정적 계기는 물론 선애의 자살이다. 선애의 자살은 명백하게 ‘나’의 책임 회피 때문이다. 애초에 선애를 영빈에게 넘기려고 했던 까닭도 선애에 대한 책임감 때문이었다. 이렇게 ‘나’는 선애에 대한 책임을 계속 모른 척해 보지만, 결국 선애의 자살이라는 상황에 직면하고서야 비로소 선애에게 미안함을 느끼며 자신의 행동을 반성하게 된다.

> 유리창에 뿌옇게 서렸던 입김은 어느새 사라져버렸다. 나는 다시 입김을 내뿜어서 뿌옇게 만들었다. 그리고 손가락으로 거기에 ‘선애’라고 써보았다. ‘미안하다’라고도 써보았다. 미안하다니? 얼마나 무책임한 언어인가? 그렇다고 무엇이 책임 있는 말이고 무엇이 책임 없는 얘기인지도 구별할 수 없었다.
>
> 『환상수첩』, 25~26쪽

고향으로 향하는 기차 속에서 ‘나’의 반성은 극대화되어 나타난다.

서울에서의 자신의 모습을 생각하며 "늙어버린 원숭이"(『환상수첩』, 12쪽)를 떠올리는 장면은, 냉소적이지만 자성적인 '나'의 태도가 드러나는 부분이다.

> 늙어버린 원숭이 한 마리가 어둠 속을 지켜보고 있는 모습일 뿐이었다. 새벽이 오면 습관에 따라 열매를 따러 나가겠다는 듯이 지극히 무관심한 표정. 그러자 괴롭구나, 하는 생각이 들었다. 부글부글 끓어오르는 내부를 저런 무관심한 표정으로 가려버리는 법을 지난 몇 년 동안 서울에서 나는 마스터한 것이었다. 되도록 무관심한 척하라. 할 수 있으면 쌀쌀하게 웃기까지 하여라. 그제야 적은 당황한다. 제군, 표정을 거두어라. 그리고 오직 하나 무관심한 표정만을 남겨라. 「환상수첩」, 12쪽

그러나 귀향이라는 선택 자체가 서울 생활에 대한 철저한 반성에서 비롯된 것은 아니었다. '나'의 귀향은 선애의 자살로 인한 충격과 그 상황에서 도피하고자 하는 충동적 생각에서 이루어진 것이어서, '나'는 고향에 와서도 도시에서의 삶에 대한 미련을 쉽게 버리지 못한다. 그래서 "세상이 당연하다고 내미는 것을 나 역시 당연하다고 생각하며 받아들이"(『환상수첩』, 71쪽)고 살아 보리라 결심해 보기도 하고, 한편으로는 자신의 도피가 어리석었다고 후회하기도 하는 등 '나'의 갈등은 계속된다. '나'의 이런 갈등에 종지부를 찍은 것은 윤수의 죽음이었다. 윤수의 행동은 '나'를 부끄럽게 만들었고, '나'로 하여금 스스로의 행동을 돌아보게 만들었다. 윤수의 죽음을 보며 '부끄러움'을 느낀 '나'는 결국 자살을 선택한다. '나'의 자살은 잠시나마 도시의 자본주의가 강요한 속물적 삶의 방식을 따랐던 자신에 대한 반성인 동시에 더 이상 그런 위악적 삶의 방식과는 타협하지 않겠다는 의지의 표현으로

해석할 수 있다. '나'의 자살에서도 다시 한 번 확인할 수 있듯이 '닫힌 세계'가 강요하는 가치관에 대한 비판과 거부는 이 세계로부터의 영원한 배제를 의미하며, 이것이야말로 '닫힌 세계'의 폭력성이 가장 극단적으로 드러나는 모습이라 할 수 있다.

이렇듯 배제와 축출이라는 위협 때문에 대부분의 사람들은 점차 선악에 대한 판단도 하지 않고 살아남기 위해서라면 수단과 방법도 가리지 않는, 이른바 판단불능의 상태에 빠지게 된다. 즉 거대한 구조와 규격화된 체계의 무게에 짓눌리고 하나의 방식만을 강요당한 사람들은 자연스럽게 '아무 생각이 없는 상태'[29]에 이르게 되는데, 이러한 모습이 바로 소시민의 전형이다. '아무 생각이 없는 상태'가 되면 타인에게 관심을 갖거나 사회문제에 대해 고민하지 않는 것은 물론이고, 결국에는 자신에게 가해지는 폭력에 대해서도 무감각하게 된다. '닫힌 세계'의 가장 큰 문제는 바로 여기에 있다.

'닫힌 세계'는 1960년대의 시대 상황을 단적으로 보여 주는 비유이지만, 사실 어느 시대에나 제기될 수 있는 보편적인 위험 상황이기도 하다. 나아가 문학의 입장에서 본 현실세계의 모습이기도 하다. 따라서 '닫힌 세계'에 대한 인식과 경계는 문학의 숙명과도 같다. 1960년대 문학은 이러한 문제적 현실에 대한 인식과 재현을 소시민이라는 유형의

---

29 여기서 '아무런 생각을 할 수 없는 상태'는 한나 아렌트가 아이히만의 상태를 표현한 맥락과 유사하다. 아렌트는 아이히만을 가리켜 그는 결코 "괴물 같지도 악마적이지도 않았"으며, 단지 그 같은 행동을 한 이유는 "사유의 진정한 불능성" 혹은 "사유의 전적인 부재" 때문이었다고 말한다. "그는 '사유'도 '의지'도 '판단'도 할 수 없었다."(한나 아렌트 지음, 김선욱 옮김, 『예루살렘의 아이히만』, 한길사, 2006, 35~37쪽) 다소 극단적이지만, 아이히만의 경우에서 확인한 것처럼, 대부분의 사회 구성원들이 아무런 생각과 판단도 할 수 없는 상태가 계속되면 결국 그 사회는 전체주의로 이어질 수밖에 없다. 사회 전반의 비판과 저항의 기능이 마비된 채 하나의 이데올로기만 강요되었던 1960년대 우리 사회는 결국 유신체제라는 더욱 암울한 전체주의 사회로 이어지게 된다.

인물로 재현하고 있다. 소시민은 1960년대의 시대적 특성을 가장 잘 반영하고 있는 인물유형으로, 개인의 자율성을 억압하고 순응적인 인간을 만드는 '닫힌 세계'의 실상을 가장 잘 드러내는 존재이기도 하다.

이러한 '닫힌 세계'가 개인의 내면에 가하는 억압은 자기검열과 진술공포의 형태로 구체화된다. 양심과 사상의 자유를 적극적으로 실현하는 자유는 표현의 자유와 긴밀한 연관이 있기 때문에, 양심과 사상의 자유를 논하는 데 있어 '진술' 행위는 매우 중요한 역할을 한다. 자기검열과 그로 인한 진술공포는 기본적으로 '닫힌 세계'와 같은 외부의 억압과 규제에서 비롯된다. 이청준의 『조율사』와 「전쟁과 악기」는 모두 반음 사용 금지와 같은 외부적 탄압 때문에 음악하는 사람들이 연주 대신 조율만 하는 상황을 다루고 있다.

> 조율하는 사람들-.
>
> 그것은 참으로 기이한 환영이다. 가령 여기 어떤 악단이 있다. 그들은 청중이 없어서든지 적당한 장소를 얻지 못해서든지 오래도록 연주회를 갖지 못한다. 또 그 이유를 그들의 연주 곡목이 어떤 특정 집단의 비위에 거슬리는 것뿐이어서 언제나 연주 허가를 받지 못한 때문이라 생각해도 무방할 것이다. 하여튼 그들은 오래도록 연주회를 갖지 못한다. 『조율사』, 31~32쪽

『조율사』는 액자구조로 되어 있다. 연주를 하지 못하고 조율만 하는 액자 속 이야기 상황은 액자 밖에서도 그대로 펼쳐진다. 독자들이 변하기 시작했고, 그 변화에 따라 많은 작가들이 변하기 시작한 것이다. 책을 읽어야 할 독자들은 모두 관객이나 소비자라는 다른 이름으로 변하기 시작했고, 영화와 스포츠의 자극적 쾌락 앞에서 "깐깐하고 비루한 잔소리"(『조율사』, 42쪽)는 여지없이 무너지고 마는 사회가 된 것이다.

이러한 환경적 요인의 변화와 함께 직접적인 규제와 단속의 힘도 가세한다.

> "(…) 첨삭뿐 아니라 어느 경우엔 일단 청탁된 원고도 통째로 뭉기는 예가 비일비재한 모양이던데요."
>
> "그건 악의로만 해석할 수 없지요. 사시(社是)라는 게 있으니까요."
>
> "글쎄. 그 사시라는 게 한 사회나 국가 일반에게까지 금과옥조가 될 수 있느냐 하는 것이 문젭니다. 그리고 그게 만약 그럴 만한 경우라도 그것을 해석하고 거기 비추어 필자의 글을 가늠하려고 할 때, 그 판단의 기준을 어디에 두느냐 하는 점은 문제가 되지 않을 수 없겠지요. 필자는 언제나 심판을 받는 입장에만 서게 되고 해석의 권리는 언제나 신문사 쪽에 있게 되는 것 아닙니까. 어떤 경우 신문사 측은 얼마든지 전횡을 부릴 수 있다는 이야기가 되지요." 『조율사』, 94쪽

사시(社是)라는 단일한 기준을 내세워 개인의 사고를 판단하고 해석하는 신문사의 전횡적 태도는 분명 작가들을 위축시키고, 나아가 진술에 대한 공포와 두려움까지 느끼게 만든다. 이러한 신문사의 자체 검열에 대해 '나'와 '김'이 나눈 대화의 발단은 얼마 전 논란이 되었던 B시인의 글이었다.

> 한 달쯤 전, 김 형네 신문에선 한 문학인 재판 사건에 관한 B시인의 호소문이 발표되었다가 물의를 일으킨 일이 있었다. 그 재판은 한 소설 작품의 반미 사상 고취 여부에 관한 것이었는데, B시인의 호소인즉 그 소설은 다분히 그렇게 해석될 수 있는 자극적인 용어가 두드러진 것은 사실이나, 그것은 그 작가의 일반적인 수사법의 통폐 때문이라고 검찰측 주장의 일단은 조심스럽게 인정하면서, 차후론 예술 활동에 있어서 작가 스스로가 표현의 자유

에 대한 한계를 보다 신중히 유념해 줄 것을 요청함과 아울러, 그러나 그 작가의 경우엔 전도가 유망한 청년이라는 점을 감안하여 너그러운 처분을 바란다는 요지였다. 그 글은 작가의 정신과 표현의 자유, 그리고 우방 국민에 대한 종래의 금기적 비판태도와 관련하여 많은 논란을 야기시켰다.

『조율사』, 91~92쪽

"반미 사상 고취 여부에 관한"(『조율사』, 91쪽) 문학인 재판 사건은 남정현의 단편소설 「분지」로 인한 필화 사건을 연상케 한다. 그러나 이 부분에서 제도로서의 검열이나 필화보다 더 문제가 되는 것은 B시인의 발언에서 드러나는 자기검열적 태도이다. 지훈의 지적처럼, B시인은 자신도 문학인이면서 "작가 스스로가 표현의 자유에 대한 한계를 보다 신중히 유념"(『조율사』, 92쪽)해야 한다며 자기검열을 종용하는 듯한 말을 한다. 이렇듯 B시인을 비롯해 『조율사』에 등장하는 모든 인물들을 괴롭히는 문제는 검열제도에 의한 외부의 탄압이나 규제가 아니라, 자신들의 내부에서 작동하는 자기검열 기제와 그로 인한 진술 공포이다.

지훈이 쓴 "한 사람 속에 대립하고 있는 이질적 욕구나 성격을 그 내면의 갈등이 아니라 완전한 두 인물로 대립시켜 서로 싸우게 한다는"(『조율사』, 41쪽) 내용의 소설은 이러한 자기검열의 상황을 재현한 것이다. 이 소설 속의 서로 다른 두 인물이란 정직하게 자기 목소리를 내고자 하는 내면과 그것을 검열하고 제어하고자 하는 또 다른 내면의 재현이며, 그 두 인물의 대립이란 자기검열에 대한 내적 갈등을 의미한다. 게다가 "어째서 요즘 생각하는 것들은 한결같이 발상이 우화적인 환상에 근거하는 것들뿐이지?"(『조율사』, 41쪽)라고 비판하는 지훈조차 에둘러 말하는 자기검열의 상태이긴 마찬가지이다. 그러나 지훈은 B시인에 대해 솔직한 비판을 가하는가 하면 우회적인 방법으로나마 소설을 쓰고자 한다는 점에서 '나'를 비롯한 '기적'의 멤버들보다는 나은 편이다.

지훈이 우회적인 소설을 쓰면서 자기검열의 문제를 극복하려고 노력하는 데 비해, '나'에게 진술공포는 여전히 '나'를 괴롭히는 내적 갈등의 주범이다. 자기검열이라는 내면의 억압 상태는 '배앓이'의 형태로 발현된다. '나'는 자주 배앓이를 앓는데, 이는 진술공포라는 내면의 공포 상태에서 비롯된 것이다. '나'는 결국 배앓이를 치료하기 위해 단식을 감행하는데, 단식 과정에서 "잡념이 끼지 않은 투명한 의식의 진공상태"(『조율사』, 197쪽)를 경험한다. 그리고 이런 상태에서는 "어떤 판단도 없이 모든 사물을 현상의 존재 그대로 마주할 수 있을 것"(『조율사』, 197쪽) 같다는 생각을 하기에 이른다. '나'의 이러한 변화는 어떠한 선험적 판단 기준이나 특정 가치관을 통하지 않은 상태에서의 인식과 판단, 즉 자기검열이나 억압기제가 작동하지 않는 상태에서 정직한 사고가 가능해졌음을 의미한다.

이렇듯 배앓이를 앓고 있는 '나'를 비롯해 다방 '기적'에 자주 모이는 멤버들은 이미 자기검열의 틀에 갇혀 심각한 진술공포증에 걸린 상태이다. 제대로 된 연주를 하지 못하고 악기 소리만 조율하고 있는 액자 속 이야기의 사람들은, '기적'에 모여 글은 써내지 않으면서 열심히 문학 얘기만 하거나, "자기 악기에서 옛날처럼 소리가 나나 안 나나 확인"(『조율사』, 35쪽)만 하고 있는 '우리'의 자화상이다. '우리'가 하는 일이라곤 소설의 원고를 가지고 와서 돌려 읽거나 그 소설의 독후감을 이야기하는 것이 전부였다. 그마저도 결론이 없는 이야기였다. 그저 "생각하는 방법을 잊어버릴까 봐"(『조율사』, 34쪽) 남의 글에 대해 결론도 없는 평가만 하는 것이었다. 이는 '우리'가 자기검열의 수준을 넘어서 진술하는 것에 대해 심한 공포증의 단계로까지 나아갔음을 의미한다.

한동안 글을 쓰지 않았던 '우리'는 어느 날 '조율하는 사람들'에 관해 정 형이 쓴 이야기 한 편을 보게 된다.

> 하지만 연주회는 언제까지나 마련되지 않는다. 그렇게 무한정 시간이 흐른 다음을 상상해 보라. 그들에게 일어날 수 있는 일은 어떤 것이 될 것인가. 아마 그들은 문득 자기들의 손이 둔해져서 악기를 마음대로 다룰 수 없게 되어가고 있음을 알고 놀랄 것이다. 그리고 그때쯤엔 악기들에도 녹이 나고 곰팡이가 잔뜩 슬어 있을 게 당연하다. 피아노는 키를 눌러도 괴상하게 식식거리기만 하고, 현악기의 줄들은 늘어질 대로 늘어져 흉한 마찰음만 빚어낸다. 악사들은 당황하여 버려 뒀던 악기들을 붙들고 우선 그것을 손질하고 굳어진 손을 다시 익혀 자신들의 소리를 되찾으려 애쓰게 될 것이다. (…) 그런 세월이 또 무한정 흐른 뒤에는 어떻게 될 것인가. 그들은 어느덧 연주회에 대한 희망은 까마득히 사라지고, 오로지 악기의 소리를 잃지 않으려고 애쓰던 기억만을 갖게 되리라. 자기들은 연주회를 가지려는 악사임을 잊어버리고, 조율이 자신들의 본래 몫이었던 것처럼 착각을 하게 된다는 말이다. 그리하여 이제 이들은 조율에만 열중하고 조율에만 만족한다. 『조율사』, 32쪽

정 형의 이야기 속 악사들은 다방에 모여 무의미한 조율 행위만 하고 있다.[30] 이야기 속 악사들이 하고 있는 조율행위는 독자들에게 읽힐

---

30 "조율만을 일삼는 영원한 조율사"(「전쟁과 악기」, 149쪽)들의 이야기는 「전쟁과 악기」에서도 그대로 반복된다. 반음 사용이 금지된 사회에서 "지하에 비밀 아지트를 만들고 거기에서만은 아직도 반음이 제거되지 않은 악기를 돌보고 그것으로 그리운 음곡들을 은밀히 연주"(「전쟁과 악기」, 148쪽)하는 사람들이 '나'의 소설 속에 등장한다. 그리고 다방 '기적'을 배경으로, "소설은 쓰지 않은 채 서로 간에 그럭저럭 소설에 대한 이야기만 하고"(「전쟁과 악기」, 141쪽) 지내는 인물들 또한 『조율사』에 이어 그대로 재현된다는 점에서 두 소설은 많이 닮아 있다. 두 소설이 유사한 구조와 내용으로 이루어져 있으므로, 이 책에서는 논의의 반복을 피하고자 『조율사』를 중심으로만 분석하고자 한다.

소설을 쓰고 발표해야 할 작가들이 생각만 하거나 자신들끼리 품평회만 하고 있는 상황을 가리키는 이들만의 은어이다. 아무리 좋은 소리를 내는 악기라 할지라도 음악의 형태로 관객들에게 전해지지 않는다면 아무런 소용이 없듯이, 아무리 좋은 생각이 많더라도 그것을 활자화하여 세상에 드러내지 않는다면 작가로서의 존재는 무의미해진다.

한편 조율하는 동안만큼은 끊임없이 무언가를 생각해야 하는 만큼, 적어도 사고의 기능을 마비시키지는 않았다는 점에서 이들의 조율을 긍정적으로 평가할 수도 있다. 이들은 스스로 자신들이 조율 행위를 계속하는 이유에 대해 "생각하는 방법을 잊어버릴까 봐"(『조율사』, 34쪽)라고 대답한다. 즉 이들이 일절 아무 생각도, 행동도 하지 않았던 것이 아니라 적어도 조율이라는 행위만큼은 계속해서 하고 있었다는 점에 주목해 볼 필요가 있는 것이다. 이들이 다시 글을 쓸 수 있었던 것도 '생각하는 방법'을 잊어버리지 않았기 때문이다. '뇌가 굳어진다'는 표현처럼 사고하는 행위를 계속하지 않으면 사고의 범위가 점점 더 좁아지고 유연하지 못하게 되며, 결국에는 '아무 생각이 없는 상태'에 이르게 된다. 모든 일에 무관심하고 무비판적이며, 타율적 선택과 행동만 하는 이런 상태는 앞서 살펴본 '닫힌 세계'가 요구하는 전형적인 태도이다. 따라서 '생각하는 방법'만큼은 놓치지 않았으며, 그로 인해 진술공포증이라는 문제 상황을 극복해 낼 수 있었다는 점에서는 조율 행위에 대해 긍정적인 평가를 내릴 수도 있다. 그러나 그렇다 하더라도 조율 행위에 담긴 소극성과 무책임함은 분명 비판받아 마땅한 소시민성의 일종이다.

자기검열과 진술공포, 그리고 그로 인한 조율과 같은 소극적 행동은 이청준 소설 전반을 관통하는 중요한 주제다. 『씌어지지 않은 자서전』과 「소문의 벽」도 모두 유년 시절에 경험한 전짓불공포로 인한 진술공포 문제를 다루고 있다. 『씌어지지 않은 자서전』에서는 소설가 박준의 소설과 인터뷰를 통해, 「소문의 벽」에서는 환상 속의 신문관 사내에게 진술하는 과정을 통해 전짓불공포에서 비롯된 진술공포증이 재현된다. 개인의 발견이라는 문제에 접근하는 과정에서 진술공포의 문제를 다루는 까닭은 진술, 즉 글쓰기와 말하기 행위가 갖는 특별한 의미 때문이다. 진술하기 위해서는 먼저 진술 내용을 마련하기 위한 사고가 이루어져야 한다. 대상에 대한 인식과 해석, 가치판단 등을 아우르는 사고 행위는 타인의 강요나 개입으로는 결코 이루어질 수 없는, 오직 개인의 내면에서 이루어지는 작용이다. 다시 말해, 진술 행위는 개인의 자율성과 고유한 내심을 전제로 하는 행위인 동시에 자율성을 유지하는 기능도 하는 것이다.

글쓰기와 말하기가 이런 역할을 할 수 있는 결정적인 이유는 바로 이러한 행위를 가능하게 하는 도구이자 근원적 요소가 되는 언어의 힘 때문이다. "인간이 자신과 세계를 동시에 형성하거나 세계를 자신과 격리시킴으로써 오히려 자신을 의식해 가는 데 사용하는 수단"[31]이라는 훔볼트의 설명처럼, 언어는 자기 인식과 세계 형성을 위한 근간으로 작용한다. 다시 말해 "언어는 단순히 기호가 아니라 사고를 형성하는 수단, 자신과 세계를 형성하는 수단"[32]인 것이다. 언어가 사고를 생산한다는 주장은 이미 많은 언어학자들에 의해 입증된 바 있다. 한 걸음 더 나아가 "언어는 실제로 이미 인식된 진실을 묘사하는 수단이

---

31 위르겐 트라반트 지음, 안정오·김남기 옮김, 『훔볼트의 상상력과 언어』, 인간사랑, 1998, 57쪽.

32 위의 책, 57쪽.

아니라, 이를 훨씬 넘어서서 이전에 인식되지 못한 진실을 발견하는 수단"이기도 하다.[33] 이렇듯 언어와 사고, 사고와 주체적 개인의 형성은 서로 밀접하게 이어져 있는데, 전체주의 사회가 유난히 표현의 자유에 대한 단속을 강하게 하는 까닭 또한 언어의 이러한 기능 때문인 것으로 짐작할 수 있다.

이청준의 또 다른 소설 「마기의 죽음」은 언어에 대한 규제가 극단적으로 이루어진 사회를 형상화한 작품이다. "모든 것이 숫자로만 표시되고, 정원과 건물과 대문과 모든 것이 일정한 집들, 생각할 일이 없어서 한없이 작아진 머리와 퇴화해 버린 배와 가늘어진 다리와 그런 것과는 반대로 쾌락의 샘 부근만 엄청나게 불어난 흉한 인간들"(「마기의 죽음」, 55쪽)이 있는 「마기의 죽음」 속 세계는 마치 외계의 사회를 연상케 한다. 이 사회에서 가장 흥미로운 점은 '책'이란 것이 아예 존재하지도 않으며, 말 또한 의사소통의 수단이 아니라 "자기 혼자서 즐기는 것"(「마기의 죽음」, 57쪽)에 불과하다는 것이다. 무엇보다 이들이 사용하는 말은 자유와 행복, 사랑과 같은 추상어가 거의 사라진 상태로, 이런 언어의 특성으로 인해 사람들은 "사고가 마비되어 버리고 아무것도 생각할 줄 모르는 인간"(「마기의 죽음」, 61쪽)이 되어 버렸다.

'나' 또한 아버지와 할아버지를 죽게 한 원인이 되는 '책'을 발견하기 전까지는 "사고가 마비되어 버리고 아무것도 생각할 줄 모르는 인간"(「마기의 죽음」, 61쪽)이었다. '나'의 조상들은 "언제부터인지 모르게 머리가 조금씩 커지고 몸은 반대로 시들시들 말라가서, 나중에는 그 엄청나게 커진 머리를 지탱할 수조차 없도록 괴상한 형상들이 되어가지고

33 위의 책, 68쪽.

는 숨을 거둔”(『마기의 죽음』, 51쪽) 이상한 내력을 가지고 있다. 그런데 어느 순간 “나의 머리통도 그들처럼 서서히 보기 흉하게 부풀어 오르기 시작”(『마기의 죽음』, 51쪽)하는데, 그 단초가 된 것은 바로 우연히 발견하게 된 아버지의 유품인 ‘책’이었다. 이 ‘책’을 통해 알게 된 ‘나’의 병증의 원인은 바로 ‘자유’였다. ‘자유’라는 단어는 단지 “생각 속에 담아본 것만으로”(『마기의 죽음』, 62쪽)도 그것의 가치를 전할 정도로 아주 강력한 힘을 지니고 있었다. 금기시되는 이 단어를 접하게 된 ‘나’는 할아버지와 아버지처럼 검은 제복들에 의해 콘크리트의 벌판으로 보내진다. “태양열이 뇌수를 씻어내는 듯한 아픔, 그리고 그늘마저 증발해 버린 하늘과 벌판이 온통 나의 머릿속으로 가득 밀려 들어와 있는 듯한 답답함, 그리하여 나의 모든 내부가 깡그리 어디론가 빠져 달아나버리고 텅 빈 껍데기만 남은 듯한 허망감”(『마기의 죽음』, 64쪽) 속에서 ‘나’는 다만 그곳을 빠져나갈 궁리에만 몰두하게 된다. 그렇게 점점 모든 것을 체념하고 순응하는 순간, ‘나’의 “머리가 조그맣던 원래의 크기로 줄어들기 시작했고 섹스 부위도 차츰 다시 부풀어”(『마기의 죽음』, 65쪽) 오르면서 병은 조금씩 나아지기 시작한다.

과거(이 소설의 배경이 되는 시점에서 1960년대는 먼 과거로 설정되어 있다)의 억압이 육신을 포박하는 형태였다면, ‘내’가 살고 있는 현재에는 정반대의 방법으로 억압이 가해진다. 육신을 포박당했을 때는 “끊임없이 생각을 계속하였고, 편지나 면회, 독서 따위로 그들의 최소한의 생각의 질료를 공급받”(『마기의 죽음』, 66쪽)을 수 있었던 데 비해, 현재처럼 “육신에 무한한 공간을 주면서 정신을 마비시켜”(『마기의 죽음』, 66쪽) 버릴 경우 저항할 비판적 사고 자체를 불가능하게 함으로써 억압의 효과를 더욱 극대화할 수 있다. 콘크리트 감옥에 다녀온 후에도 ‘책’을 버리지 못한 '나'는 마침내 '책'에서 가장 중요한 부분을 찾아내기에 이른다. 하나의 가상 세계로 설정되어 있는 그 세계는, "무서운 혁명으로부터 형성되기 시작"(『마기의 죽음』, 67쪽)한다. 그리고 이어지는 이 가상 세계에 대한 설명은 지금 '내'가 살고 있는 사회의 모습과 동일하다.

> 그리하여 당국은 모든 시민의 사고를 억압한다. 아니 사고를 완전히 추방하지 않는다 해도 무방하다. 생각하는 방법을 일정하게 한정하면 그 효과는 마찬가질 테니까. 무엇을 어떻게 느끼고 생각할 것인가를 한정당한 인간의 사고는 방향키를 고정해 버린 배의 항해와 같은 것이 될 수밖에 없을 것이다.
> 한편 혁명군은 그 모든 규제가 완전해질 때에는 시민들이 먹고 자고 입는 일에 대한 모든 걱정을 해소시켜 줄 것이라고 굳게 약속한다. 생활을 규율하는 것은 시민들의 불필요한 걱정을 덜어주기 위한 것이며, 시민들은 규율을 준수하고 복종해 나감으로써만 안일과 번영을 누리게 될 것이라 설득을 계속한다.
> 시민들은 항거할 것이다. 자유를, 양심을, 개인의 생각을 말살하지 말라! 우리는 피를 흘리겠다. 그러나 그러한 항거는 혁명군에 의하여 무참히 짓뭉개지고 만다. 시민들은 차츰 피를 흘리는 일이 언제나 불필요한 희생을 가져온다는 것을 알게 된다. 그리고 한 사람 한 사람 체념을 하게 되고, 그 규제 속에 자신의 삶을 맡겨 거기서 조용한 안식을 찾으려 노력한다. 그런 노력 끝에 나름대로의 안일과 평화를 발견한다. 그런 상태가 한 1만 년 아니 1억 년쯤 계속되어 인간의 자유 의지가 마침내 완전한 퇴화와 소멸 상태에 이른다. 『마기의 죽음』, 68쪽

'책'에는 이런 상황에서 억압과 규제를 잠시 철회하면 "이미 자유 의지를 잃어버린 인간들은 마치 방향 감각을 잃은 곤충 같은 처지가 되"(『마기의 죽음』, 69쪽)어서 "억압을 풀지 말라!, 규제가 아니면 죽음을 달라!"(『마기의 죽음』, 69쪽)고 외칠 것이라고 쓰여 있다. 그리고 이런 혁명을 가

리켜 '책'은 '무서운 일'이라고 평가한다. 아무런 사고도 하지 않는, 그래서 머리까지 퇴화해 버린 지금의 '나'의 모습과 현재 사회는 이 '책'이 예견한 사회였으며, '나'를 데리러 왔던 그 제복의 사람들은 바로 혁명군이었던 것이다.

이렇듯 대부분의 단어가 사라지고 그 기능이 퇴화해 버린 「마기의 죽음」 속 사회를 통해 우리는 '말(언어)'의 위력을 확인할 수 있다. '닫힌 세계'들이 대부분 양심의 자유, 언론·출판·집회·결사의 자유, 학문·예술의 자유 등 사상과 표현에 관련된 자유를 집중적으로 단속하고 규제하는 이유 역시 이러한 '말(언어)'의 힘 때문이다. "사람들은 말에 의해서 자기가 직접 경험하지 않은 많은 것을 전달받고 그것을 쉽사리 믿어버리"(「마기의 죽음」, 58쪽)는 경향이 있다. 그래서 "많은 영특한 사람들은 그 말의 권위를 빌려 사람들을 지배"(「마기의 죽음」, 58쪽)하기도 한다. 따라서 "참으로 엄청나게 많은 사람을 한꺼번에 지배"(「마기의 죽음」, 58쪽)하는 가장 "효과적인 인간 지배의 수단으로 봉사"(「마기의 죽음」, 58쪽)하는 이 '말(언어)'에 대한 장악력을 누가 가지느냐가 중요해진다.

그러나 아이러니하게도 이러한 '말(언어)'의 힘은 억압적 세력을 비판하고 그것에 대항하는 상황에서도 그 위력을 발휘한다. 말(언어)이 가진 이런 특별한 힘 때문에 '말하기(글쓰기) 금지'라는 모티프는 문학에서 오래전부터 사용되어 왔다. 자신의 생각과 감정, 경험에 대해 말하고 싶은 욕망은 인간의 본능이다. 죽음의 위협 앞에서도 금기를 어기고 '임금님 귀는 당나귀 귀'라는 비밀을 발설한다는 내용의 설화나, 밤마다 재미있는 이야기를 들려줌으로써 왕의 마음을 사로잡아 천일 동안 죽음을 유예한 『천일야화』는 모두 인간의 말하기 욕망을 모티프로 한 이야기이다. 이렇듯 문학 속에서 인간의 말하기 욕망은 언제나 권력자의 금기라는 장벽에 부딪히는데, 이는 그만큼 말(언어)이 가진 위력이 대단한 것임을 보여 준다. 말(언어)은 곧 '사유'를 의미한다. 따라서 말(언어)에 대한 통제는 인간의 사고 기능을 제어하고 약화시키는 결과로 이어진다. 어느 사회든 권력을 장악한 이들이 언어를 통제하려고 하는 이유 또한 이 때문이다.

특히 표현의 자유를 억압하는 문제는 언어를 매개로 하는 문학창작과 연구에서는 더욱 민감하고 중요한 문제일 수밖에 없다. 한국 문학사에서 어렵지 않게 찾아볼 수 있는 필화 사건과 검열로 인한 개작은 모두 언어에 대한 사회적 통제에서 비롯된 것이다. 이렇게 가시적으로 드러난 형태의 탄압뿐 아니라 그것이 내면화되어 작가 스스로 자기검열을 하게 만드는 것 또한 말하기 욕망을 누르고자 하는 권력의 작용으로 볼 수 있다. 어떤 형태로든 내면의 감정과 사고를 자유롭게 표현하고자 하는 욕망을 억누르는 것은 분명 인간으로서 누려야 할 최소한의 권리를 침해하는 행위이다. 이어지는 절에서는 언어 통제로 사고를 제한해 개인의 자율성까지 장악하려는 상황에서 오히려 더 적극적이고 정직한 글쓰기(말하기)를 함으로써 문제를 비판하고 자율성을 회복해 가는 과정을 살펴보고자 한다.

고백적 서술을 통한 소시민성 반성

사고의 수단이자 자신과 세계를 형성하는 수단으로서의 언어와, 그러한 언어를 매개로 한 글쓰기(말하기) 행위는 개인의 내면 형성과 밀접하게 관련되어 있다. 앞서 다룬 두 가지 문제 상황, 즉 '닫힌 세계'가 강요하는 타율성과 자기검열로 인한 진술공포는 모두 인간의 내면에서 일어나는 문제들로, 자연히 이 문제를 다룬 소설들은 인물의 내면에 집중하게 된다. 인물의 내면을 가장 잘 재현할 수 있는 방법으로는 인물이 직접 자신의 내면에서 일어나는 감정과 생각을 솔직하게 진술하는 자기 고백적 서술을 꼽을 수 있다.

앞서 살펴본 문제 상황 가운데, 진술공포 문제를 가장 많이 다룬 작가는 단연 이청준이다. 이청준의 소설에는 소설가, 기자 혹은 출판사 편집인 등의 직업을 가진 인물이 유난히 많이 등장한다. 모두 글쓰기 행위와 관련된 직업으로, 이러한 직업 설정은 인물의 진술 행위를 자연스럽게 텍스트 전면에 드러내는 역할을 한다. 「소문의 벽」은 끊임없이 표현하고자 하는 욕망과 그것을 누르려는 힘 사이의 긴장관계를 예리하게 포착한 작품으로, 이 소설에 등장하는 인물들은 모두 진술 행위와 관련되어 있다. 소설가, 출판사 편집인, 정신과 의사라는 직업 설정이 이를 설명해 준다. 직업적 특성을 감안해 이들의 관계를 살펴보면, 등장인물들이 '쓰는(말하는) 사람'과 '읽는(듣는) 사람'이라는 짝패 관계로 구성되어 있음을 알 수 있다. '나'와 박준이 각각 출판사 편집인과 소설가라는 직업적 특성으로 하나의 짝패를 이룬다면, 정신과 의사와 박준의 관계 또한 이야기를 듣는 사람과 이야기를 하는 사람이라는 또 다른 짝패를 이룬다. 이청준의 다른 소설들에서도 '진술하는 사람 : 진술을 듣는 사람'의 짝패 관계는 자주 등장한다.

이러한 인물 관계가 소설가라는 직업적 특성에서 비롯된 것이라면, 소설가 인물의 설정으로 인한 또 다른 특징은 소설 구조에서 나타난다. 소설 속에 소설가 인물이 쓴 또 다른 허구의 이야기가 삽입되면서 액자소설의 구조를 이루는 것이다. 「소문의 벽」에도 박준이 쓴 세 편의 소설이 언급된다. 이 세 편의 소설은 모두 억압된 사회와 그로 인해 진술공포증에 걸린 인물을 대상으로 삼고 있다. 첫 번째 소설('나'의 잡지사로 박준이 보내온 소설)은 가사(假死)라는 '괴상한 버릇'을 가진 인물의 이야기인데, 그의 이런 버릇은 어른들에게 꾸중을 듣거나 낭패스런 일을 당했을 때 취하는 것으로, 외부의 억압대상으로부터 벗어나기 위한 나름의 행위로 해석할 수 있다. '벌거벗은 사장님'이란 제목의 두 번째 소설(박준이 R계간지에 연재하던 중 중단된 소설)은 옛날이야기 '임금님 귀'를 연상케 하는 것으로, 하고 싶은 말을 하지 못해 결국 신경증에 걸린 인물에 대한 이야기이다. 여기서는 첫 번째 소설에서보다 더 확실하게 억압의 실체가 드러날 뿐 아니라 진술공포증이라는 증상이 좀 더 구체적으로 그려진다. 세 번째 소설(박준의 여동생이 '나'에게 준 소설)은 G라는 인물이 정직한 자기 진술을 강요하는 신문관의 요구로 어린 시절의 전짓불공포에 관한 기억을 떠올리는 이야기이다.[34] 이 소설에서는 박준이 실제로 겪고 있는 진술공포증의 원인과 정직한 진술에의 압박이라는 문제적 상황이 가장 구체적으로 그려진다.

박준은 이 소설들을 통해 자신의 진술공포증과 그 원인에 대해 '자기 고백적 서술'을 계속해 간다. 허구성을 기반으로 하는 소설에 '자기 고백적'이라는 속성을 붙일 수 있는 이유는 박준이 인터뷰한 내용을 살펴보면 알 수 있다. 신문 인터뷰에서 박준은 6·25 전쟁 당시 누군가가 자신의 집 방문을 열고 전짓불을 내리비추며 누구의 편인지를 묻던 절망적인 순간의 기억과 전짓불에 대한 공포를 이야기한다.

---

34 이 세 번째 소설의 내용은 이청준의 『씌어지지 않은 자서전』과 유사한 부분이 많다. 이런 정황들이 작가 이청준과 소설 속 작가 박준을 하나의 대상으로 겹쳐 보이게 한다.

> 그런데 나는 요즘 나의 소설 작업중에도 가끔 그 비슷한 느낌을 경험하곤 한다. 내가 소설을 쓰고 있는 것이 마치 그 얼굴이 보이지 않는 전짓불 앞에서 일방적으로 나의 진술만을 하고 있는 것 같다는 말이다. 문학행위란 어떻게 보면 한 작가의 가장 성실한 자기 진술이라고 할 수 있다. 그런데 나는 지금 어떤 전짓불 아래서 나의 진술을 행하고 있는지 때때로 엄청난 공포감을 느낄 때가 많다. 지금 당신 같은 질문을 받게 될 때가 바로 그렇다…….
>
> 「소문의 벽」, 116~117쪽

그리고 성인이 된 지금까지도 어린 시절의 전짓불 공포를 경험한다고 고백하는 박준의 인터뷰 내용은 그가 쓴 세 편의 소설이 모두 박준 자신의 자전적 경험에서 비롯된 '자기 고백적' 이야기임을 입증해 준다. 그동안 박준은 자신이 쓴 소설을 통해 "자기의 문학과 전짓불이 어떤 불가분의 관계 속에 있음을 분명한 어조로 암시하고"(「소문의 벽」, 117쪽) 있었던 것이다.

그렇다면 박준이 '자기 고백적 서술'을 하기 위해 굳이 '소설'이라는 장르를 택한 이유는 무엇인가? 자기 고백적 이야기라면 신문사와의 인터뷰 자리에서나 김 박사와의 상담 자리에서도 충분히 진술할 수 있었다. 그러나 작가가 박준의 '자기 고백적 서술'을 위한 설정으로 굳이 소설 쓰기라는 방식을 택하고 여러 번의 '겹의 장치'를 설정해 둔 것은, 박준이 느끼는 진술공포의 두려움을 극대화하고 고백적 서술을 통해 박준 내면의 변화를 보다 세밀하게 재현하기 위해서이다. 박준이 김 박사와의 상담을 거부한 것은 자신에게 진술을 유도하는 그를 또 다른 형태의 전짓불로 여겼기 때문이다. 박준은 유년 시절에 경험한 전짓불공포로 인해 성인이 된 이후에도 정직한 자기 고백적 진술을 두려워하는 진술공포증에 걸린 상태다. 박준이 쓴 세 편의 소설이 모두 현실의 압박으로 인해 진술을 강요당하는 인물들을 그리고 있는 것은 결코 우연이 아니다. 박준은 끝까지 작가의 양심에 따라 "정직한 자기 진술"(『소문의 벽』, 142쪽)을 하려고 시도하지만, 현실에서는 또 다른 전짓불이 박준의 진술을 막아서고 있다. 작가의 자유롭고 정직한 자기 진술을 용서하지 않는 또 다른 전짓불의 실체는 정신병원 의사인 김 박사와 잡지사에서 문학 면을 담당하고 있는 안 형이다. 김 박사는 진술공포증이라는 박준의 증상에 대해 "자기 진술을 통해서만 그 증세의 원인을 찾아 해소시켜야 한다"(『소문의 벽』, 90쪽)고 생각한다. 잔인한 아이러니처럼 보이지만 한편으로는 설득력 있는 치료방법이기도 하다. 그러나 자기 진술을 이끌어 내는 이 과정은 대단히 폭력적이고 권위적이다. 소설을 통해 박준의 자기 진술을 살펴보자는 '나'의 의견을 "소설이란 원래 꾸며낸 이야기"(『소문의 벽』, 91쪽)라는 말로 일축하며 거절한 김 박사가 선택한 최후의 방법은 "전짓불로 환자를 완전히 굴복"(『소문의 벽』, 147쪽)시켜서 "적당히 고분고분하게 만들어 비밀을 고백"(『소문의 벽』, 147쪽)하게 하는 것이다. 물론 김 박사의 폭력적인 방법은 실패로 끝났고, 박준은 병원을 도망친다.

또 하나의 전짓불은 안 형의 태도에서 드러난다. 안 형은 박준의 소설을 오래전부터 가지고 있으면서도 잡지에 싣지 않는데, 그 이유는 박준의 소설이 가사(假死) 상태와 같은 "슬픈 습성을 택하도록 강요한 현실의 압박요인들에 대해 이야기하지 않"(『소문의 벽』, 94쪽)기 때문이라고 한다. "작가가 어떤 소재를 만나 그것을 해석하는 방법은 그 작가가 자기의 시대양심에 얼마나 투철해 있느냐 하는 문제가 결정지어 주는 거라고 생각"(『소문의 벽』, 96쪽)하는 안 형은 "박준이 이 시대의 작가인 이상, 그는 절대로 자기 시대양심의 가장 우선적인 요구를 배반해서는 안 되며, 그것을 도외시한 모든 창작행위는 가혹하게 매도당해 마땅하다"(「소문의 벽」, 97쪽)는 관점에서 박준의 소설을 폄하한다. '나'는 이런 안 형의 말에 적잖이 놀라는데, 이는 자신은 매우 흥미롭게 읽은 소설에 대해 안 형이 상반된 반응을 보여서만은 아니다. '내'가 놀란 이유는 동일한 텍스트에 대해 여러 가지 해석 가능성을 인정하는 '나'와 달리 자신과 다른 견해는 철저하게 부정해 버리는 안 형의 태도 때문이다. 하나의 텍스트는 오직 하나의 해석만 가져야 한다는 것이 안 형의 생각이다. 안 형과 김 박사는 모두 획일성을 추구하는 전체주의적 사고의 전형을 보여 주는 인물들로, 박준의 정직한 진술을 억압하는 '전짓불'과 같은 역할을 한다. 박준은 이런 사람들 앞에서는 결코 솔직한 '자기 고백적 서술'을 할 수 없었던 것이다.

한편 소설 쓰기는 억압의 상대를 마주하고 있는 것이 아니라 오롯이 혼자만의 시간 속에서 천천히 자신의 내면을 들여다볼 수 있는 여유를 가질 수 있다는 점에서 '자기 고백적 서술'을 하기에 적합하다. 또한 소설이 가진 허구성을 내세워 오히려 자유롭게 진실을 이야기할 수 있다는 점도 중요한 요인으로 작용한다. 이런 이유로 박준은 소설을 쓰는 동안만큼은 침묵이나 정해진 대답만 강요하는 억압기제로부터 벗어나 '자기 진술'을 하게 된다. 박준이 진술공포증을 극복하고, 정직한 '자기 고백적 서술'을 해 나가고 있음은 세 편의 소설들이 보이는 내용의 차이를 통해 확인할 수 있다. 첫 번째 소설에서 단지 '괴상한 버릇'으로만 표현되었던 공포증이 두 번째 소설에서는 '말하지 못하는 것'이라고 설명됨으로써 공포증의 실체가 좀 더 분명해졌으며, 세 번째 소설에서는 진술공포증의 근원으로 작용하는 전짓불공포의 기억에 대해 밝힘으로써 억압기제의 정체를 구체화하기에 이른다. 진술을 거듭하는 동안 문제 대상의 실체가 추상적이고 모호했던 상태에서 점점 더 구체적이고 정직한 목소리를 내는 '자기 진술'로 발전해 간 것이다.

이로써 박준은 스스로 전짓불공포를 이겨 내고 정직한 작가로서 자기 시대의 문제를 극복해 가고자 하는 의지를 실현한 것이다. 특히 "소설을 쓰고 있는 것이 마치 그 얼굴이 보이지 않는 전짓불 앞에서 일방적으로 나의 진술만을 하고 있는 것 같다"(「소문의 벽」, 116쪽)고 스스로의 진술공포를 털어놓은 뒤, 그러한 공포를 이겨 내고 유년 시절의 전짓불공포를 비롯한 정직한 '자기 고백'을 한 세 번째 소설을 쓴 것은, 개인적 트라우마를 극복했다는 측면에서도, 작가라는 직업적 소명을 실천했다는 측면에서도 분명 의미 있는 행동이라 할 수 있다. 박준이 자신의 진술을 방해하는 전짓불이라는 공포기제에 대해 심한 불안함을 느끼면서도 결국 세 번째 소설에서 그것의 존재를 드러내는 이유는, 그렇게 문제대상을 환기시키고 비판함으로써 더 이상은 전짓불이라는 거대한 공포기제에 잠식당하거나 억압받지 않을 수 있기 때문이다. 전짓불을 비추는 자들이 원하는 것은 개인들이 전짓불과 같은 공포기제로 인해 불안을 느끼며 침묵하는 것이다. 그러나 박준은 그것에 대한 두려움을 감내하면서까지 글쓰기를 통해 문제대상에 대한 인식과 비판적 어조를 계속 드러냄으로써, 자신의 양심과 작가적 신념을 끝까지 지켜 낸다.

또한 이 소설은 박준의 자기 고백적 서술과 반성의 이야기인 동시에, 액자 바깥의 서술자인 '나'의 고백이자 반성의 이야기이기도 하다. 이 소설에서 '나'는 박준의 소설을 읽고 그의 생각과 행동을 전달하는 역할을 하는 관찰자적 서술자이지만, 소설의 곳곳에서 '나'의 자기 고백적 목소리를 발견할 수 있다. 특히 박준의 전짓불공포를 접하면서 '나'는 잡지사 편집자로서 자신의 역할과 상황의 한계를 자각하게 된다.

> 하지만 이제 내게 확실해진 것은 그런 박준의 사정만이 아니었다. 박준의 사정이 확실해진 만큼 또 하나 확실해진 것이 있었다. 잡지 일이 탁탁해진 이유였다. 원고들이 잘 걷히지 않고 있는 것이나 걷혀 들어온 원고들이라야 모두 그렇고 그런 이유가 비로소 분명해져 있었다. 전짓불 때문이었다. 박준을 괴롭히고 있는 전짓불은 비단 박준 그 한 사람만 지니고 있는 것이 아니었다. 진술이라는 것을 경험해 본 사람들은 그것이 비록 자발적이든 누구의 강요에 의해서든, 또는 일부러든 무의식중에든 조금씩은 그 전짓불빛 비슷한 것을 눈앞에 받아 보지 않은 사람이 없을 터. 누구나 자신의 전짓불을 가지고 있게 마련이다. 그리고 그 전짓불은 이쪽에서 정직해지려고 하면 할수록, 그리고 진술이 무거우면 무거울수록 더욱더 두렵고 공포스럽게 빛을 쏘아대게 마련이다. 원고들이 잘 걷혀들 리 없었다. 쉽사리 거둬들일 수 있는 글이란 그 전짓불빛을 견디려 하지 않은 것들뿐. 그런 글들이 신통할 리 없었다. 사정이 거기까지 확실해지고 나자 나는 혼자 실소를 머금지 않을 수 없었다.
>
> – 그렇다면…… 그렇다면 도대체 잡지를 만든다는 것은 무슨 의미가 있는 일인가.
>
> 오랫동안 주머니 속에 뒹굴려대고 있던 나의 사표에 생각이 미쳐간 것이다. 그리고 이때 비로소 나는 내가 무턱대고 사표부터 써넣고 다니게 된 나의 이유를 발견할 수 있었다. 나에게는 이미 자신의 진술의 길이 막혀 있었던 것이다. **「소문의 벽」, 144~145쪽**

'나'의 이러한 인식변화와 자각은 박준의 자기 고백적 글쓰기 덕분에 가능해졌다. 이로써 소설이란 형식을 통해 이루어지는 '자기 고백적 서술'의 또 다른 가치를 발견하게 된다. 자기 고백적 서술로서의 소설은 작가 개인의 반성적 사유에서 그치는 것이 아니라, 그것을 읽는 독자들도 반성하게 한다는 점에서 더욱 가치 있는 것이라 할 수 있다.

박준처럼 '자기 고백적 서술'을 통해 자성하는 인물은 『씌어지지 않은 자서전』(이하 『자서전』)에도 등장한다. '나'는 다니던 잡지사의 퇴직을 고민하기 위해 열흘간의 기한부 휴가를 얻게 된다. 퇴직 결심을 하게 된 결정적 이유는 "명찰까지 부착한 제복을 전원이 의무적으로 착용하라는"(『자서전』, 153쪽) 회사의 주문 때문이다. 제복은 '통일된 질서'라는 미명 아래 개인에게 괴로운 고통을 감내할 것을 강요하는 전형적인 전체주의적 사고의 소산으로, "획일화된 제복 속에서 개인이나 개성이란 질식 상태가 되거나 존재하기가 어려"(『자서전』, 155쪽)울 수밖에 없다. 이런 이유로 '나'는 제복을 착용하는 것에 대해 몹시 못마땅해하는데, '내'가 제복 착용을 반대하는 또 다른 이유는 "유년 시절 어머니가 자주 협박을 당하던 일본 순사의 제복"(『자서전』, 153쪽)과 "시위를 막으려 덤비던 4·19 때의 검은 제복, 그리고 학교 교문에서 등교를 막아섰던 푸른 제복"(『자서전』, 155쪽)들이 가져다준 공포의 기억 때문이다. 이처럼 제복은 금지와 억압이라는 폭력성을 환기시키는 작용을 한다.

이런 이유로 열흘간의 유예기간을 얻어 퇴직을 고민하던 '나'는 환상 속의 낯선 사내로부터 신문을 받게 된다. "자신도 알지 못한 어떤 반역적 음모 사건의 관련 피의자"(『자서전』, 44쪽)라는 납득할 수 없는 이유만으로 어느 날 갑자기 신문을 받게 된 '나'는 이미 '붙잡힌 자'의 신분이었으며, "아무 때 아무 곳에서나 불쑥 앞에 나타나 있곤"(『자서전』, 43쪽) 하는 사내는 이미 그 존재만으로도 '나'를 초조하고 두렵게 하는 대상이었다. 게다가 사내의 태도는 '나'를 더욱 불안하게 만들었다. '나'를 두렵게 하고 '나'의 진술을 방해하는 것은 가시적인 제약이나 압력이 아니었다. 그것은 정체를 알 수 없는, 모호한 태도로 일관하기만 하는 사내였다. 언제, 어디서 나타날지 모르는 사내는 마치 언제, 어디서 가해질지 모르는 반공이데올로기의 보이지 않는 그물망이나 불특정 다수에 의한 감시의 시선과도 같다. 판옵티콘에서처럼 감시하는 자의 실체가 불특정하고 불분명한 상태는 직접적으로 가해지는 물리적 폭력보다 훨씬 더 고통스럽게 느껴진다.

> 그런데 그 우뚝우뚝 묵연스런 어깨와 뒷머리들만 정연한 차 속이 때로는 이상한 분위기를 자아냈다. 그게 무슨 미명의 수도를 향해 소리 없이 진군해 들어가는 새벽 혁명군 같은 분위기를 연상시킬 때가 있었다. 그리고 내게 문득 그런 느낌이 들고 보면 차 속은 갑자기 무거운 긴장감이 흐르기 시작하고 어떤 정체 모를 공포의 그림자가 그 우뚝우뚝한 어깻죽지들에 어려들기 시작했다. 그뿐만 아니라 나는 까닭 없이 잔뜩 가슴을 조이며 낡은 차량의 평상적인 배기음이나 옆사람의 무심스런 잔기침 소리에도 깜짝깜짝 제물에 소스라쳐 놀라곤 했다. 『자서전』, 84쪽

이런 순간이면 어김없이 신문관 사내는 "낯선 제복과 함께 내 앞에 서서히 모습을 드러낸"(『자서전』, 85쪽)다. 사내로 상징되는 불안과 공포는 일상의 영역에까지 침투해 들어와 수시로 '나'를 위협한다. 이렇듯 명확한 이유나 증거 없이도 한순간에 피의자가 될 수도 있을 만큼 불안과 공포가 일상화되어 있는 상황으로 인해 결국 '나'는 스스로 자기검열을 하기에 이른다.

끊임없이 자신을 괴롭히는 제복에 대한 공포 때문에 '나'는 제복을 입은 사내 앞에서 제복으로 상징되는 군대에 관한 진술을 일부러 회피한다. 그리고 4·19에 관한 기억을 진술하는 과정에서는 사내의 반응을 염려해 4·19를 규정하는 단어를 바꿔 사용하기도 한다. '4·19 혁

명'이라는 '나'의 표현을 '4·19 의거'라고 고쳐 말하던 사내의 모습에 신경이 쓰여 "마침내는 나 역시 그를 따라 '4·19 의거'라 고쳐"(『자서전』, 127쪽) 부르게 된 것이다. 추상적이고 관념적인 진술을 반복하는 것 또한 자기검열의 결과라 할 수 있다. 어린 시절을 진술할 때와는 달리 사내가 민감하게 받아들일 수 있는 4·19와 5·16에 관한 기억을 진술하는 부분에서 '나'는 자신의 솔직한 생각과 모습이 드러날 수 있는 '경험과 감정'이 아닌, 자신의 고유한 내면을 감추고 불특정한 다수의 생각으로 둔갑하기에 편리한, 그래서 문제될 것이 없는 '해석과 판단'의 방법을 선택한다. 이 '해석과 판단'이란 대부분 추상적이고 관념적인 표현으로 이루어진 것들로, 이런 표현들로는 자신만의 독특하고 구체적인 생각을 나타낼 수 없다. "감정보다 해석 쪽이 훨씬 조작하기가 쉽"(『자서전』, 118쪽)다는 사내의 말 또한 같은 맥락으로 이해할 수 있다. 실제적이고 구체적인 경험과 감정은 온전히 한 개인의 것이며 그 자체로 특별한 의미를 가지기 때문에 잘 변하지 않는 데 비해, '해석과 판단'은 감정보다 훨씬 조작하기 쉬울 뿐 아니라 조건이 달라지면 편의에 따라 변하기 쉽다. 따라서 정직하고 성실한 진술과는 어울리지 않는 '해석과 판단'을 선택했다는 것 또한 자기검열이 이루어진 것으로 볼 수 있다.

이렇게 강제된 진술은 결코 정직하고 성실한 진술이 될 수 없다. 끝내 '각하'의 마음에 드는 솔직한 진술을 하지 못한 '나'는 '대뇌 기능 제거 수술 형'을 선고받는다. '대뇌 기능 제거 수술 형'은 "뇌수 중 대뇌 기능의 일부를 제거하여 불필요한 사고를 중지시키는"(『자서전』, 166쪽) 것으로, 사내는 "사고 기능의 일부가 제거되면 오히려 편안한 일상생활을 누릴 수 있을 것"(『자서전』, 167쪽)이라고 말한다. 그러나 '나'는 이를 거부하고 대신 사형을 택한다. '나'의 이런 선택은 '사고'라는 행위가 인간의 고유한 존재가치를 형성하고 입증해 주는 기능을 하는 동시에, 인간을 인간답게 하는 가장 본질적인 요소임을 의미한다. 사형을 택한 '나'는 마지막 날 극적으로 사형집행이 연기되었다는 통보를 받는데, 그 이유는 바로 '내'가 쓴 소설 때문이다.

> 각하께서는 그 소설이라는 것이 가장 성실한 진술의 한 가지 형식이라는 말씀이셨습니다. 소설에서는 대개 가장 성실한 형식으로 거짓 없는 자기 진실을 말하게 된다구요. 그러니 소설을 쓰는 사람의 경우엔 어떤 다른 진술보다 당연히 그 소설이 먼저 채택되어야 한다는 게 각하의 판단이셨지요. 당신의 소설은 그만큼 검색해 볼 가치가 충분했던 거구요. 따라서 당신은 그 소설 속에 당신이 행한 진술이 충분히 읽히고 해석될 때까지 형의 집행을 연기받게 된 것입니다. 그 결과 경우에 따라선 지금 당신에게 내려진 선고 자체가 실효가 될 수도 있구요. 필요하다면 당신에겐 그 소설에 의해 새로운 선고가 내려질 것입니다. 그러니까 일테면 앞으로 당신의 삶의 행로는 전혀 당신의 소설에 달리게 된 셈이지요. **『자서전』, 255쪽**

사내의 설명에 따르면 소설이야말로 가장 성실하고 거짓 없는 자기 진술의 방식이다. 구체적이고 솔직한 자기 진술을 계속해서 강요하던 사내의 요구를 단 한 번도 충족시키지 못했던 '내'가 집행연기를 선고받았을 정도로, 소설을 통해서는 다른 어떤 진술 방식보다 더 성실하고 정직한 진술이 이루어졌음을 짐작할 수 있다. 사실 그동안 신문관에게 '내'가 했던 진술들은 모두 '자기 고백적' 성격을 띠고 있긴 했으나 신문관이라는 검열기제에 대한 두려움 때문에 '정직한' 고백은 이루어지지 않았다. 그러다가 맨 마지막에 가서 비로소 정직한 자기 고백적 서술로 쓴 소설이 채택된 것이다. 이를 계기로 '나'는 진정한 의미의 정직한 자기 고백을 하기로 결심한다. 앞으로 어떻게 할 참이냐는 친구의 질문에 "소설 공부를 새로 시작해 볼까"(『자서전』, 267쪽) 한다는 '나'의 대답이 바로 그것이다. 그동안 용기를 내지 못하고 소극적으로만 해오던 소설 쓰기에 확신이 생긴 것이다. 이러한 확신은 제복을 강요하는 회사에서 타율적 존재로 살던 과거에 대한 자성의 결과이자, 자율적 존재로서의 '자기'를 되찾을 것이라는 의지의 반영으로 볼 수 있다.

소설은 분명 '성실하고 정직한 자기 고백적 진술'과는 어울리지 않는 허구의 형식이다. 그러나 허구성이 가지고 있는 무한한 가능성은 상상력과 창조력의 자유로운 표현을 가능하게 함으로써, 현실 세계의 제약이나 금기로부터 벗어나 가장 진실하고 고유한 자기 세계를 드러낼 수 있도록 해 준다. 모든 글쓰기가 내면의 작업이지만, 특히 소설 쓰기에서는 허구성을 방패로 삼아 오히려 가장 내밀하고 정직한 내면의 이야기를 끄집어낼 수 있다. 그런 점에서 소설은 "대표적인 자기표현의 양식"이라 할 수 있다.[35]

"소설의 등장은 사생활이라는 개념의 대두와 긴밀히 연관되어 있다"[36]는 피터 브룩스의 말에서 사생활은 단순히 생활태도나 행동양식을 가리키는 것이 아니라, 그러한 행동과 태도의 근간을 이루는 개인의 자율적이고 주체적인 생각과 감정을 의미한다. 즉 소설이란 근대적 개인의 내면에서 비롯된 것이지만 동시에 개인의 내면을 형성하고 성장시키는 과정에서도 한몫을 하는 문학 장르라 할 수 있다. 획일적

---

35 최경도, 「전기, 자서전, 소설: 자기표현 양식의 변화」, 『외국문학연구』 제30호, 2008.5, 118쪽.

36 피터 브룩스 지음, 이봉지·한애경 옮김, 『육체와 예술』, 문학과지성사, 2000, 71쪽.

사고를 강요하는 전체주의에 맞서 솔직한 자기 목소리를 내는 방법으로 소설 쓰기가 선택된 것도 바로 이 때문이다.

이렇듯 이 작품에서 등장인물의 소설 쓰기 행위는 등장인물의 자기 고백적 서술을 가능하게 해 주는 장치로 설정되어 있다. 이러한 분석을 텍스트 바깥으로 확장해 보면, 소설 쓰기를 통해 자기 고백적 이야기를 하는 인물이 현실세계의 작가와 정확히 일치함을 알 수 있다. 소설가를 직업으로 하는 인물 설정이나 특정 에피소드가 여러 편의 소설에서 공통적으로 사용되는 정황은, 소설들이 단순히 허구적으로 꾸며진 가상의 이야기가 아니라 공통의 소재나 주제를 토대로 구성되었으며 그 공통된 내용이 결국 작가 이청준의 자전적 경험과 기억에 맞닿아 있다는 추론을 가능하게 한다.[37] 즉 박준이 소설을 통해 자기 고백적 서술을 했던 것처럼, 이청준도 자신의 소설을 통해 자기 고백적 진술을 한 것이다.

어떤 의미에서 모든 소설은 작가의 자기 고백적 진술의 성격을 지닐 수밖에 없다. 그러나 이청준의 소설에서 유독 자기 고백적 진술의 성격이 두드러지는 것은 이청준의 거의 모든 소설에서 사용되는 격자

---

37 이청준 스스로도 소설의 기원이 되는 전짓불에 대해 고백한 바 있다. "그것은 이를테면 내 소설을 감시하는 두 개의 전짓불인 셈이다. 말할 것도 없이 하나는 개인적 진실 쪽에 서요, 다른 하나는 사회적 공의(당국과 독자는 그런 점에서 같은 편의 검열관들이다) 쪽에서다. 나는 소심하게도 그 두 개의 전짓불에 쫓기면서 끊임없이 선택을 강요당하고 있는 꼴인 것이다. 하지만 그것은 이미 선택의 문제가 아니다(보다는 차라리 자신과 세상과의 싸움의 문제이다). '지시된' 선택은 선택이 아니려니와, 양자는 다 같이 소설이나 삶 속에서 선별적 택일의 대상이 될 수가 없기 때문이다. 그것은 선택의 대상이 아니라 필경은 조화와 통합의 대상인 것이다(그것을 끝끝내 대립 관계로 수용하여 전짓불의 감시에 강압당하고 있는 데선 좇기는 자의 역설적 권리마저 생길 수 있고, 거기 의지하는 이점도 그리 적지 않을 터이기 때문이다)."(이청준, 「전짓불 앞의 방백-가위 밑 그림의 음화와 양화 2」, 『가위 밑 그림의 음화와 양화』, 열림원, 1999, 57쪽.)

구조와도 관계가 있다. 이러한 구조는 일차적으로 외부로부터의 단속과 검열이 심했던 1960년대의 시대상황에서 감시의 시선을 피해 작가의 진의를 전하고자 하는 의도로 해석할 수 있다. 격자 구조가 감시와 검열의 시선을 피할 수 있는 까닭은 격자 안의 이야기가 갖는 다양한 해석 가능성 때문이다. 격자 안의 이야기는 일차적으로 소설 속 인물에 의해 해석되고 의미가 부여되지만, 결과적으로 격자 안의 이야기를 해석하는 사람은 소설 밖의 독자다. 이 과정에서 격자 안의 이야기를 진술하는 사람과 그것을 해석하는 인물, 그리고 실제 독자는 동일한 이야기에 대해 서로 다른 의미를 부여할 수 있다. 특히 격자 안의 이야기만을 대상으로 하는 인물의 해석과 격자 안의 이야기는 물론 그것에 대한 해석까지 모두 볼 수 있는 위치에 있는 독자의 해석 사이에는 상당한 차이가 발생할 수밖에 없다. 겹의 장치가 지니는 이런 특징으로 인해 작가가 전하고자 하는 진의는 쉽게 확인되지 않으며, 한 편의 소설은 다양한 의미들만 낳을 뿐이다. 게다가 단일한 격자 구조가 아니라 복수(複數)의 이야기가 여러 겹으로 펼쳐진 형태의 경우라면 한 편의 소설이 갖는 의미는 더욱 다양하고 복잡해진다. 격자소설이란 "일원적인 해석에 저항하는 모호한 측면을 지니고 있는 형식"[38]이라는 설명도 이런 맥락으로 이해할 수 있다. 바로 이 점이 작가 이청준이 겹의 장치를 사용한 의도이다. 작가의 궁극적인 의도는 복잡한 구조를 사용함으로써 검열의 시선을 피해 메시지를 우회적으로 전하

---

38 김영찬, 「이청준 격자소설의 정치적 (무)의식」, 『한국근대문학연구』 6(2), 2005, 334쪽. 이청준 또한 격자소설이 최종적인 진실의 실체 또는 결론을 직접 명확히 제시하기보다 넌지시 암시하고 질문을 던짐으로써 독자들에게 확정적인 의미에 고착되지 않는 진실을 찾아보기를 권하려는 의도에서 나온 것이라고 설명한 바 있다. (이청준·권오룡(대담), 「시대의 고통에서 영혼의 비상까지」, 『이청준 깊이읽기』, 문학과지성사, 1999. 28~29쪽)

고자 한 것이 아니라, 하나의 진실이나 획일화된 사상이란 존재하지 않으며 존재해서도 안 된다는 것을 역설하는 데 있었던 것이다.

이렇듯 등장인물의 진술행위는 그 자체로도 비판과 저항의 의미를 담아내는 훌륭한 서사적 장치인 동시에 사고하는 방법을 터득하고 유지하는 역할을 한다는 점에서 대단히 중요한 설정이라 할 수 있다. 자기검열로부터 완전하게 자유로워질 수 없으며 외부로부터의 감시나 제재도 끊임없이 받을 수밖에 없었던 상황에서, 작가들이 그리고 그 작가의 분신 역할을 하는 인물들이 침묵이나 무관심으로 일관하지 않고 진술행위를 계속 해 나갔던 이유는 이 때문이다. 진술의 내용은 모두 개인의 고유한 사고에서 비롯된 것이며, 나름의 기준으로 사물을 인지하고 판단하는 일련의 사고 과정은 곧 개인의 자율성을 형성하고 지키는 원동력이 된다.

'닫힌 세계'가 요구하는 무비판적이고 무관심한 소시민을 대상으로 한 소설들 역시 소시민적 삶에 대한 선택을 두고 갈등하는 인물의 내면을 고백적 서술방식을 통해 여과 없이 그려 낸다. 소시민성의 문제를 인물의 자기 고백적 서술방식으로 풀어낸 대표적인 작가는 김승옥이다. 「무진기행」은 주인공 윤희중이 고향 무진을 방문한 며칠 동안 '무진'이라는 공간의 의미를 모색하는 과정에서 자신의 과거 모습과 현재 모습에 대해 솔직한 자기 고백을 털어놓는 이야기다. 윤희중은 물질적 부나 명예와 같은 세속적 가치들만이 성공의 지표가 되는 사회에서 "해방 후의 무진중학 출신 중에선 제일 출세"(「무진기행」, 168쪽)한 축에 속한다. 제약회사 전무로 승진을 앞두고 있는 윤희중과 고등고시에 패스해 세무서장으로 있는 '조(趙)' 그리고 중학교 국어교사라는 직업을 "무슨 잘못이라도 되는 것처럼 우물거리며 대답"(「무진기행」, 169쪽)하는 '박'의 태도를 보면 무진이란 곳에도 세속적 가치가 만연해 있음을 짐작할 수 있다. 이런 가치만을 좇고 사는 이들이 보여 주는 속물근성은 소시민의 전형적인 특성이다. 타인을 모두 속물이라 비웃는 윤희중 또한 속물적인 소시민이긴 마찬가지다. 그는 더 이상 감상이나 연민으로 세상을 향하고 서 있지도 않을뿐더러, "'빽이 좋고 돈 많은 과부'를 만난 것을, 반드시 바랐던 것은 아니지만 결과적으로는 잘되었다고 생각하고 있"(「무진기행」, 188쪽)다.

그러나 속물적 소시민의 전형이며 스스로도 속물적 가치에 순응하고 있다고 시인하는 윤희중은 한편으로는 끊임없이 그러한 가치와 자신의 비겁하고 무기력한 모습에 대해 고민하기도 한다. 그의 이번 고향 방문은 전무 승진을 앞두고 주주총회가 열리는 시점에서 잠시 떠나 있는 것이 좋겠다는 장인과 아내의 권유 때문이었다. 이렇게 해서 내려온 무진에서 '나'는 과거 자신이 무진을 찾았을 때의 상황들을 떠올리기 시작한다. 이번 여행처럼 '내'가 무진에 가는 경우는 언제나 도망치거나 회피하고 싶은 상황이 생길 때였다. 6·25 전쟁이 일어나 모두가 전쟁터로 몰려갈 때에도 '나'는 "어머니에게 몰려서 골방 속에서 숨어서 수음"(「무진기행」, 164쪽)을 하고 있었다. 그리고 '나'는 이런 비겁한 모습들을 모두 어머니와 아내 탓으로 떠넘겼다. 심지어 무진에서 만난 하인숙과의 사랑에 대해서도 자신에게는 아무런 책임이 없다고 생각한다. "누군지 자신의 손에서 칼을 빼앗아주지 않으면 상대편을 찌르고 말 듯한 절망"(「무진기행」, 190쪽)을 느끼며 먼저 조바심을 친 사람은 하인숙이었다고 말함으로써 '나'는 하인숙과의 관계에 있어서도 무거운 책임감으로부터 벗어난다.

그러나 '나'의 이러한 자기합리화의 이면에는 자신의 행동에 대한

'부끄러움'의 감정도 함께 드러나는데, 가장 정직한 '나'의 고백은 이 '부끄러움'의 감정과 함께 시작된다. 무엇보다 '나'는 무진에서의 자신의 모습에 대해 정확하게 인식하고 있다. '나'는 무진에서의 자신의 모습이 비웃음의 대상이며, 혹독한 채찍질이 필요한 상태였음을 고백한다. 무진에서의 모습은 어두운 기억들이 전부다. 그러나 이러한 모습들이 바로 가장 솔직한 '나'의 모습인 것이다. 무진에 올 때면 늘 혼자 처박혀 있던 골방은 어떤 세속적 유혹이나 외부의 압력으로부터 자유로울 수 있는 공간이며, 따라서 이곳에서는 가장 정직한 자기 고백을 할 수 있다. 그리고 그 정직한 자기 고백에는 항상 스스로에 대한 '부끄러움'의 감정이 뒤따른다. 어머니에게 몰려 골방에 숨어 있을 무렵에 쓴 일기장에는 "스스로를 모멸하고 오욕을 웃으며 견디는 내용들"(「무진기행」, 165쪽)로 가득 차 있는데, 이는 그가 당시 자신의 모습에 대해 '부끄러움'을 느끼고 있었음을 의미한다.

'나'의 고백에서 드러나는 '부끄러움'의 감정은 무진을 떠나기 전 다시 한 번 드러난다. '나'는 하인숙과의 관계가 그녀의 제안에 의해 이루어진 것이므로 책임질 필요가 없다며 자기합리화를 한다. 그러나 이후 '나'에 대한 하인숙의 감정이 순수한 사랑의 형태로 바뀌게 되면서 하인숙은 '나'에게 기대했던 세속적 가치를 철회한다. 이렇게 상대가 속물적 가치를 버리고 진심으로 대하기 시작하자 '나'는 하인숙에 대한 책임을 더 이상 모른 척할 수 없게 된다. 하인숙이라는 존재와 그녀에 대한 사랑의 감정은 모두 '내'가 스스로가 떠맡아야 할 책임이 되었고, 이 상황에 대해 주체적 판단을 해야 할 상황에 이른 것이다. 그러나 이 순간 '나'는 세속적 가치로 상징되는 아내의 전보를 받고는 또 한 번 심한 갈등에 휩싸인다.

모든 것이 선입관 때문이었다. 결국 아내의 전보는 그렇게 얘기하고 있었다. 나는 아니라고 고개를 저었다. 모든 것이, 흔히 여행자에게 주어지는 그 자유 때문이라고 아내의 전보는 말하고 있었다. 나는 아니라고 고개를 저었다. 모든 것이 세월에 의하여 내 마음속에서 잊혀질 수 있다고 전보는 말하고 있었다. 그러나 상처가 남는다고, 나는 고개를 저었다. 오랫동안 우리는 다투었다. 그래서 전보와 나는 타협안을 만들었다. 한 번만, 마지막으로 한 번만 이 무진을, 안개를, 외롭게 미쳐가는 것을, 유행가를, 술집 여자의 자살을, 배반을, 무책임을 긍정하기로 하자. 마지막으로 한 번만이다. 꼭 한 번만, 그리고 나는 내게 주어진 한정된 책임 속에서만 살기로 약속한다. 전보여, 새끼손가락을 내밀어라. 나는 거기에 내 새끼손가락을 걸어서 약속한다. 우리는 약속했다. 「무진기행」, 193쪽

의인화된 전보와의 싸움은 결국 '나'의 내면에서 일어나는 갈등으로, '나'의 솔직한 고백이 단적으로 드러나는 부분이다. 그동안 끊임없이 자기합리화를 하며 쌓아 왔던 세속적 가치와 하인숙에 대한 자신의 감정 사이에서 '나'는 쉽사리 결정을 내리지 못한다. 그리고는 "마지막으로 한 번만"(「무진기행」, 193쪽)이라는 타협을 하며, "돌아서서 전보의 눈을 피하여"(「무진기행」, 193쪽) 하인숙에게 편지를 쓴다.

사랑하고 있습니다. 왜냐하면 당신은 저 자신이기 때문에 적어도 제가 어렴풋이나마 사랑하고 있는 옛날의 저의 모습이기 때문입니다. 저는 옛날의 저를 오늘의 저로 끌어다 놓기 위하여 갖은 노력을 다하였듯이 당신을 햇볕 속으로 끌어 놓기 위하여 있는 힘을 다할 작정입니다. 저를 믿어주십시오. 그리고 서울에서 준비가 되는 대로 소식 드리면 당신은 무진을 떠나서 제게 와주십시오. 우리는 아마 행복할 수 있을 것입니다. 「무진기행」, 193~194쪽

이 편지는 바로 앞에서 전보와 했던 대립 상황 못지않게, '나'의 가

장 솔직한 자기 고백이 드러나는 부분이다. '나'는 하인숙에 대한 자신의 감정이 사랑이었음을 고백하고, 스스로 책임 있는 약속을 한다. 이 편지를 통해 처음으로 '나'는 타인의 의사에 휘둘리지 않고 주체적으로 자신의 감정과 행동을 정직하게 내보인 것이다. 그러나 '나'는 끝내 아내의 전보가 제시하는 유혹을 거절하지 못하고 자신의 감정과 책임을 모른 척한 채 무진과 하인숙을 떠난다. 그리고 이 순간 '나'는 심한 부끄러움을 느낀다.

무진을 떠나면서 느낀 부끄러움과 골방에서 느낀 스스로에 대한 모멸과 오욕의 감정은 모두 속물적 가치와 소시민적 삶이 옳지 않은 것이라는 자성에서 비롯된 것이다. 비록 세속적 성공이 기다리는 서울행이라는 소시민적 삶을 선택했지만, 윤희중의 행동에서 가치를 발견할 수 있는 대목은 자신의 행동이 문제적인 것임을 스스로 분명하게 인식했다는 데 있다.[39] 그 인식의 결정적 증거가 바로 윤희중이 느낀 '부끄러움'의 감정이다. 특히 무진을 떠나오면서 그가 느낀 심한 부끄러움에는 하인숙의 역할이 컸다. 윤희중에게 하인숙은 자신의 비겁한 모습과 문제적 행동을 자각할 수 있도록 비춰 주는 거울과 같았다. 하인숙에게 쓴 편지에서도 밝혔듯이, 윤희중에게 하인숙은 자신이 "어렴풋이나마 사랑하고 있는 옛날의 저의 모습"(「무진기행」, 193쪽)이다. 즉 세속적 가치와 소시민성에 익숙해진 현재 자신의 모습에 비하면 하인

---

39 김경수는 "자기기만을 눈치챈 인물이 마주할 최초이자 최후의 감정으로 부끄러움 말고 달리 무엇이 있을 수 있겠는가"(70쪽)라며 「무진기행」에서 '부끄러움'이 가지는 의미를 중요하게 평가한다. 그는 "사실상 이 작품을 기행문이 아닌 한 편의 소설로 만들어 주고 있는 것은 그가 느낀 이런 부끄러움 때문이라고 해도 과언이 아닐 정도다. 따라서 그가 느낀 부끄러움의 정체를 밝히는 과정이 작품 해석의 관건"(59쪽)이 된다고 밝힌 바 있다. (김경수, 「2005년의 〈무진기행〉」, 『작가세계』 제17권 제2호, 2005.6.) 이 '부끄러움'의 감정에 대해서는 5장에서 보다 구체적으로 다루기로 한다.

숙은 아직 그런 속물적 가치들에 완전히 잠식되지 않은 긍정적 상태라는 뜻이다. 따라서 윤희중이 써 놓은 편지를 전하지 않고 하인숙을 서울로 데려가지도 않은 이유는 하인숙을 현재의 자신과 같은 문제적 상태로 이끌고 싶지 않았기 때문이라고도 짐작해 볼 수 있다. 이때의 '부끄러움'은 부정적으로 퇴색한 자신의 현재 모습에 대한 반성을 의미한다. 하인숙이라는 거울에 비춰진 자신의 모습을 보며 '나'는 '부끄러움'을 느꼈고, 스스로를 되돌아보는 자성의 시간을 갖게 된 것이다.

「무진기행」에서 하인숙이 문제적 삶에 대해 반성하게 하는 거울의 역할을 했다면, 「역사(力士)」에서는 서씨가 그 역할을 한다. 「무진기행」에서 세속적 가치의 상징공간인 서울과 그러한 가치에 대해 반성해 볼 수 있는 공간인 무진이 서로 대립되어 나타난다면, 「역사」에서는 새로 옮긴 깨끗한 양옥 하숙집과 창신동 빈민가라는 상반된 두 공간이 그려진다.

> 아침 여섯시에 기상. (그러나 나의 경우는 자발적인 기상이 아니라 할아버지가 차를 끓여가지고 손수 들고 와서 나를 깨우고 그 차를 마시게 하고 내가 무안함에 가슴을 두근거리며 황급히 옷을 주워입으면 아침 산보를 시키는 것이었다.) (…) 아침식사. 출근 혹은 등교. 할아버지도 어느 회사에 중역으로 나가고 있었으므로 집에 남는 건 할머니와 며느리, 어린 애와 식모, 그리고 노곤한 몸을 주체하지 못하는 나뿐이었다. 그동안 나는 오전 열시경에 며느리와 할머니가 놀리는 미싱 소리를 쭉 듣게 되고, 열두시경에 라디오에서 나오는 음악을 듣고, 오후 네시엔 〈엘리제를 위하여〉를 듣게 된다. 오후 여섯시 반까지는 모든 식구가 집에 와 있어야 하고, 저녁식사. 식사가 끝나면 십여분 동안 잡담. 그게 끝나면 모두 자기 방으로 가서 공부. 그리고 식모가 보리차가 든 주전자와 컵을 준비해서 대청마루 가운데 있는 탁자 위에 놓는 달그락 소리가 나면 그때 시간은 열시 오륙 분 전. 그 소리가 그치면

여러 방의 문이 열리고 식구들이 모두 나와서 물 한 컵씩을 마시고 '안녕히 주무십시오'를 한 차례 돌리고 잠자리로 들어간다. 「역사」, 91~92쪽

「역사」에서 주인공이 새로 옮긴 깨끗한 양옥 하숙집의 하루 일과표이다. 할아버지가 강요하는 이 집의 가풍은 "규칙적인 생활 제일주의"(「역사」, 91쪽)로, 그런 가풍에 따른 생활은 한마디로 '정식(正式)의 생활'이다. 이 규칙에서 벗어나는 행동은 조금도 용납되지 않는다. "불현듯이 기타를 켜고 싶어지는 때가"(「역사」, 106쪽) 있기 마련이지만, 그런 감정의 요구조차 이 '정식(正式)의 생활' 속에서는 용납되지 않는다. 이곳에서는 위대한 가풍에 맞게 기타 연주가 가능한 시간도 정해져 있다. 그러나 주인공은 그 시간을 이용해 기타를 연주하지 않는다. 흥이 나지 않기 때문이다. 이처럼 현대적 생활양식은 효율성과 규격, 질서의 가치를 우선으로 내세우면서, 개인이 가진 고유의 감정과 욕구를 철저하게 배제한다.

이런 획일화된 생활방식은 자본주의적 가치와 결합되면서 더욱 공고해지는데, 깨끗한 양옥과는 전혀 다른 창신동 빈민가의 모습을 통해 이를 확인할 수 있다. 빈민가의 모습은 한마디로 규정할 수 없을 정도로 다양하다. 이곳 사람들이 하는 일은 "직업목록 속에서는 찾아볼 수 없는 가지가지의 일"(「역사」, 97쪽)이며, 이곳 아낙네들이 하는 요리는 "요리책에는 없는, 그들의 그때그때의 사정이 허락하는 신기한 요리"(「역사」, 98쪽)로, 각각의 요리들이 "나라와 나라 사이의 풍토보다도 더 다르다."(「역사」, 98쪽) 사람들은 언제나 쉴 새 없이 떠들고, 아이들은 환호를 하고, 부부 사이에 실랑이가 끊이지 않는 "빈민가의 저녁은 소란하기만 하다."(「역사」, 98쪽) 그러나 사람들은 "이 마을에 들어서면 굳어

졌던 얼굴들이 풍선처럼 펴진다."(「역사」, 98쪽) 자본주의에서 가장 비켜나 있는 빈민가에서는 어떠한 규칙이나 질서도 강요되지 않고, 각자 자신의 삶의 방식과 감정에 따라 살아갈 뿐이다.

근대적 가치관에 적극적으로 순응하는 인물이 양옥집의 할아버지라면, 개성 있는 삶의 방식으로 사는 인물의 전형은 서씨이다. 그는 모든 것이 물신화되고 교환가치의 형태로만 평가받는 자본주의 사회에서 자신이 가진 고유한 삶의 가치를 위협받고 있는 인물이다.

> 그는 중국인 남자와 한국인 여자 사이에서 난 혼혈아였다. 그의 선조들은 대대로 중국에서 이름 있는 역사들이었다. 족보를 보면 헤아릴 수 없이 많은 장수(將帥)가 있다고 했다. 그네들이 가졌던 힘, 그것이 그들의 존재 이유였고 유일한 유물이었던 모양이었다. 그 무형의 재산은 가보로서 후손에게 전해졌다. 그것으로써 그들은 세상을 평안하게 할 수 있었고 자신들의 영광도 차지할 수 있었다. 그러나 이 서씨에 와서도 그 힘이 재산이 될 수는 없었다. 이제 와서 그 힘은 서씨로 하여금 공사장에서 남보다 약간 더 많은 보수를 받게 하는 기능밖에 가질 수가 없게 된 것이다. 「역사」, 104~105쪽

"존재 이유였고 유일한 유물"(「역사」, 104쪽)이었던 서씨의 힘은 자본주의 사회에서 더 이상 그 가치를 인정받을 수 없게 되었다. 인간조차 값이 매겨져 교환대상이 되는 자본주의 구조에서 서씨가 물려받은 가보는 단지 "남보다 약간 더 많은 보수를 받게 하는 기능밖에"(「역사」, 104쪽) 하지 못한다. 서씨는 약간 더 많은 보수를 포기하고 대신 아무도 나다니지 않는 한밤중을 택하여 동대문의 성벽에서 돌을 들어 올림으로써 "그 힘이 유지되고 있음을 명부(冥府)의 선조들에게 알리고 있"(「역사」, 105쪽)지만, 서씨의 이런 행위가 그 힘이 가진 원래의 가치를 온전히 지

키는 방법이라고 보기는 어렵다. 그 힘은 세상을 평안하게 하고 자신에게 영광을 가져다줄 때 그 가치를 다할 수 있고, 그때 비로소 서씨는 자신의 존재를 입증할 수 있기 때문이다. 하지만 그 어떤 위대한 능력도 돈과 교환되는 가치를 지니지 않으면 이 사회에서는 가차 없이 버려진다. 그러나 서씨는 가보와 같은 자신의 힘을 자본주의의 폭력적인 논리로부터 지켜 내면서 소시민적 삶과 타협하지 않는다. 그는 자신의 힘을 과거 조상들처럼 세상을 평안하게 하는 데는 쓰지 못했지만, 적어도 그 힘이 자본주의적 가치로 환산되는 것을 거부하면서 선조의 영광만큼은 지키고자 한다. 비록 세상을 바꾸지도 못하고, 다른 사람이 그 노력의 가치를 알아주지 않더라도 문제적 대상과 타협하지 않은 채 자신의 의지로 삶의 방식을 결정하는 서씨의 모습은 '나'에게 적지 않은 충격과 자극을 준다.

서씨의 행동을 본 '나'는 양옥집에서 추구하는 현대적 가치보다 빈민가 사람들의 삶이 더 알찬 것이라는 확신을 하게 되고, 양옥에서의 현대적 삶을 동경하던 자신의 행동을 되돌아보게 된다. 그리고 양옥집의 절대적 가치였던 '질서정신'에 균열을 일으키려는 도전을 한다. 그런 행동을 하면서 '나'는 "빈민가에 대해 지니고 있던 죄의식 비슷한 것이 사라져 있음을 깨"(「역사」, 109쪽)닫는다. 그러나 '나'는 일회성의 질서 파괴를 시도하면서도 다시 빈민가로 돌아가려는 결심은 하지 않는다. 끝내 양옥집의 질서는 깨지지 않았고, '나' 또한 빈민가로 돌아가지 않았다. 하지만 양옥의 생활을 비판하는 동시에, 그 삶에 안주하고 있는 자신의 모습에 대해 "죄의식 비슷한 것"(「역사」, 109쪽)을 느끼는 등 '나'의 생각과 행동은 의미 있는 변화를 보이는데, 이는 모두 서씨의 행동이 가져다준 반향이었다. 서씨와 같이 속물적 가치나 세속적 유혹에

흔들리지 않고 자신의 신념에 따른 삶을 살아가는 존재는, 그 존재만으로도 그렇지 않은 삶을 선택한 이들에게 '부끄러움'을 느끼게 하는 것이다.

여기까지는 「역사」의 액자 속 이야기에 대한 분석이다. 흔히 「역사」의 액자구조는 간과하고 액자 속의 이야기에만 주목하는데, 이 소설을 통해 작가 김승옥이 의도했던 것은 오히려 액자 바깥에서 찾을 수 있다. 액자 속 이야기는 '내'가 양옥집 사람들에게 흥분제를 탄 음료수를 먹이고 한밤중에 시끄럽게 피아노를 연주하는 부분에서 끝이 난다. 그리고 소설은 액자 바깥의 상황으로 이어져, 액자 속 이야기의 서술자로 보이는 '젊은이'와 액자 바깥의 또 다른 서술자인 '나'와의 대화가 시작된다.

> "어느 쪽이 틀려 있었을까요?"
>
> "글쎄요."
>
> 라고 나는 대답하며 생각했다. 나로서는 얼른 믿어지지 않는 얘기다. 첫째, 그런 생활이 있을 것 같지 않고, 있다고 해도 어느 쪽이 반드시 틀렸다고 말할 수도 없고, 오히려 두 쪽 다 잔혹할 뿐이라는 점에서 똑같고, 어느 쪽이 틀렸다고 해도 그것은 그 젊은이가 이질적인 사실을 한눈에 동시에 보아버리려는 데서 생긴 무리겠지, 라고.
>
> "내가 틀려 있었을까요?"
>
> 라고 그 젊은이는 다시 내게 물었다.
>
> "글쎄요."
>
> 라고 대답하며 다시 나는 생각했다.
>
> 그러고 보니 아무도 틀려 있는 사람은 없는 듯하다. 그렇지만 이것도 자신 있는 생각은 아니고 솔직히 말하면 나도 모르겠다. 알 수 있는 것은 다만, 그 젊은이가 보았다는 두 가지 생활이 사실 내 바로 곁에 공존하고 있다

고 하면 나도 좀 멍청해져버리지 않을 수 없으리라는 느낌뿐이었다.

「역사」, 112~113쪽

'나'의 대답처럼 근대적 가치에 철저히 순응해 사는 양옥집 사람들의 모습이나 그러한 시대적 요구를 거부하고 고집스럽게 자신의 가치관을 추구해 가는 서씨의 모습 가운데 틀린 것은 없다. 모든 액자소설의 구성이 그러하듯, 텍스트의 상당 부분은 액자 속 이야기에 할애되고 있지만 소설을 통해 전하고자 하는 보다 직접적인 작가의 의도는 액자 바깥 부분에서 드러난다. '젊은이'의 이야기를 들은 '나'의 결론은, 극단적인 형태의 상반된 "두 가지 생활이 내 바로 곁에 공존하고 있다고 하면 나도 좀 멍청해져버리지 않을 수 없으리라는"(「역사」, 112쪽) 것이다. 그런데 텍스트 바깥의 현실 세계가 바로 그런 두 가지 생활이 공존하는 곳이고, 그렇다면 그런 시대를 살아가는 사람들은 대부분 '나'의 솔직한 고백처럼 '멍청해진' 상태로 살아가고 있는 것이다. 이렇게 멍청해진 상태로 살아가는 것이야말로 소시민의 전형적인 모습이라 할 수 있다.

작가 김승옥이 「역사」를 비롯한 많은 작품에서 소시민의 삶을 대상으로 한 것은 소시민에 대해 옳고 그름의 가치판단을 하기 위함이 아니다. 이청준이 자신의 소설 속 인물들처럼 진술공포로부터 자유롭지 못했듯이, 김승옥 자신도 자본주의적 가치가 지배하는 도시에서 소시민으로 살아갈 수밖에 없는 상황이라는 점에서 소시민성에 대한 판단은 쉽지 않았을 것이다. 작가는 소시민에 대해서 결과론적으로만 옳고 그름을 판단하는 것은 무의미하다고 생각하며, 소시민이라는 대상 혹은 소시민이 급증하는 현상에 대해 다른 접근 방식을 제시한다.

그가 그리는 소시민적 인물들은 대개 내적 갈등을 하는 이들이다. 물론 일관되게 위악적 행동을 취하는 이들도 있고, 서씨와 같이 정반대의 태도를 보이는 인물도 있다. 그러나 작가가 가장 주목하는 인물은 이렇게 서로 상반된 가치관 사이에서 고민하고 갈등하는 인물이다. 「무진기행」과 「역사」뿐 아니라, 앞에서 살펴본 「환상수첩」을 비롯해, 여기서 다루지 않았지만 「생명연습」, 「차나 한잔」, 「싸게 사들이기」, 「들놀이」 등은 모두 한 인물의 고백적 서술을 통해 상반된 가치관 사이에서 갈등하는 상황을 보여 준다.

소시민이 되기를 요구하는 현실의 메커니즘 속에서 "멍청해진"(「역사」, 113쪽) 사람(독자)들을, 김승옥은 교조적이고 전지적인 입장에서 가르치려 하거나 무조건적인 비판을 하지는 않는다. 작가는 현실 세계의 평범한 독자들과 별반 다르지 않은 소시민성을 지닌 인물들을 소설에 등장시킨다. 그리고 인물의 내면이 집중될 수 있는 서술방식을 통해 갈등 상황과 인물의 의식 변화 과정을 보여 주는 데 주력한다. 세속적 성공이나 안락한 생활과 같은 소시민적 삶의 모습과 대립되는 상황들, 가령 책임감이나 용기, 정의감 등이 필요한 상황들을 설정해 두고 이 사이에서 갈등하는 인물의 모습을 통해 '부끄러움'이라는 감정을 텍스트 전면에 드러내는 것이다.

'부끄러움'이란 "양심에 거리끼어 볼 낯이 없거나 떳떳하지 못한"[40] 상태에서 느끼는 감정으로, 이는 곧 자신의 문제적 행동과 판단에 대한 반성과 연결된다. 즉 소시민을 대상으로 삼고 있는 소설들은 단순히 무기력하고 순응하는 소시민의 모습을 비판하는 이야기가 아니

40 『국립국어원 표준국어대사전』

라, 소시민이 되기를 강요하는 상황과 그 과정에서의 고민과 갈등, 그리고 끝내 소시민이 된 스스로의 선택에 대한 반성으로 이어지는 플롯을 특징으로 한다는 것을 알 수 있다. 당연히 이러한 자성의 플롯이 그 힘을 발휘하는 대상은 현실 세계에서 소시민의 삶을 살고 있는 다수의 독자들이며, 이것이 바로 소시민성을 강요하는 현실의 문제적 상황에 대한 소설적 대응인 것이다.

무기력하고 순응적이었던 전형적 소시민이 자신의 소시민성을 자각하고 반성하는 플롯은 이호철의 「부시장 부임지로 안 가다」(이하 「부시장」)에서도 드러난다. 이호철 또한 김승옥과 함께 1960년대 소시민의 모습에 주목한 대표적인 작가이다. 김승옥이 소시민들의 내면에 집중했다면, 이호철은 소시민들이 살아가는 생활환경과 소시민적 삶을 강요하는 외부 상황에 주로 초점을 맞춘다. 그러나 「부시장」은 이호철의 다른 소설들과 달리 외부 상황이나 여러 인물들의 삶의 모습을 보여 주는 방식이 아니라, 특정 인물에 밀착하여 그의 내면까지 상세하게 보여주는 방식으로 서술된다. 김승옥이 '인물-서술자'를 통해 인물이 직접 자신의 내적 갈등과 부끄러움, 반성의 과정을 고백하는 서술방법을 택했다면, 이호철의 「부시장」은 이야기 세계 바깥의 서술자가 특정 인물을 투시하여 그의 내면에서 일어나는 심리 변화와 갈등, 부끄러움의 반응 등을 '인물-서술자' 못지않게 자세히 보여 준다는 점에서 마찬가지로 고백적 형식의 범주에 포함시킬 수 있다.

「부시장」은 평범한 교사가 자신을 찾아온 군인들을 피해 도망 다니는 이야기이다. 어느 날 규호는 아내로부터 군인들이 자신을 잡으러 왔다는 말을 전해 듣고, 그 길로 군인들을 피해 무조건 도망 다니기 시작한다.

저 아래, 거리의 소음이 아스란하게 밀려 올라오고, 건너편에는 길숙한 5월 저녁의 바다가 안개 기운에 잠겨 있다. 안개 속에 부두의 불빛은 휑하게 부풀어서 제각기 공중에 겅중 떠 있는 것처럼 보이고, 붕붕 좌르르, 붕붕 좌르르, 항상 부두 전체의 윤곽에서 들려오게 마련인 그 육중하고 느린 저음이 오늘 저녁따라 돋들렸다. 꼭 하늘만큼 넓은 삼태기가 규칙적으로 야금야금 자갈을 내리쏟고 있는 것 같은 소리다. 무슨 소리가 저런 모양으로 들리는 것인지 알 수가 없었다. 더더구나 안개 탓일까. 오늘 저녁따라 돋들리는 그 소리를 중심으로, 혁명이라는 농축된 실감이 사방의 송곳이 되어 달려들고 있었다. 「부시장」, 249~250쪽

인용된 부분은 아내로부터 군인들의 이야기를 들은 직후 규호의 심리 상태를 그린 것이다. "혁명이라는 농축된 실감이 사방의 송곳이 되어 달려들고"(「부시장」, 250쪽) 있다고 느낄 정도로 규호는 한순간에 불안과 공포에 휩싸인다. 이렇듯 서술자는 줄곧 규호의 시선에서, 규호의 내면 상황에 집중하며 이야기를 전개해 나간다. 도망을 치던 규호의 머릿속에 가장 먼저 떠오르는 것은 최근에 동료 선생들이 붙잡혀 간 사실이다. 군인들이 찾아왔다는 아내에 말에 규호가 더 놀랐던 것은 얼마 전 동료 선생들이 잡혀가는 것을 봤기 때문이다. 동료 선생들은 모두 잡혀갈 만한 특별한 이유 없이 출두명령을 받았다. 물론 텍스트 상에 직접적인 언급은 없지만, 당시의 시대상을 떠올려 보면 이들에게 내려진 출두명령이 반공법이나 국가보안법 위반 때문이라는 것을 충분히 짐작할 수 있다. 특히 동료 선생들이 잡혀가는 과정은 당시 반공법이 적용되는 모습을 단적으로 잘 보여 준다. 1960년대의 반공법은 안 걸리는 게 이상할 정도로 모든 이들에게 언제든 가해질 수 있

는 '다모클레스의 검'[41]과 같았다. 이 검이 겨누는 대상의 경계는 매우 모호하다. 확실한 이적(利敵) 행위나 반정부적 행동뿐 아니라 국가의 정책이나 제도에 반하거나 비판적인 의견을 제시하기만 해도 누구나 '빨갱이'로 규정되었고, 반공법의 표적이 되었다. 지리 선생 또한 빨갱이라면 치를 떠는 사람이었지만, 교원들의 권익 문제를 이야기했다는 이유로 잡혀간 것이다.

이렇듯 반공이데올로기는 심판과 처벌의 기준이 모호한 탓에 언제나 경계하고 조심할 수밖에 없다. 이는 곧 많은 사람들에게 반공이데올로기가 내면화되어 있음을 의미하는데, 동료 선생의 발끈하는 모습을 보며 그를 수상해 하고 의뭉스럽게 여기는 규호의 태도 또한 이미 반공이데올로기가 내면화된 상태에서 이루어지는 사고의 전형을 보여 준다. 물론 이런 의심과 경계의 태도는 자신의 발언과 행동에 대해서도 엄격하게 이루어진다. 규호는 자신의 발언에 대해서도 수상쩍다는 생각이 드는 순간, 그것에 대한 방어기제들을 마련해 놓는다. 자신의 발언이 문제가 될 것을 우려하여 "각자가 신중하게 경계를 해야 한다"(「부시장」, 257쪽)고 전제를 세워 두는가 하면, 조금이라도 분위기가 수상해지면 문제가 되는 상황과 거리를 두는 모습 등은 반공이데올로기가 내면화되어 자기검열이 이루어지고 있음을 의미한다. 이렇듯 소심하면서도 이해타산적인 행동을 하는 규호의 모습은 소시민의 전형이라 할 수 있다.

---

41 '다모클레스의 검'은 사람들의 머리 위에 매달려 언제 떨어질지 모르는 검을 말한다. 모든 사람이 '잠재적 용공주의자'였으며, 그 잠재성이 한순간에 혐의의 단계를 거쳐 범죄에 대한 확신으로 이어질 수 있었던 1960년대의 반공이데올로기를 비유한 표현이다. 반공이데올로기를 '다모클레스의 검'에 비유한 것은 조국의 『양심과 사상의 자유를 위하여』(137쪽)에서 빌려온 것이다.

반공이데올로기가 내면화된 규호의 모습은 또 다른 장면에서도 드러난다. 그는 도망치는 내내 라디오에서 "반공을 국시의 제일의로 삼고……"(「부시장」, 252쪽)라는 소리를 듣는데, 문제는 이 라디오 소리를 들은 규호의 반응이다. 규호는 라디오에서 이 소리를 들을 때마다 놀라서 무의식적으로 달리기를 하면서도, 계속해서 "옳은 소리지, 옳은 소리구말구"(「부시장」, 252쪽)라며 반공이데올로기를 수긍하고 정당화하는 혼잣말을 중얼거린다. 라디오 소리를 듣는 순간 놀라서 도망치는 것이 무의식적 반응이라면, 이 소리를 긍정하는 발언을 끊임없이 중얼거리는 것은 의식적으로 훈련된 반응이라 할 수 있다. 규호도 그런 자신의 모습이 "스스로 생각해도 좀 민망해질 만큼 아첨조가 깃들"(「부시장」, 258쪽)어 있다고 생각하지만, 반공이데올로기의 모호한 기준에 걸리지 않기 위해서는 이렇게 끊임없이 스스로를 세뇌할 수밖에 없다.

그러나 아무리 의식적으로 반공이데올로기를 긍정하고 정당화하려고 해도 반공이데올로기로 인한 공포와 불안은 줄어들지 않는다. 아내에게서 군인들이 또 찾아왔었다는 이야기를 듣자마자 방귀와 설사가 시작된 것이다. '배앓이'는 극도의 긴장과 불안을 상징하는 것으로, 규호는 도망치는 내내 방귀와 설사에 시달린다. 군인이 집에 찾아왔었다는 이야기를 처음 듣는 순간에는 그저 방귀 한 번으로 끝났지만, 군인들이 다시 찾아왔다는 이야기를 듣고 나서는 아예 설사 상태로까지 악화된다. 이러한 방귀와 설사는, 도처에서 흘러나오는 "반공을 국시의 제일의로 삼고"(「부시장」, 252쪽)라는 라디오 소리가 들릴 때면 어김없이 나타난다.

> 해장국을 먹다가 또 변소로 가고, 구포 바닥의 어느 다방에서 커피를 마시다가 또 변소로 갔다. 뱃속은 그냥 꼬르륵대었다. 촌구석 다방이고 아침

이어서 그렇기도 했겠지만, 다방에서는 라디오만 틀었다. 짜개지는 행진곡이 울리다가 또 "반공을 국시의 제일의로 삼고" 하고 여자 아나운서의 목소리가 터져나오자, 규호는 또 깜짝 놀라서 마시던 커피를 그냥 둔 채 헐떡헐떡 커피 값을 치르고 층층계단을 달려 내려오며 썅년 썅년 하고 그 아나운서를 욕하고 있었다. 어느새 그는 반공에 쫓기고 있는 것이었다. 나는 용사여. 나는 상이군인이여. 제1선 김종오(金鐘五) 사단장 휘하의 9사단에서 백마전투를 겪은 육군중위여, 누가 뭐래여. 이 나를 두고 어느 놈이 뭐라는 거여. 쾌속으로 이렇게 중얼거리며 먼지 풀썩거리는 층층계단을 쾅당쾅당 달려 내려오고 있었다. 「부시장」, 262~263

방귀와 설사로 상징되는 규호의 불안과 공포가 극에 달하는 장면이다. "무슨 일이 어떻게 벌어졌다는 것인지 요량할 수 없는"(「부시장」, 260쪽) 상태에서 규호는 그저 "반공에 쫓기고 있는 것"(「부시장」, 263쪽)이다.

이렇게 쫓기던 규호는 결국 군인들이 자신을 찾아온 이유가 반공법 때문이 아니라 부시장 임명 때문인 것을 알게 되지만, 양심상 부시장직을 하지 못하겠다고 소신을 밝히고는 집으로 돌아간다. 양심을 이유로 부시장직을 거절한 규호의 행동은 분명 자신의 이해관계와 세속적 가치를 우선시하는 소시민적 태도는 아니다. 규호의 달라진 모습은 라디오 소리에 대한 반응에서도 드러난다. 부시장직 제의를 거절하고 오는 길에 또다시 "반공을 국시의 제일의로 삼고"(「부시장」, 270쪽)라는 라디오 소리가 들리자 순간적으로 전과 똑같이 도망치려던 규호는 이내 자신의 행동에 대해 생각하게 되고, 그런 자신의 모습에 웃을 뿐이다.

규호의 반응이 이렇게 달라진 것은 도망치던 중에 우연히 목격하게 된 노인과 개의 장난 때문이다. 야수적이고 폭력적인 노인 앞에서 얌전하게 앉아 주인의 눈치나 보며 아양을 떠는 개의 모습은 영락없는 소시민의 모습이다. 심한 장난을 치고 폭력을 가하는 주인이지만 결국 밥을 얻어먹으려면 그에게 절대 복종할 수밖에 없는 개의 처지와, 생계라는 현실적 요구 앞에서 무기력하고 소심해질 수밖에 없는 소시민들의 처지는 다를 바 없다. 노인과 개의 장난이 규호의 눈에 결코 우습게 보이지 않은 이유 또한 개의 모습에서 자신의 모습을 발견했기 때문이다. 교사직이라는 안정된 사회적 지위와 수입을 지키기 위해서 자신의 생각을 소신껏 말하지도 못하고 비굴하게 도망 다녀야 하는 규호의 신세는 먹을 것 때문에 주인에게 복종하는 개와 다르지 않았다. 개와 눈이 마주친 규호가 먼저 눈길을 피하고 외면한 이유도 도망 중인 자신의 행동을 스스로 한심하고 부끄럽게 느꼈기 때문이다. 이러한 부끄러움과 반성이 결국 부시장직 제의 거절로 이어진 것이다. 군사정권이 임명한 부시장이라면 당연히 자신이 며칠 동안 도망 다니면서 경험했던 공포와 불안을 다른 사람들에게 가하는 일을 해야 할 것이다. 스스로가 극도의 불안과 공포 상태를 경험해 봤을 뿐 아니라, 그런 자신의 모습이 먹이를 위해 비굴하게 구는 개와 다를 바 없다는 것을 자각한 규호는 도저히 그런 자리를 수락할 수 없었던 것이다. 규호가 양심을 운운한 것도 이 때문이다.

「부시장」은 규호의 심리와 의식의 변화에만 집중한 채 서술된다. 다른 인물들의 관찰 또한 규호의 시선으로 이루어진다. 모든 것은 규호라는 특정 인물의 제한된 인식과 고정된 시선의 경계 속에서 관찰되고 서술되고 있으므로, 규호 내면의 상태는 상대적으로 아주 자세하게 설명된다. 이런 서술방식으로 인해 이 소설은 규호라는 인물의 고백적 서술과 같은 효과를 갖게 된다. 고백적 형식의 서술은 규호가 자신의 소시민성을 반성하고 부시장직 거절이라는 소신 있는 판단을 내리기까지 내면의 변화 과정을 자세히 보여 준다. 이렇듯 고백적 서술 방식은 소시민적 인물이 무기력하고 무비판적이던 상태에서 어떤 인물이나 사건을 계기로 자신의 행동을 반성하여 주체적이고 자율적인 개인으로 변모해 가는 과정을 그리기에 적합한 형식이다.

앞서 살펴본 「소문의 벽」과 『씌어지지 않은 자서전』의 자기검열 문제와 비교했을 때 소시민적 인물의 자성과 변화의 과정을 보여 주는 이야기는 '인권'이라는 주제와 직접적인 상관이 없어 보인다. 이후 살펴볼 다른 문제 유형들, 즉 경제적 불평등으로 인한 기본적 생존권침해 상황이나 감금·폭력 등에 의한 정치적 자유의 억압 상황 등에 비하면 소시민적 삶을 강요하는 상황을 직접적인 인권침해 상황이라 규정하기에는 다소 무리가 있어 보이는 것이 사실이다. 그러나 생존권 침해나 정치적 자유의 억압과 같이 가시적으로 드러나는 문제들 못지않게, 개인의 의식 혹은 무의식에 가해지는 억압 또한 상당한 인권침해 상황이라 할 수 있다. 비록 가시적으로 문제 상황이 드러나지 않고 당장의 직접적인 피해를 유발하지는 않지만, 내면이 억압되어 주체적이고 비판적인 사고를 못 하게 된 개인들이 다른 유형의 인권침해 문제들까지 묵과함으로써 사회 전반의 인권 상황은 더 악화될 수 있으며 심지어 자신이 인권침해의 가해자가 될 수도 있다는 점에서, 소시민은 분명 인권논의에서 주목해야 할 문제적 대상이다.

앞서 분석한 「역사」의 마지막 장면에서 '멍청하다'라는 서술자의 표현은 이런 소시민의 위험성을 내포하고 있다. 「역사」의 양옥집 사람들처럼 거대한 메커니즘이나 주어진 상황에 순응하며, 매사에 무기력하고 무관심한 것이 소시민의 전형적인 모습이다. 혹은 「부시장」의 규호처럼 무의식적으로 공포와 불안에 떨며 획일적인 이데올로기를 무조건 정당화하기도 한다. 이렇게 무기력하고 무비판적인 자세가 습관화되고 내면화되면 자신에게 가해지는 권리침해뿐 아니라 타인에게 가해지는 폭력과 억압에 대해서도 무관심해지고 둔감해지게 된다. 많은 사람들이 이렇게 된다면 당연히 인권 상황은 더 열악해질 것이다. 이렇게 '둔감함'이 일상화된 상태의 이들을 '방관자'라 할 수 있다. 방관자란 "수동적이거나 무관심한 증인"을 가리키는 스탠리 코언의 개념으로, 그는 "어떤 사건을 목격하거나 알면서도 눈을 감아버린 사람들의 수동적 태도"인 방관행위를 보다 적극적 의미인 연루행위 또는 승인행위로 간주한다.[42] 이런 관점에서 본다면, 타인의 인권침해 상황이나 불의의 상황을 묵인하거나 의도적으로 무관심한 태도를 취하는 것은 충분히 비판의 대상이 될 수 있는 문제적 행동이다.

지금까지는 인권문제를 논할 때 피해 상황에만 집중할 뿐 가해자나 방관자에 대해서는 관심을 갖지 않았던 것이 사실이다. 특히 방관자적 역할을 한 이들에 대해서는 특별한 언급이나 비판을 하지 않았다. 이에 대해서는 그간의 인권논의가 법적 담론의 형태로만 이루어진 것을 원인으로 들 수 있다. 명확하게 입증 가능한 인권침해 상황만을 판단하고 처벌하는 법적 담론의 특성상, 분명하게 책임 소재를 가릴 수 없는 방관행위는 논외로 할 수밖에 없다. 그러나 소극적이고 무관심한 행위도 인권문제를 심화·확산시키는 데 일조하는 것이 분명한 이상 더 이상 이런 행위를 간과해서는 안 된다.

지금까지 논의한 것은 인권침해 상황의 방관자 혹은 소극적 가해자

---

42 스탠리 코언 지음, 조효제 옮김, 『잔인한 국가 외면하는 대중』, 창비, 2009, 173~174쪽. '방관자'에 대한 보다 자세한 설명과 이 개념을 활용한 구체적인 텍스트 분석은 5장에서 이어 갈 것이다.

로서의 소시민이었지만 이들에게는 피해자로서의 측면 또한 분명 존재한다. 앞서 텍스트 분석 과정에서 살펴본 문제 상황들을 모두 인권 침해 상황으로 볼 수 있는 것은, 무기력하고 무관심하며 때로는 위악적 행동까지 서슴지 않았던 이들에게는 처음부터 다른 가치관이나 생활 방식을 선택할 수 있는 기회가 차단되어 있었기 때문이다. 물론 자본주의 체제는 개인의 무한한 자유를 전제로 구성된 것이며, 개인의 선택과 행동을 직접적으로 규제하고 단속하는 대상은 분명 존재하지 않는다. 그러나 가시적인 억압이 없을 뿐, 자본주의 메커니즘에 속하게 된 이상 이 메커니즘이 규정해 놓은 가치관과 삶의 방식을 제외한 다른 선택은 사실상 불가능하다. 규정된 가치관을 부정하기 위해서는 자본주의의 절대적 가치인 돈, 즉 현실적 생계의 문제를 포기해야 하기 때문에 선택의 기회가 열려 있다 하더라도 실질적으로는 제한된 것이나 마찬가지다. 이런 상황에 대한 비유로 흔히 사용되는 '빵과 자유'라는 두 개의 선택항 중 하나를 선택해야 하는 경우 빵을 포기하면서까지 자유를 선택하기란 결코 쉽지 않다. 따라서 애초에 이런 제한된 형태의 선택 상황을 준 것부터가 결과적으로 개인의 자율적 선택이나 판단을 불가능하게 하는 문제적 상황이라 할 수 있다. 이렇듯 소시민은 억압적 사회체제의 피해자인 동시에 그들의 사고와 행동으로 인해 또 다른 피해자를 양산할 수 있다는 점에서 인권담론의 중요한 지점에 놓여 있다.

순응적이고 무비판적인 소시민이 되기를 강요하는 세계와 자기검열에 의해 진술공포증에 걸린 인물들을 그린 소설들이 공통적으로 추구하는 가치는 개인의 자율성이다. 인권의 관점에서 이 가치가 갖는 의미는 상당하다. 인권침해 상황에서 그것을 문제라고 인식하고 합리적 대응방안을 찾아 이를 행동으로 옮기기 위해서는 자율적 주체로서의 개인이 전제되어야 한다. 인권이 선험적으로 주어진 것이거나 누군가로부터 부여받는 것이라면 개인의 자율성에 특별히 주목할 필요가 없을지 모른다. 그러나 인권은 자연 상태의 인간에게 주어지는 당연하고 절대적인 권리가 아니라, 인권을 보장받고자 하는 이들의 적극적인 참여와 투쟁의 결과로 '획득'하는 것이다. 스스로 자신의 권리를 자각하고 요구할 수 있는 주체의 정립이 가장 중요한 것은 인권의 이런 속성 때문이다.

자율적 주체로서의 개인의 정립이 중요한 이유는 한국 사회의 문화적 특성에서도 찾을 수 있다. 오랜 기간에 걸쳐 체화된 유교문화와 가부장적 관습, 전근대적이고 전체주의적인 정치문화, 식민지지배와 전쟁, 분단을 겪으면서 고착화된 민족주의적 사고 등으로 인해 개인보다는 전체를 우선하는 분위기가 한국사회 전반에 만연되어 있었다. 이런 사회 분위기 속에서 개인의 감정과 생각은 쉽게 묵살되었고, 개인을 내세우는 행위는 이기적인 것으로 매도되었다. 자연히 개인의 가치와 존엄성에 대한 자각과 인식이 부족했으며, 인권에 대한 문제 제기나 요구는 더욱 요원한 일이 될 수밖에 없었다. 한국 사회에서 인권 문제를 논의할 때, 개인의 자율성을 정립하는 과정이 무엇보다 먼저 이루어져야 하는 이유는 이 때문이다.

이렇듯 중요한 의미를 지닌 개인을 정립해 가는 최적의 문학적 방법이 바로 고백적 서술이다. 이 장의 서두에서도 언급한 것처럼, 개인의 내면은 이미 존재하고 있는 것이 아니라 특정한 행위나 형식을 통해 '형성'되는 것이다. 그런 점에서 '고백'이라는 행위 또한 존재하는 내면을 재현하는 것이 아니라 적극적이고 능동적으로 내면을 형성해 가는 것이라 할 수 있다. 이러한 고백은 반성을 전제로 이루어진다. 제대로 된 반성을 하기 위해서는 분명한 문제의식과 판단기준이 전제되어야 하는데, 이는 외부의 강제나 타의에 의해서는 불가능하다. 따라서 자성은 개인으로서의 자율성이 정립되어 있을 뿐 아니라 문제 제기와 비판적 사고도 가능하다는 것을 의미한다. 이런 역할을 하는 자성은 소설 속 인물에게서 그치는 것이 아니라 독자들에게도 반성의 계기를 마련해 주어 스스로 문제를 자각하고 비판할 수 있도록 함으로써 인권의식이 형성될 수 있는 기반을 마련해 준다.

제3장

분배적 평등과 공감의 서사

자본주의의 고착화와 경제적 불평등의 심화

박정희 정권의 가장 큰 성과가 산업화와 경제성장이라면, 사회적 약자들의 희생과 경제적 불평등은 이 시기의 가장 큰 치부라 할 수 있다. 경제적 측면에서의 자유와 평등, 분배적 정의 등의 가치를 둘러싼 갈등은 1960년대의 가장 보편적인 문제였다. 물론 이러한 문제들은 1960년대만의 특징은 아니다. 그러나 1960년대 들어 산업화가 본격화되면서 경제적 가치를 둘러싼 갈등과 대립이 더욱 극대화된 것이 사실이다. 특히 절대적 빈곤이 문제시되던 이전과 달리, 1960년대의 문제는 불평등한 분배구조로 인한 상대적 빈곤이었다. 생존에 필요한 기본적 요소들이 제대로 보장되지 않아 소외되는 상황은 명백한 인권침해에 해당된다. 이러한 상황을 제대로 파악하기 위해서는 박정희 정권의 주도로 추진되었던 근대화 계획과 산업화 정책에 대한 이해가 선행되어야 한다.

박정희 정권은 조국근대화라는 목표 아래 강력한 통제력을 발휘하며 경제개발계획을 추진해 나갔다. 경제성장 과정에서 박정희 정권이 중요시했던 부분은 성장의 질보다는 가시적으로 드러낼 수 있는 성장의 양과 속도였다. 단기간에 눈에 띌 만한 성장을 해야 하는 까닭은 쿠데타로 집권한 정권의 정당성을 확보하기 위함이다. 성장 속도를 높이기 위해 분배의 가치는 묵살될 수밖에 없었다. 평등하고 공정한 분배의 가치는 무시되었으며, 성과의 대부분은 효과적인 성장이라는 명분 아래 소수에게 집중적으로 분배되었다. 소수의 대기업과 재벌들이 정권의 특혜와 보호 아래 빠르게 이익을 챙기는 동안 이들의 희생양이 된 사람들은 농어민과 도시빈민이었다. 특히 가장 먼저 희생된 이들은 농어민이었다. 가장 약한 고리가 가장 먼저 끊어지는 것처럼, 농어민들은 조국근대화와 경제성장을 위해 밑거름이 되어야만 했다. 공업화를 위한 기반 마련에 농어촌은 여러 가지 방법으로 희생되었다. 농지는 공장지대와 도로 등 공업화를 위한 시설로 바뀌었고, 저곡가정책으로 인해 농촌은 값싼 식량을 제공하는 식량기지의 역할을 해야 했으며, 농민들은 저임금노동자로 전락하게 되었다.

저곡가정책 때문에 당장의 수입이 줄어들었을 뿐 아니라, 삶의 터전이자 유일한 생산수단이던 토지를 빼앗기게 된 농민들은 결국 도시로 몰려들어 도시빈민이 되었다. 이들은 저임금노동자가 되어 경제성장에 다시 한 번 커다란 기여를 한다. 저곡가정책으로 희생양이 되었던 이들이 저임금정책으로 한 번 더 희생되는 상황에 처한 것이다. 게다가 도시에서의 생활은 농촌에서보다 훨씬 열악했다. 갑작스러운 인구증가로 서울은 이미 포화상태에 이르렀고, 농촌에서 몰려든 사람들을 수용할 주거시설은 절대적으로 부족했다. 도시빈민이 된 농민들은 유휴 국공유지나 하천부지, 산기슭 등에 무허가 판자촌을 형성하고 살 수밖에 없었다. 그러나 이마저도 근대화와 도시개발이라는 명분으로 철거되었고, 이들은 또다시 도시의 외곽으로 밀려나는 신세가 되었다. 도시빈민들의 인권침해는 주거문제뿐 아니라 노동현장에서도 불거졌다. 값싼 임금만큼이나 노동자들에 대한 처우는 형편없었다. 열악한 근로환경과 엄청난 양의 근로시간, 저임금과 불합리한 대우를 참고 희생한 대가는 노동자들이 아닌 자본가들에게 돌아갔다. 정부가 '선성장 후분배' 원칙을 앞세워 농민과 도시빈민들의 희생을 정당화하는 한편 그 희생의 결과를 일부 자본가와 재벌에게 몰아 줌으로써 계층 간의 갈등은 심화되었고, 도시빈민들은 최소한의 삶조차 보장받지 못하는 극한의 상황에까지 이르게 되었다.

몇몇 개인이 아니라 농어촌이라는 특정 공간이나 노동자라는 특정 계급에 속하는 모든 사람들에게 공통적으로 해당된다는 점에서 이 문제는 집단적 성격이 강하다고 할 수 있다. 이러한 특성상 소설에서는 특정 인물의 시선에 고정된 채 갈등의 한 면만 보여 주는 것이 아니라, 여러 인물들의 시선에서 서술함으로써 문제를 둘러싼 다양한 입장들을 보여 주는 방식을 택한다. 이러한 서술방법의 특징과 이를 통해 작가가 추구하고자 하는 가치에 대해서는 '다성적 서술을 통한 연대의식 형성'에서 자세히 다룰 것이다. 그에 앞서 이 문제가 발생하는 두 공간인 농촌과 도시에서 경제적 불평등을 비롯한 인권침해 상황이 재현되는 양상을 살펴보자.

농민과 도시빈민의 생존권 위협

근대화와 산업화의 확산으로 도시화가 빠르게 진행됨에 따라 도시와 농촌의 대립구도가 뚜렷하게 나타나기 시작한 시기가 바로 1960년대이다. 농촌과 농민은 이전부터 많이 다루어졌던 소재이지만 산업화가 본격화된 1960년대의 농촌은 분명 이전 시대와는 다른 성격을 띠고 있다. 한편 도시의 특성은 앞서 살펴본 소시민이라는 인물유형을 통해 드러나기도 하지만, 이들과는 또 다른 계층인 도시빈민 또한 도시의 특성을 이해하는 데 있어 빼놓을 수 없는 대상이다.

먼저 살펴볼 대상은 도시빈민이 생겨난 근원이자 근대화의 허구성이 극단적으로 드러나는 공간인 농촌과 그곳을 생활터전으로 하는 농민들의 삶이다. 근대화정책과 경제개발계획으로 인해 가장 먼저 희생되어야 했던 대상은 농촌과 농민이었다. 집권 초기부터 박정희 정권은 농어촌 고리채정리사업, 농지개발정책 등을 실시하면서 농촌과 농업을 중요시하는 듯했으나, 공업화와 성장우선주의로 이루어진 근대화 과정에서 중농정책은 이내 농업수탈정책으로 바뀌었다. 농산물의 가격유지책을 실시하겠다는 애초의 약속과는 달리 저임금정책을 유지하기 위해 저곡가정책을 실시하였고, 심지어 값싼 식량의 수입까지 적극적으로 추진하는 등 '농촌의 재건 없이는 국가재건도 허사일 것'이라는 박정희의 장담은 어느 순간 '농촌의 희생 없이는 국가재건도 없다'는 말로 슬며시 바뀌어 버렸다. 저곡가정책과 더불어 농민들의 삶에 가해진 또 다른 위협은 무분별한 공업화와 토지개발 등으로 삶의 터전인 농지를 빼앗기게 된 것이다. 생계의 근간이자 삶의 기반이 되는 토지 자체가 없어지는 것은 농민들에게 가장 심각한 문제였다.

김정한은 이 당시 농민들의 어려운 삶에 관한 작품을 많이 발표한 작가로 꼽힌다. 1968년에 발표된 「평지」 또한 개발정책으로 땅을 빼앗길 위기에 처한 농민들의 이야기다. 「평지」의 배경이 되는 농촌 마을도 근대화의 물결에서 자유로울 수 없다. 경제성장과 근대화는 분명 어떤 이들에게는 기적으로 불릴 만큼 풍요와 축복의 상징이다. 보릿고개를 걱정하던 시절을 넘어 꽃놀이를 갈 만큼 여유가 생긴 사람들 눈에는 샛노란 평지꽃과 그 속에서 일하는 사람들이 모두 근대화된 농촌의 흐뭇한 모습으로만 보인다. 그러나 흙두더지처럼 하루 종일 농사를 지어도 손에 남는 것은 얼마 없어 가족 모두가 "한빛으로 누르고 여위고 시들어"(「평지」, 72쪽) 있는 허생원네 가족에게 근대화란 다른 나라의 이야기처럼 소원한 것일 뿐이다.

"금년은 얼매 안 나겠지요?"

태식이가 이런 말을 꺼낸 것도 얼마만큼 시간이 지난 뒤였다.

"워낙 날씨가 가물았이니…… 시절이 좋을 때도 잘 나 봐야 한 마지기 두 가마니 정돈데, 몰라, 금년은 가마 반이나 나올는지."

허생원의 맥 빠진 대답이었다.

"시세는 어떻겠능기요?"

"그것도 알 수 없지. 무역한다는 사람들과 기름쟁이들의 수판노름에 달렸이니까."

평지는 아쉴 때는 김장감으로도 쓰이지만, 그 씨앗이 소위 외화 획득의 고급 튀김기름의 원료라 해서 꽤 잘 팔렸다.

"잘 나가 봐야 한 가마에 삼천 원 안팎 앙이겠능기요?"

태식의 말눈치는, 자기의 한 달 수입과 은근히 비교해 보는 건지 시들하게 비쳤다.

허생원은 대답이 없었다.

"그러니깐 누가 농사지을라 카겠능기요." 「평지」, 71쪽

태식과 허생원이 주고받는 대화는 근대화로 인한 농촌의 문제를 단적으로 보여 준다. 그 문제는 바로 마을 사람들의 주 수입원인 평지의

시세가 무역상을 비롯한 다른 산업에 달려 있다는 것이다. 이는 열악한 농촌 상황이 농촌 내부에서 파생된 문제가 아니라 정부의 경제정책을 비롯한 산업구조 전반과 관련된 것임을 의미한다. 다른 산업과의 연결고리에서 가장 힘이 약한 농업이 희생양이 될 수밖에 없는 것이다. 이렇게 희생되는 농업과 농민의 최후는 농업의 산업화라는 미명 아래 농지 자체를 빼앗기게 되는 상황이다. 허생원에게도 약간의 위자료와 동정금을 받고 새로운 농업단지 조성을 위해 삶의 터전을 내놓으라는 통보가 전해진다. 이 통보를 하러 온 청년은, "농촌 경제가 어떠니, 구태의연한 영농방법을 버리고 근대화를 해야 되느니, 그러기 위해서는 먼저 국민들의 비상한 각오가 필요하느니, 또 도시에 주택단지 공업단지가 서듯이 농촌에는 식량단지, 채소단지, 심지어 돼지단지까지 있어야"(「평지」, 76쪽) 한다는 말을 늘어놓지만, 평지밭을 일구고 살아가는 이들에게는 "청년이 말하는 '먼 앞날'보다 우선 코앞에 닥쳐 있는 '사는 문제'가 더 절박했다."(「평지」, 76쪽)

게다가 허생원은 농지뿐 아니라 맏아들 용이도 국가의 경제개발을 위해 희생시킨 아픈 경험이 있다. 용이는 허생원이 자랑스러워하던 파월 용사였다. 경제개발을 위한 대부분의 자금을 외자에 의존하고 있던 박정희 정권은 외자유치를 위해 자국의 국민들을 이국의 전쟁터로 내몰았다. 사실 '내몰았다'는 표현이 무색할 정도로 당시 많은 사람들이 베트남전에 자원했는데, 이들이 자신의 목숨을 담보로 전쟁터에 자원한 이유는 오직 돈이었다. 파월 군인 대부분은 용이처럼 가난한 농민의 아들, 도시빈민의 아들로 태어나 자신의 몸을 파는 것밖에는 생계를 이을 방법이 없었던 이들이었다. 국가는 그런 이들의 희생을 담보로 외자를 들여올 수 있었고, 이들의 죽음은 근대화를 위한 희생으로 미화되었다. 그러나 이들의 선택을 '자발적'인 것으로만 볼 수는 없다. 가난한 환경 때문에 하게 된 불가피한 선택이었기 때문이다.

> 그에게 죄가 있다면 오직 조상 때부터 물려받은 가난뿐이었다. 그리고 악착같이 일을 해도 형편이 풀리지 않는 세상이 한스러웠을 뿐이었다. 물론 그것은 자기만의 일은 아니었다. 어느 흙두더지(그는 농사꾼을 그렇게 불렀다.)의 집을 보나 몇 대를 물려오는 듯한 내처 게딱지같은 그 모양 그 꼴이듯이, 그런 것들을 의지가지로 살아가는 사람들 역시 가난이 질질 흐르는 옛 몰골 그대로가 아니던가!
>
> "더러운 세상이다!" (…)
>
> 허생원은 태식이란 놈이 어디서 주워듣고 와 하던 맹랑한 이야기를 문득 생각해 냈다. 그 〈시집〉인가 〈시지프스〉인가 하는 사나이가 저승에 가서 벌을 받았다는 이야긴데, 뭐 무거운 돌덩이를 어깨에 메고 높은 산비탈을 겨우 올라가 내려만 놓으면 다시 아래로 굴러 떨어지고 해서, 언제까지나 그 고통스런 일을 되풀이했다는 것이었다. 지금 생각하면 그때 들은 그 얘기가 꼭 자기와 같은 운명을 두고 하는 말 같았다. 그럴수록 허생원은 지금의 자기가 한층 더 처량스러워졌다. 인생을 산 것이 아니라, 인생을 머슴살이한 것 같은 느낌이 자꾸만 들었다. 「평지」, 74~75쪽

유일한 희망이었던 아들을 잃고 땅까지 뺏기게 된 상황에서 허생원이 할 수 있는 일이라고는 세상을 한탄하고 절규하는 것뿐이다. 시시포스(Sisyphos)처럼 한평생 열심히 일했지만 가난이 대물림되는 상황에서 그는 "인생을 산 것이 아니라, 인생을 머슴살이한 것 같은 느낌"(「평지」, 75쪽)을 받는다. 겨우 목숨을 부지하고 있을 뿐 인간다운 삶과는 거리가 먼 자신의 삶을 머슴살이에 비유한 것이다.

이렇게 땅을 빼앗기고 극한의 상황에까지 내몰린 사람들이 택하는

궁극의 생존방법은 화전민이 되는 것이다. 더 이상 평지에서는 살아갈 땅이 없는 이들은 아주 깊은 산속으로 들어가 화전을 일구어 새로운 삶의 터전을 마련한다. 방영웅의 소설 「첫 눈」의 강원도댁이 휴전선 금방 깊은 산골로까지 화전을 하러 들어간 이유는 마음 놓고 배를 채워 보고 싶어서다. 도시와 농촌에서는 더 이상 찾을 수 없는 생활터전을 마련하기 위해 사람들은 산으로 들어간다. 그러나 그곳에서의 생활도 별반 다를 것이 없다.

> 사람이 이렇게 살기 어려운 데가 있을까? 강원도댁이 그것을 알았던 것은 화전을 시작하고 나서였다. 거기서 제일 가까운 읍내는 사십리였다. 그것도 평지라면 문제가 되지 않지만 눈이라도 쌓이는 겨울철이면 사람의 왕래가 딱 끊어지고 만다. 거기서 나는 것은 강냉이, 고구마, 수수, 메밀 이런 것들이었다. 그래도 강원도댁이 평창읍에서 살 때는 쌀밥을 먹고 살았다. 그러나 그곳에서 살고 있는 화전민들은 그것들을 쌀과 바꾸기 전에는 어림도 없었다. 쌀밥이 좋다. 화전민들이라고 그것을 모를 리 있을까? 아니 화전민이기 때문에 쌀밥이 더 먹고 싶은 것이다. 그러나 그들이 일년 동안 지어 놓은 잡곡들을 읍내에 내다 팔 때는 똥값이었다. (…) 그러나 그곳은 여러 말 할 것 없이 살 곳이 못되었다. 그곳에서 살고 있는 스무가호가 채 못되는 화전민들은 해마다 한 집씩 두 집씩 어디로 떠나가는 것이다. 그들 자신이 갈아 놓았던 땅과 살던 집채를 누구에게 단돈 몇푼을 받고 넘겨주려 하여도 작자가 나서지 않았다. 그들은 그것을 그대로 버려두고 떠나갈 수밖에 없었다. 우리가 짐승은 아니다. 빌어를 먹더라도 부자집 문간으로 들어가자. 「첫 눈」, 196~197쪽

이들이 애써 일궈 놓은 화전을 버리고 다시 떠날 수밖에 없는 이유는 화전민의 삶이 짐승과 조금도 다를 바 없기 때문이다. 그러나 산을 내려온 이들이 할 수 있는 것은 걸식뿐이다. 김정한의 「곰」에서도 호

적조차 없는 화전민들의 모습을 볼 수 있다. 호적이라는 등록체계를 통해 국민의 자격을 공인받도록 되어 있는 근대국가에서 호적이 없다는 것은 국민으로서의 자격이 박탈되었음을 의미한다. 이는 '모든 인간'이 아니라 오직 '국민'에게만 권리를 부여하는 근대국가에서 인간으로서의 최소한의 권리조차 인정받지 못함을 뜻한다.

화전민이 되는 것조차 여의찮은 경우에 선택할 수 있는 최후의 방법을 보여 주는 오유권의 소설 「가난한 형제」는 제목 그대로 가난한 형제의 처절한 삶을 그리고 있다. 인수와 평수 형제는 공사판의 일용직 노동자로 일하거나, 그마저도 없을 때는 구걸을 해서 끼니를 해결한다. 인수와 평수 형제가 사는 마을에는 "손주놈 세발자전거 하나를 못 사주고"(「가난한 형제」, 209쪽) 있다며 구걸을 거절하는 고수머리 영감이 있는가 하면, 부황이 나서 죽으면서까지 밥타령을 하는 판대 어매와 같은 인물도 있다. 농촌사회 내부에서도 빈부 차이라는 또 다른 불평등이 존재하는 것이다. 이는 농촌과 농민의 문제를 단순히 '도시 대 농촌'이라는 대립 구도로만 파악해서는 안 되며, 땅을 가진 자와 그렇지 못한 자들 간의 대립이라는 계급적 성격으로 이해해야 한다는 것을 의미한다.

농촌 사회의 문제가 계급적 성격을 띠고 있음은 인수와 용팔이가 영농자금을 빌리러 가서 퇴짜를 맞고 오는 장면에서 다시 한 번 확인된다. 국가의 훌륭한 농촌발전계획에 관한 면소 직원의 일장연설은, 농촌경제를 살리겠다는 국가 정책의 허구성을 드러내는 동시에 이 문제가 계급적 불평등을 전제로 하고 있음을 보여 준다.

"영농자금이란 원래 농사를 경영하는 데 쓰라는 자금으로 대부해주는 것이요. 지금 정부에서는 영농자금만 아니라 잠업비, 육축사업비 같은 농가발전을 위해서 방대한 자금을 지출하고 있소. 여러분들이 보다시피 우리가 이렇게 핍박을 받고 가난하게 사는 것은 무엇 때문이요? 다 농촌 부흥이 안된 때문 아니요? 이와 같은 자금 방출은 장차 여러분의 복리를 증진시키는 기초가 되는 것이요. 그걸 지금 다같이 노나달래면 어떻게 되겠소? 우선 곤란하더라도 참고 정부 방안에 협력해야 하오." 「가난한 형제」, 214쪽

국가경제가 어려운 이유는 모두 농촌부흥이 안 되었기 때문이며, 이에 대해 국가는 최선의 정책을 펼치고 있으니, "우선 곤란하더라도 참고 정부 방안에 협력"(「가난한 형제」, 214쪽)하라는 면소 직원의 말은 다른 산업의 발전을 위해 농촌을 희생하라는 것과 같다. 그리고 영농자금은 농사짓는 사람에게만 대부해 주는 것이므로, 아무리 굶어 죽게 되었더라도 땅이 없어서 농사를 못 짓는 사람에게는 빌려줄 수 없다는 것이다. 정부가 농민과 농촌을 위해 그럴듯한 정책을 내놓지만 이것이 최하층의 사회적 약자들에게는 정작 실질적인 도움이 안 되며, 오히려 가진 자들의 주머니만 더 두둑하게 하는 생색내기용 선전에 불과한 것임을 보여 주는 장면이다.

농사를 짓지 않는다는 이유로, 더 정확히는 농사지을 땅조차 없다는 이유로 영농자금이나 절량농가 대여곡 등의 혜택을 하나도 못 받게 된 인수는 살구나무집 네 식구가 낫으로 목을 끊고 자살한 것을 보고 최후의 선택을 결심한다. 자살한 이들과 조금도 다를 것 없는 상황에까지 처한 인수에게 두려울 것은 없었다. 그런 그가 선택한 마지막 생존방법은 도둑질이었다. 그러나 도둑질을 하던 중 인수는 부상을 입고 죽게 된다. 형의 죽음 앞에서 동생이 하는 마지막 말은 "밥 한 그릇 안 잡수고 죽으실라우"(「가난한 형제」, 233쪽)였고, 그 순간 밖에서

들리는 상엿소리 또한 “불쌍하네 가련하네, 밥 한 그릇 못 먹고 너와 널”(「가난한 형제」, 233쪽)이었다. 이 상엿소리는 이내 “극빈자에게 구호미를 달라, 노동자에게 일을 달라”(「가난한 형제」, 234쪽)는 절규로 바뀌는데, 이 소리는 상여 앞에 명정(銘旌)과 나란히 내걸린 플래카드와 함께 농촌과 농민들이 처한 상황을 극대화시킨다. 가난으로 인해 죽을 수밖에 없었던 이들의 장례식에서 노동권이나 식량 같은 최소한의 삶의 조건들을 요구하는 목소리가 터져 나오는 이 상황은 당시 농촌과 농민들의 절박함을 더욱 선명하게 부각시킨다.

1960년대 농촌과 농민의 문제는 도시라는 대립항을 전제로 논의되는 것이 일반적이지만, 이 문제를 이렇게 단순하게 접근해서는 안 된다. 「가난한 형제」에서도 살펴보았듯이, 농촌사회 내에서도 계급이 나뉘고 이들 간의 갈등이 발생하기 때문이다. 「가난한 형제」의 인수 입장에서는 그나마 위자료나 동정금이라도 받을 수 있는 땅을 가진 「평지」의 허생원이 부러울 것이다. 인수와 같은 무일푼의 농민들이 할 수 있는 선택이라고는 산으로 들어가 화전민이 되거나, 도시로 옮겨 가 도시빈민이라는 새로운 하위계급이 되는 것밖에 없다는 사실은 이 문제가 '농촌 대 도시'라는 공간적 대립뿐 아니라 계급적 문제와도 관련된 것임을 의미한다.

근대화와 산업화로 인해 농촌은 쇠락해 가는 반면 도시는 과열되고 팽창되어 갔다. 과열과 팽창으로 인한 문제는 쇠락으로 인한 문제 못지않게 심각하다. 저곡가정책과 농업에 대한 저투자로 오랫동안 삶의 근거지였던 농촌이 더 이상 농민들의 삶을 보장해 주지 못하게 되는 한편 공업화정책으로 도시에서는 노동력의 수요가 급증하자 많은 농민들은 무작정 도시로의 이주를 감행한다. 그러나 이들 중 극히 일부만이 도시에서 제대로 된 일자리를 가질 수 있었고, 대부분은 일용직 노동자로 살거나 실업상태를 면하기 어려운 처지였다. 결국 농촌에서의 가난한 삶은 도시로 옮겨와 도시빈민이라는 새로운 이름으로 바뀌면서 더욱 처참해질 뿐이었다.

갑작스러운 도시의 인구 집중이 가져온 가장 큰 문제는 주택문제였다. 서울이라는 특정 지역을 중심으로 도시화가 진행된 탓에 서울의 주택난은 특히 더 심각한 상태였다. 농촌에서 무작정 상경한 사람들 대부분은 서울 변두리에 판자촌을 형성하고 집단으로 거주했다. 이 판자촌의 주거환경이 열악했음은 물론이고, 이마저도 무허가 주택이라는 이유로 철거의 위협에 시달려야만 했다. 하근찬의 「삼각의 집」은 눈에 보이지도 않는 하나님 때문에 살고 있던 집에서 쫓겨나는 상황을 그리고 있다. '나'는 아내의 사촌오빠가 새로 집을 지었다는 얘기를 듣고 가족들과 함께 방문한다. 수돗물이 없어 물지게를 지고 산비탈을 오르내려야 하고, 냄새가 나는 좁은 길로 이어진 곳에 위치한 그 집은 "집이라기보다도 조그마한 움막"(「삼각의 집」, 146쪽)에 가까웠다. 그 집을 보는 순간 아들 영일이와 '나'는 며칠 전 사진집에서 본 미국 사진을 떠올린다. 삐쭉하게 삼각형의 모양을 하고 있다는 점에서는 두 집이 흡사했다.

> 개집이었다. 현관 옆에 있는 개집을 정면으로 크게 찍은 것이었다. 큼직한 삼각형의 집이었다. 정확하게 말하면 오각형을 이루고 있었으나, 지붕이 삐쭉하게 위로 솟아 있기 때문에 얼른 보기에 삼각형이었다. 곁에 조그만 크리스마스트리가 세워져 있고, 지붕에는 십자가가 꽂혀 있었다. 그리고 은종이 금종이로 여러 가지 장식이 되어 있는데, 그 장식들이 현관으로부터 흘러나오는 불빛을 받아 반짝반짝 빛나고 있었다. 그렇게 잘 장식된 집 속에 늙

은 개가 한 마리 떡 엎드려서 밖으로 주둥이를 쑥 내밀고 졸고 있는 것이었다. 「삼각의 집」, 139쪽

삼각형인 것이었다. 물론 이 집도 정확하게 말하면 사진에 있는 그 개집처럼 오각형이었다. 지면에서 약 세 뼘가량 흙으로 벽을 쌓아서 그 위에 삐쭉하게 지붕을 얹었으니 말이다. 그러나 얼른 보면 이것도 역시 그 개집처럼 삼각형으로 보였다. 그리고 재미있는 것은 지붕이었다. 천막조각과 시꺼먼 유지(油紙)조각으로 이어 맞추다가 모자라서 그랬는지, 혹은 빗물이 새서 그랬는지, 군데군데 레이션박스조각으로 땜질을 해놓았다. 꼭 시골 가난한 아낙네의 치마를 연상케 했다. 검정 바탕에 흰 헝겊조각으로 덕지덕지 기워놓은 그런 치마 말이다. 그리고 레이션박스조각에는 아직도 글자들이 그대로 선명하게 남아 있었다. 「삼각의 집」, 147쪽

그러나 종두(아내의 사촌오빠)가 지은 집은 사실 미국의 개집보다도 못한 집이었다. 은종이, 금종이가 미국의 개집을 장식하고 있다면, 종두의 집을 장식하고 있는 것은 레이션박스조각이었다. 개집과의 비교는 인간으로서의 최소한의 권리마저 보장받지 못하는 종두네의 상황을 단적으로 보여 준다. 그러나 개집보다 못한 이런 집마저도 종두와 같은 도시빈민들에게는 허락되지 않는다. 사진 콘테스트에 출품하기 위해 한국적이고 멋있는 소재를 찾던 P군에게 종두네 집을 소개하러 간 '나'는 종두의 집이 철거되는 것을 목격한다. 그리고 며칠 뒤, 철거 이유를 신문에서 우연히 접하게 된다.

그러다가 뒷면 상단에 크게 자리 잡고 있는 교회 사진에 눈이 멎었다. 사진이 아니라, 새로 건립할 교회의 입체투시도였다. 그것을 보는 순간 어찌된 까닭인지 나는 뜯겨버린 종두네 그 삼각형의 집이 머리에 떠올랐다. 교회의 지붕이 뾰족하게 위로 솟구쳐 있기 때문에 얼른 보면 삼각형의 집처럼 보이

기 때문인지도 몰랐다. 그리고 그 사진 곁에 있는 제목을 보자, 어떤 예측이 번쩍 머리를 스쳤다. '가난한 자에게 하나님의 은혜를' 하고 큰 고딕 활자로 박아놓고, 그 곁에 부제(副題)로 '미아리에 새 교회 건립 확실시'라고 해놓은 것이다. 나는 얼른 그 기사를 읽어보았다. 예측이 딱 들어맞았다. 무허가 판잣집을 철거해낸 대지 천오백 평을 불하받기로 거의 확정이 되었다는 것이다. 거기에 새 교회를 세워서 변두리의 가난한 사람들에게 하나님의 은혜를 골고루 베풀어나갈 것이라고 했다. 「삼각의 집」, 162~163쪽

종두의 집이 있던 자리에 새로 들어서는 교회 역시 뾰족한 지붕을 가진 '삼각형의 집'이다. 똑같은 삼각형 모양이지만 교회는 들어설 수 있고 무허가 판잣집은 존재해서는 안 되는 것이다. "가난한 사람들에게 하나님의 은혜를"(「삼각의 집」, 163쪽) 베푸는 교회를 짓기 위해 정작 가난한 사람들이 쫓겨나야만 하는 아이러니한 상황이 벌어진 셈이다.

이렇게 쫓겨난 이들을 위해 정부가 내놓은 방안은 서울 외곽으로 빈민들을 이전시키는 것이었다. 청계천 일대의 판자촌이 도시재개발을 명분으로 대거 철거되면서 그곳의 주민들은 아예 서울이 아닌 경기도 일대로 밀려나게 된다. 박태순의 소설 「정든 땅 언덕 위」와 「한오백년」의 배경이 되는 외촌동은 도시빈민들을 위해 서울 외곽에 형성된 집단주거지의 전형이다.

외촌동(外村洞)은 지난 봄철에 급작스럽게 생긴 동네였다. 서울시 도시계획에 따라서 무허가 집들을 철거한 시 당국은, 판자촌에서 살던 사람들을 위하여 새로이 동네를 만들어 증정했던 것이다. 시 당국은 '재건 토목주식회사'에 청부를 맡겨서 날림으로 공영주택을 지었다. 적당히 블록으로 칸을 막아가면서 닭장 짓듯이 잇달아 지은, 겉으로 보자면 길다란 엉터리 강당과 같은 모습이었다. 「정든 땅 언덕 위」, 11쪽

외촌동에서 새롭게 얻게 된 집은 무허가 판잣집보다 나을 것이 없다. 날림으로 지은 공영주택은 마치 닭장 같기도 하고, 칸칸이 나눠진 채 일련번호가 매겨져 있어 감옥을 연상케도 한다. 서울의 발전을 위해 희생된 외촌동 사람들은 본국을 위해 희생되는 "식민지 백성"(「한 오백년」, 94쪽)의 처지와 다를 바 없다. 이곳에서의 생활 또한 판자촌에서의 생활과 다르지 않다. 도시빈민들은 주거권뿐 아니라 노동권조차 제대로 보장받지 못한다. 외촌동 사람들은 사기나 고리대금업처럼 다른 사람의 돈을 불법적으로 갈취하는가 하면, 몸을 팔거나 부자에게 기생해 돈을 벌 수밖에 없는 형편이다. 모두 정상적인 노동의 형태는 아니다. "모든 사람의 형편이 단돈 10원이 아쉬운"(「정든 땅 언덕 위」, 18쪽) 실정인 외촌동에는 어울리지 않게도 돈이 아주 많은 변 노인의 직업은 고리대금업이다. 「한 오백년」의 뽀빠이는 아직 불하가 되지 않은 시유지 임야에 무허가 판잣집을 지어서 파는 일을 하는데 이는 "악질적인 깡패들이나 하는"(「한 오백년」, 114쪽) 엄연한 불법이다. 하지만 이들은 모두 자신들의 일에 조금의 양심의 가책도 느끼지 않는다. 이런 몇몇을 제외한 대부분의 외촌동 사람들은 자신의 유일한 소유물인 몸을 생계 수단으로 삼거나 부자에게 비굴하게 기생해 돈을 버는 수밖에 없다.

그러나 이조차도 할 수 없는, 즉 돈을 벌 능력이 없는 사람은 외촌동에서 불필요한 존재일 뿐이다. 나종애는 작부 노릇을 하자는 제안을 거절했다는 이유로 가족들에게 구박덩어리 취급을 받는다. 변 노인으로부터 유럽에 광부로 가 있는 자신의 아들과 서류상으로만 혼인을 했다고 꾸며 주면 가족수당을 받아서 나눠 주겠다는 제안을 받지만 나종애는 이 또한 거절한다. 비록 서류상의 결혼이라고는 하나 사랑하는 사람이 있는 나종애로서는 양심이 허락하지 않는 일이기 때문이다. 물론 변 노인의 제안을 거절했을 때도 가족들의 비난을 들어야 했다. 그러나 몸을 팔고 양심을 파는 일을 딸과 동생에게까지 거리낌 없이 권하는 외촌동 사람들을 비난하고 질책할 수만은 없다. 이런 현상은 개인의 양심이나 도덕성마저 위협하는 생계의 절박함에서 비롯된 것이기 때문이다.

김정한의 「굴살이」에는 아예 인간이 거주할 수 없는 산 속 토굴에서 마치 동물처럼 생활하는 여인(밤순이)이 나온다. 밤순이는 1960년대 가난한 사람들이 거쳤던 삶의 경로를 그대로 거친 인물이다. 시골 가난한 농부의 둘째 딸로 태어난 밤순이는 "도회지에 가면 하불실 밥은 굶지 않는다는 말이 솔곳해서 열다섯 살 되던 해, 한창 어려운 보릿고개를 못 넘겨서 같은 마을 동무애 몇과 함께"(「굴살이」, 231쪽) 도시로 나온다. 도시에 와서는 여느 시골 여자애들처럼 식모살이부터 시작하지만 "주인아저씨가 자꾸만 이상스런 짓을 하려는 것이 싫어서 직물 공장으로 일자리를 옮"(「굴살이」, 232쪽)긴다. 이후 결혼을 하지만 취직자리를 찾아다니던 남편이 교통사고로 죽고, 남편의 연금과 위자료는 모두 사기당하고 만다. 설상가상으로 고속도로가 나는 바람에 세 들어 있던 집마저 헐리면서 결국 어쩔 도리 없이 공원지대의 굴을 찾아든 것이다. 그러나 고속도로 건설 때문에 그 굴에서마저 쫓겨나고 두 번째로 찾아든 굴 역시 동물원이 들어선다는 이유로 철거명령이 내려진 상태다.

> "이사가 멉니꺼, 쬐끼(쫓겨)나왔지요. 두 분(두 번)째 철거명령을 받은 심(셈)이지요."
>
> 술기가 돈 탓인지 밤순이는 오히려 시쁜 듯이 비죽거려가며 털어 놓았다.

"두 번째의 철거명령이라고요? 한 번은 고속도로 때문일 테지만 다음 것은?"

굴에까지 무슨 철거명령이 있을까보냐 싶었던 것이다.

"동물원 바람이지요."

"동물원 바람이라니?"

나는 그녀가 그렇게 시뻐하고 비웃는 까닭이 무엇일까 다구쳐 물었다.

"와(왜) 저어쪽 들오는 머리에 꼬꾸랑글자로 머라꼬 써붙이(써붙여)놓고, 밖에서도 환히 비이게(보이게)시리 공작인가 먼가 하는 이상한 새 두어 마리 하고 엄청난 다람쥐새끼 몇 마리 가다(가둬) 놓고 키우는 데 안있던기요? 시민을 위해서(지금 와서 보면 멀쩡한 거짓말 같지만) 거기 동물원을 세우겠다는 양반이 그곳 산을 수만 평이나 불하를 받았다면서, 그 너른(넓은) 산에 말밤쇠(마름쇠)를 흥감시리(호들갑스럽게) 치더니 그만 밖으로 나가라 안카능기요." 「굴살이」, 239쪽

「삼각의 집」에서는 그나마 하나님 때문에 쫓겨났지만, 「굴살이」의 주인공 밤순이는 동물 때문에 쫓겨난 셈이다. "동물원이 된다는 터에서 쫓겨나는 인간이 필연 거기에 살게 될 동물들보다도 더 처참한 모습"(「굴살이」, 241쪽)으로 사는 극한의 상황에까지 이른 것이다. 속옷도 제대로 입지 않은 채 개처럼 기어서 굴속으로 들어가는 밤순이는 분명 인간이기보다는 짐승에 가까운 모습이다. 「삼각의 집」이나 「굴살이」에는 공통적으로 인간과 동물을 비교하는 장면이 나온다. 「삼각의 집」의 종두네는 미국의 개집보다 못한 꼴이고, 「굴살이」의 밤순이는 동물원이 들어선다는 이유로 쫓겨났을 뿐 아니라, 그 자신도 동물과 같은 삶을 산다. 이 같은 인간과 동물의 비교는 인간에게 부여된 고유한 권리인 인권이 보장되지 않는 상황의 비극성을 극대화하는 상징적 설정으로 볼 수 있다.

그러나 이 두 편의 소설에서 주거권 문제에 대한 작가의 비판적 목

소리는 살 곳을 잃은 인물들이 아니라, 이들을 관찰하는 인물의 의식 변화가 이루어지는 부분에서 보다 선명하게 드러난다. 「삼각의 집」의 서술자인 '나'는 처음에는 종두네 집에 대해 시큰둥한 반응을 보인다. 그러나 자신의 눈앞에서 종두네 집이 강제철거되는 모습을 보자 갑자기 콧잔등이 시큰해지면서 속이 와들와들 떨리고 딸꾹질까지 하기 시작한다. 이런 반응에는 물론 분노와 연민의 감정도 포함되었겠지만, 결정적으로는 그동안 자신이 몰랐던 사실을 처음 자각했을 때의 충격에서 비롯된 반응으로 해석할 수 있다. 「굴살이」의 '나' 또한 처음에는 사회학 교수라는 직업적 관심과 단순한 호기심으로 밤순이에게 접근하였지만, 굴로 쫓겨날 수밖에 없었던 이유를 듣게 된 후에는 모순과 문제로 가득한 "환경 속에 얌전하게 서 있는 자신이"(「굴살이」, 241쪽) 역겹게 느껴진다. 이러한 태도 변화는 인간다운 삶을 위한 최소한의 조건인 주거공간조차 보장되지 않는 문제적 현실을 발견한 데서 비롯된 것이며, 이는 주거문제를 기본적 인권의 차원으로 이해하고 있음을 의미한다.

주거문제만큼이나 인간의 생존에 절대적으로 필요한 조건 중 하나는 아플 때 제대로 치료받을 권리이다. 근대적 의료 시설과 기술이 충분히 발달되어 있음에도 불구하고, 경제적 이유 때문에 치료받을 자격이 제한되는 상황은 당연히 기본권이 보장되지 않는 인권침해 상황에 해당된다. 병에 걸리고도 가난하다는 이유로 제대로 인간대접을 받지 못하는 상황은 김정한의 「축생도」에서 여실히 드러난다. 주인공 바우는 젖앓이를 하는 아내를 달구지에 싣고, 흡사 "무슨 짐짝 같은 느낌이 들어서 서글픈 생각"(「축생도」, 114쪽)을 하면서 병원을 찾지만 가는 곳마다 거절당한다. 그렇게 두세 차례 거절당한 바우가 마지막으로 찾은 곳은 가축병원이었다. "소위 일반 병원과는 달라서, 까다로운 문간도 없고, 그저 허름한 갈대발만이 드리워져 있는"(「축생도」, 115쪽) 가축병원 문을 열고 들어간 바우가 들은 첫마디는 "돼집니까?"(「축생도」, 115쪽)였다. 그리고 "사람이 사람을 위해 사람에게 하는 마지막 하소연"(「축생도」, 116쪽)을 한 끝에 아내는 수의사에게 수술을 받게 된다. 처음부터 달구지에 짐짝처럼 실려 와서 결국 가축병원에서 수의사에게 수술을 받는 아내와, 이를 지켜볼 수밖에 없는 바우에게서 인간으로서의 존엄성은 더 이상 찾을 수 없다.

가난 때문에 제대로 된 치료를 받지 못하는 상황은 김정한의 또 다른 소설 「제3병동」에서도 그려진다. 오롱댁은 묵은 폐결핵과 장질부사, 장천공이 겹친 그야말로 위중한 상태이지만 그녀가 사는 농촌에는 변변한 병원조차 없다. 그래서 찾은 도시의 병원 또한 상황은 마찬가지이다. 도시에서 가난한 사람들의 삶의 터전이 점점 바깥으로 밀려나가듯, 병원에서도 돈 없는 자들은 끊임없이 밀려나고 소외된다. 그녀는 겨우 국립 X대학 부속병원 제3병동에 입원하게 되지만, 결국 죽어서까지 돈이 없다는 이유로 사흘 동안이나 시체 안치소에 놓여 있는 처지가 된다.

「축생도」와 「제3병동」에서 그려지는 문제 상황과 그에 따른 권리에 대한 독자의 자각은 치료받지 못하는 인물이 아닌 주변 인물이 보여주는 정의로운 행동을 확인하는 순간 보다 확실하게 이루어진다. 「축생도」에서 다른 의사들이 모두 짐승 같은 꼴을 하고 있는 바우네를 거들떠보지도 않은 데 비해, 수의사는 바우네와 같은 처지는 아니지만 그들의 딱한 사정을 짐작하고 공감을 느끼며 치료를 돕는다. 이러한 수의사의 행동은 자기보다 못한 처지에 있는 이들을 동정해서 베푸는 시혜적 도움이 아니다. 자신에게 가해질 불이익을 알면서도 그가 바우네를 도와준 것은 아무리 짐승만도 못한 꼴이지만 그들은 결코 짐승이 아니라 자신과 똑같은 인간임을 인식했기 때문이다.

한 사람의 고통에 대해 다른 사람이 보이는 호의는 우월함에서 비롯된 시혜가 아니라 그 고통을 함께 분담하려는 의지로 이해할 수 있다. 수의사가 자신의 행동이 국민의료법 위반에 해당되며, 자칫하면 밥줄이 끊어질 수 있음을 알면서도 그런 것들을 상관하지 않고 수술한 것은 타인의 고통에 공감했기 때문이다. 그래서 그는 "수의사인 주제에 사람 수술을 했다는"(「축생도」, 118쪽) 이유로 병원 간판을 내리게 된 상황에서도 오히려 미안해하는 바우 내외에게 웃어 보일 수 있었다. 이는 시혜적 차원의 도움이나 대가를 바라고 한 행동이 아니었기에 가능한 반응이다. 공감을 느끼는 것은 "타자를 자신의 도덕적 울타리에 속한 존재로 보기 때문"이다.[43] 다른 의사들이 모두 바우 내외를 자신과는 다른 '3등 인간'으로 취급한 데 비해, 수의사는 그들을 자신과 같은 울타리에 속한 인간으로 여긴 것이다. 타자에 대한 이 같은 인식은 「제3병동」의 의사 김종우에게서도 찾아볼 수 있다.

외촌동 사람들처럼 양심을 팔면서까지 돈을 벌거나, 동물에게 쫓겨나 동물보다 못한 삶을 살아야 하는 상황, 심지어 치료마저 제대로 받지 못해 짐승 취급을 받거나 생명을 포기해야 하는 극단적 상황들은 모두 이 시대의 가난한 자들이 공통적으로 겪는 모습이다. 자신의 몸밖에는 내놓을 밑천이 없는 이런 사람들에게 육체와 화폐의 교환은 불가피한 선택일 수밖에 없다. 인간의 육체가 교환가치로 바뀌는 가

43 스탠리 코언, 앞의 책, 257쪽.

장 일반적인 상황은 인간이 자신의 노동력을 상품화하여 계약을 맺고 노동자가 되는 경우다. 하지만 "생존을 위한 직장의 필요는 근로자에게 고용의 조건에 대한 교섭력을 거의 부여하지 않는다. 그리고 일단 고용되면 근로자는 고용자의 통제하에 있게 되었다"[44]는 지적처럼 계약의 두 주체는 대등한 관계를 이룰 수 없는 것이 일반적이다. 그러나 점점 더 열악해지는 노동환경과 부당한 근로조건은 노동자들이 자신들과 자본가 사이의 불평등한 구조에 대해 인식하게 되는 계기가 되고, 노동자들의 이러한 자각은 권리를 요구하는 집단적인 힘의 행사로 이어지게 된다.

황석영의 「야근」에서 그려지는 노동현장과 노동자들의 삶은 불평등한 구조의 전형을 보여 준다. "일당에 쫓기다가 코피를 쏟고 선 채로 졸다 쓰러지는 생활"(「야근」, 273쪽), 출퇴근길에 몸수색을 당하는 생활, 만성 기관지염과 같은 작업병에 걸려 결국 해고를 당하는 생활은 그야말로 "그늘 없는 뙤약볕을 끝없이 걸어가는 듯한 생활"(「야근」, 273쪽)이다. 뿐만 아니라 노동자들은 "애초에 원자재부터 파손될 위험이 있는 물건이 작업과정에서 상한 것"(「야근」, 282쪽)도 모두 자신들이 책임져야 하는 불평등한 고용조건 속에 놓여 있다. 게다가 기본임금이 낮은 상황에서 도급제가 시행되다 보니 한 푼이 아쉬운 노동자들은 쉬는 시간과 휴일까지 포기해야 한다. 물론 표면적으로는 어디까지나 노동자들의 '자발적인' 선택이다. 그러나 해고의 위험과 형편없이 낮은 임금 때문에 근로기준법에 명시된 노동시간 이상의 초과 근무를 할 수

44 매튜 에델, 「자본주의, 축적 그리고 도시현상들의 설명」, 최병두·한지연 공편역, 『자본주의 도시화와 도시계획』, 한울, 1989, 35쪽.

밖에 없는 상황은 분명 모순적 구조에서 비롯된 문제다. "우리두 잠을 자구 쉬어야 다시 일을 하지. 그러니 시간계산을 하구 휴일두 노임을 붙여달란 거지. 기계에두 기름을 쳐주는데 말이야"(『야근』, 282쪽)라는 노동자의 한탄 속에서 인간으로서의 삶은 찾아볼 수 없다. 열악한 작업환경보다 더 큰 문제는 이 같은 문제 상황에 맞서 정당한 권리를 요구하는 목소리를 낼 노조가 없다는 사실이다. 물론 노조는 있다. 그러나 그 "노조는 언제나 말끔한 사무실 저 높다란 곳에 있었다."(『야근』, 280쪽) 노조원들은 이미 공장에서 일하는 노동자 신분이 아니며, 노조는 노동자들의 위에서 실력을 행사하는 또 다른 권력집단일 뿐이다.

이런 상황에서 노동자들은 자신들의 가치를 깨닫기 시작한다. "기계는 삼십퍼센트, 노동력은 칠십퍼센트"(『야근』, 281쪽)라는 공장의 슬로건은 노동자들의 "피와 땀이 유일한 자본"(『야근』, 281쪽)임을 나타내는 것이었고, 이는 노동자들이 자신의 가치와 권리에 대해 자각하게 되는 결정적인 계기가 된다. 그리고 그들은 자신들이 가진 '칠십퍼센트'의 힘을 무기로 파업을 감행하기로 한다. 그들은 휴일과 정당한 대가, 법정 노동시간 준수 등의 조건을 제시하며 일제히 기계를 끄고 작업을 중단하기로 약속한다. 파업 참여를 망설이고 주저하던 이들 때문에 파업이 계획대로 이루어지지 않자, 주인공의 '오빠'는 강제로 고압동력선을 내리려다 감전사를 당하고 만다. 노동자들의 파업은 여기서 그치지 않고 '오빠'의 죽음을 계기로 더욱 완강해진다. 처음에는 파업에 참여하기를 망설이던 이들도 '오빠'의 죽음을 자신들의 상황과 동일시하면서 공감대를 형성했기 때문이다.

그들의 제안은, 불량품인 원료가 생산과정을 거쳐서 불합격됐을 때 그 파손품을 공원들이 변상하도록 하지 말 것이었다. 또한 명목상의 도급제를 폐지할 것과, 시간노임제를 실시하고 유급 휴일을 달라는 것이었다. (…) 애초에 원자재부터 파손될 위험이 있는 물건이 작업과정에서 상한 것이 어째서 공원들의 책임인가 하는 게 그들의 최초의 물음이었다. 당연히 원자재를 들여온 쪽일 것이다. 아니면 바다 건너편의 책임이었다. 도급제에 관한 물음도 그랬다. 법정 노동시간은 여덟 시간인데, 근로기준법에 의하면 배가 임금에 의해서 두 시간을 추가할 수 있다는 선까지 나와 있었다. 그런데 기본임금은 싸고, 도급제로 바꿔 놓으니까 실상은 몇푼을 더 벌어보려고 남은 시간은 빼앗기는 셈이었다.

"우리두 잠을 자구 쉬어야 다시 일을 하지. 그러니 시간계산을 하구 휴일두 노임을 붙여달란 거지. 기계에두 기름을 쳐주는데 말이야. 여기, 일요일에 놀아본 사람 있어?"

공급실 사람이 별로 자신없이 말했다.

"하긴, 전반적인 현실일세."

"법에 나와 있는 것두 모르는 녀석이 태반이란 게 그 현실이지."

「야근」, 281~282쪽

이처럼 노동자들이 요구하는 것은 단지 더 많은 임금이 아니라 근로자로서 보장받아야 할 최소한의 자격과 노동환경에 대한 정당한 요구이다. 무엇보다 눈에 띄는 점은 이들이 법을 근거로 자신들의 권리를 주장하고 있다는 것이다. 자신들의 권리가 법적으로 보장되어 있는 것을 모르는 사람이 여전히 대다수라는 자조적인 발언도 있지만, 그럼에도 불구하고 몇몇 이들은 자신들의 요구가 법에 이미 명시된 것임을 분명하게 인지하고 있다. 이들이 회사 측의 타협안이나 근로조건에 의문을 제기하기 시작했다는 것이 바로 그 증거이다. 회사 측의 타협안을 무조건 반기거나 수용하는 것이 아니라, 근원적인 원인부터 따지기 시작한다. 그 결과 자신들이 요구하는 조건들이 상황의 개선을 위한 것이 아니라, 처음부터 당연히 이루어졌어야 할 사안들이 었음을 인식하게 된 것이다. 즉 권리에 대한 자각이 이루어진 것이다.

지금까지 살펴본 텍스트들은 공통적으로 식량·건강·주거·노동의 권리 등 기본적 인권사항을 제대로 보장받지 못한 농민과 도시빈민의 상황을 적나라하게 보여 준다. 노동3권을 비롯한 기본적 인권 보장의 의무가 국가에 있음은 헌법으로 규정된 것이며, 박정희 정권 시기라 하더라도 최소한의 사회보장제도나 근로기준법 등은 충분히 마련되어 있었다. 문제는 이런 법·제도가 제대로 시행되지 않았거나 다른 법·제도에 의해 제한되었다는 데 있다. 이런 상황에서 문학은 현실의 모순을 당연시하지 않고 「야근」의 공원들처럼 끊임없이 물음을 던진다. 그 물음은 그동안 사람들에게 익숙하지 않았던 권리의 개념을 깨닫게 하였고, 이러한 자각은 권리의 실질적 보장에 대한 적극적 요구로 이어졌다.

권리에 대한 자각은 '도시'라는 공간적 특성과 무관하지 않다. 2차 대전 시기부터 1970년대 중반까지 발표된 미국 소설에 나타난 뉴욕의 이미지를 분석한 즐로트닉은 뉴욕을 삭막함·절망·아노미·폭력·쓰레기·부식·가난 등에 오염되고 범죄의 불안으로 가득 찬 부정적 이미지로 규정하였다.[45] 이런 이미지는 비단 뉴욕에만 해당되는 것은 아니다. 가난과 범죄, 오염 등의 부정적 모습은 도시의 보편적 이미지라 할 수 있다. 도시의 이런 모습들은 자연히 각종 인권침해 상황으로 이어진다. 상대적으로 이런 이미지들과는 거리가 먼 농촌과 비교한다면

45 Joan Zlotnick, *Portrait of an American City: The Novelist's New York*, N.Y.: Port Washington, 1982, pp. 165~221, p. 216; 이재선, 『현대 한국소설사』, 민음사, 1991, 249쪽 재인용.

도시라는 공간 자체가 인권논의에서 가지는 의미는 상당하다고 할 수 있다. 특히 한국 사회의 경우 1960년대부터 시작된 근대화와 산업화로 인해 서울이라는 특정 지역을 중심으로 한 도시화가 단기간에 이루어지면서 부작용은 더 많아졌으며, 서울은 결국 각종 인권문제가 집약된 상징적 공간이 되었다. 도시가 팽창하고 거대해질수록 도시가 지닌 인권침해적 요소는 더욱 확대되고 심각해진다. 이렇듯 소설에서 도시는 단순히 이야기의 공간적 배경이 아니라, 도시의 속성과 상징적 이미지에서 비롯되는 인권문제를 발견하고 고민해 볼 수 있는 최적의 소재라 할 수 있다.

다성적 서술을 통한 연대의식 형성

위에서 살펴본 인권문제는 개인적 차원의 문제가 아니라 도시빈민이나 농민들처럼 특정 계급의 사람들이 공통적으로 겪는 집단적 차원의 문제다. 또한 사건이 모두 사회구조나 제도의 모순에서 비롯되며, 이로 인한 갈등의 양상 또한 대부분 외적 갈등의 형태로 드러난다. 이런 특징이 텍스트에서 효과적으로 드러나기 위해서는 특정 인물의 시선으로 서술하는 것보다는 같은 문제에 직면한 여러 인물들의 목소리가 함께 제시되거나, 문제가 비롯되는 상황에 대해 비교적 객관적으로 관찰하고 전달할 수 있는 서술자를 내세우는 방식이 적합하다. 이런 이유에서 위에서 살펴본 소설들은 대체로 모든 등장인물들로부터 일정한 거리를 두고 제3자의 시선에서 객관적으로 서술되는 것이 특징이다.

가난이나 불평등과 같은 주제가 그 문제에 직면해 있는 특정 인물의 시각에서만 이야기될 경우 독자들의 연민이나 동정은 이끌어 낼 수 있을지 몰라도 이들을 문제에 대한 객관적 인식과 비판으로까지 이르게 하지 못한다는 한계를 낳는다. 경제적 불평등을 주제로 삼은 작가들의 의도가 독자의 일시적 연민이나 감상적 반응은 분명 아닐 것이다. 오히려 그런 반응들을 경계하며, 독자 스스로 문제를 객관적으로 인식하고 판단함으로써 근본원인에 접근하고 이를 고민할 수 있도록 이끄는 것이 작가의 책임이자 소설의 역할일 것이다. 사건이 발생하는 상황과 그 사건에 관계된 인물들로부터 거리를 둔 채, 객관적 입장에서 사건과 인물을 보여 주는 형태의 서술방식은 이런 맥락에서 이해할 수 있다.

이러한 서술방식이 비교적 잘 드러나는 소설 다섯 편(황석영의 「객지」, 「돼지꿈」, 「삼포 가는 길」과 김정한의 「모래톱 이야기」, 「제3병동」)을 대상으로, 서술방식의 변화가 어떤 효과를 낳았으며 또한 소설들이 다루고 있는 문제의 특성과는 어떤 상관성이 있는지를 살펴보도록 하겠다. 분석 대상이 되는 텍스트 중 「모래톱 이야기」가 산업화와 근대화에 희생된 농촌을 그린 작품이라면, 그런 농촌에서 내몰린 이들이 찾아든 도시의 빈곤 상황을 그린 작품이 바로 「돼지꿈」이다. 두 작품이 각각 농촌과 도시를 대조적으로 보여 주는 것이라면, 산업화 과정에서 또 하나의 문제적 공간으로 꼽히는 '길' 위의 삶을 보여 주는 대표적 작품은 바로 「삼포 가는 길」이다. 이 소설을 통해서는 도시에서조차 정착하지 못해 떠돌아다닐 수밖에 없는 최하층의 사람들을 볼 수 있다. 그리고 「객지」와 「제3병동」은 각각 노동과 건강 같은 가장 기본적인 삶의 조건들이 충족되지 못하는 상황을 구체적으로 보여 주는 작품이다.

먼저 살펴볼 「돼지꿈」의 인물들은 판자촌이 언제 철거될지 몰라 불안해하며 하루 벌어 하루 먹고사는 전형적인 도시빈민들이다. 소설의 앞부분은 넝마장수 강씨의 살아온 내력과 현재 상황을 중심으로 서술된다. 강씨는 "낡은 코르덴 당꼬바지에 러닝셔츠만 입고 뚫어진 밀짚모자를 눌러쓴"(「돼지꿈」, 226쪽) 행색만큼이나 가난하고 남루한 삶을 사는 전형적인 도시빈민이다. 강씨는 넝마장수를 하기 전에는 역전 수화물부에서 짐꾼 노릇을 했고, 그때 아이 둘을 데리고 떡장수를 하며 살던 지금의 아내를 만나게 되었다. 그동안 가난 때문에 온 가족이 흩어져야 할 위기도 몇 차례나 넘기며 살아왔다. 강씨의 자식들 역시 부모와 다를 바 없는 형편들이다. 가출했던 딸 미순이는 미혼모가 된 채 다시 집으로 돌아왔고, 아들 근호는 공장에서 일하다 손가락이 잘리는 부상을 입는다. 손가락 세 개가 잘리는 부상의 결과는 "한개에 만원씩, 삼만원"(「돼지꿈」, 261쪽)이었다. 근호는 손가락과 맞바꾼 삼만 원을 동생 미순의 혼인자금으로 내놓는다.

"이게…… 웬 돈이 이렇게 많니?"
"삼만원이에요."
"삼…… 삼만, 어서 났어?"
"손 다쳤다구 회사에서 줬어요."
"아이구, 고마워라. 이런 때 돈 삼만원! 그러게 도무지 근심이 안되더라니까. 어쩐지 모두 잘 풀려나갈 것 같더라니. 잘됐다, 잘됐어."
"쑤셔서 환장하겠네. 술이 모자란가……"
근호는 부어오르기 시작한 손목께를 주물렀고, 강씨댁은 돈을 코앞에다 바싹 갖다대고 한장 두장 세어넘기고 있었다. 「돼지꿈」, 265쪽

당장에 혼사치를 돈이 없어 걱정하던 강씨댁에게 근호가 건넨 삼만 원은 아들의 잘린 손가락에 대한 걱정조차 잊게 한다. 물론 돈이 생긴 것에 대한 단순한 반가움이었겠지만, 아들의 잘린 손가락 앞에서 연신 잘됐다고 외치는 강씨댁의 모습은 웃음을 넘어 비극적 효과를 자아낸다. 그러나 이어지는 장면은 이런 비극적 효과를 더욱 분명하게 해준다. 강씨댁은 막막하던 상황에서 순간적으로 돈이 생긴 것이 반가웠지만, 그녀 역시 아들의 부상이 안타까웠으며, 아들에 대한 걱정보다 돈에 대한 반가움이 앞설 수밖에 없는 자신의 처지 또한 안타까울 따름이다.

강씨네 사람들을 중심으로 이루어지던 서술은 포장마차를 하는 덕배와 그곳에 손님으로 온 여공들로 이어진다. 포장마차를 해서 근근이 살아가는 덕배는 얼마 안 되는 벌이마저도 단속 나온 경관에게 뜯기는 신세다. 덕배네 포장마차에 모여든 손님들의 처지 또한 강씨네 가족이나 덕배의 삶과 다를 바 없다. 여공들이 나누는 대화의 내용이라고는 생활비를 벌기 위해 여관에 출장을 나가거나 일본인과 살림을 차린 동료 여공 이야기가 전부다. 외상값을 받으러 뒤쫓아 온 덕배에게 여공들이 돈 대신 줄 수 있는 것도 결국 자신들의 육체뿐이다.

이렇듯 판자촌을 둘러싼 빈곤의 실상들은 근호가 넋두리하듯 부르는 타령의 노랫말을 통해 다시 한 번 드러난다.

> 깔깔대는 여자들 틈에 시큰둥해서 앉아 있던 근호가 갑자기 요란하게 노래를 시작했다.
>
> "얼씨구 씨구 들어간다. 절씨구 씨구씨구 들어간다. 서울 못 보고 죽은 귀신 어디에다 묻어줄까. 서울 못 보고 죽은 귀신 역전 앞에다 묻어주지. 공돌이 각설이 들어간다."

여공들이 귀를 막았지만, 근호는 붕대 감은 손을 휘저으며 진짜 알깡패처럼 악을 썼다.

"공부 못 하고 죽은 귀신 대학교 앞에다 묻어주고, 돈 못 쓰고 죽은 귀신 명동 입구에다 묻어주고, 춤 못 추고 죽은 귀신 호텔 앞에다 묻어주고, 책 못 보고 죽은 귀신 만화방 앞에다 묻어주고, 등산 못 가 죽은 귀산 야호 앞에다 묻어주고, 장가 못 가고 죽은 귀신 종삼에다 묻어주고, 술 못 먹고 죽은 귀신 무교동에 묻어주고, 휴일 없이 죽은 귀신 예배당 앞에 묻어주고, 자가용 못 타고 죽은 귀신 양옥집 앞에다 묻어주고, 쪼꼬레또 못 먹고 죽은 귀신 월남에다 묻어주고, 밥 못 먹고 죽은 귀신 밥솥에다 묻어라. 공돌이 각설이 들어간다. 어, 시끄럽다 각설아, 한푼 줍게 꺼져라!" 「돼지꿈」, 253~254쪽

빈민들의 참담한 삶을 근호의 노랫가락 속에 실어 전하는 것처럼, 서술자는 빈민들의 모습을 서술하면서 연민이나 동정 같은 감정은 배제한 채 객관적인 태도로 일관한다. 어둡고 비극적인 내용도 인물들의 대화를 통해 자연스럽게 노출시키는 방식으로 전할 뿐이다. 이렇게 도시빈민들의 어려운 처지를 객관적인 위치에서 건조한 목소리로 이야기하는 서술 태도는 도시빈민들이 겪고 있는 문제를 시혜적이고 감상적인 차원에서 접근하지 않으려는 작가의 의도로 해석할 수 있다.

오히려 인물들의 생각과 행동은 비극적 상황과는 대조적일 만큼 낙천적이고 긍정적이다. 삶의 터전을 잃을지 모르는 비관적이고 암울한 상황에서도 인물들의 반응은 그다지 비관적이거나 부정적이지 않다. 이들은 비록 언제 철거될지 모르는 판잣집일지언정 '궁궐 같은 집'이라 여긴다. 게다가 집이 뜯기면 오만원이라는 거금이 생겨서 좋고, 집이 뜯기지 않으면 그대로 '궁궐 같은 집'을 지킬 수 있어서 좋다는 이들의 대화에서 느껴지듯, 「돼지꿈」의 인물들은 모두 문제적 상황 앞에

서도 낙천적이고 긍정적인 반응을 보인다. 딸이 미혼모의 신세로 찾아와도, 당장 혼인할 돈이 없어도 어떻게든 될 것이라고 믿는 강씨댁이나, 손가락이 세 개씩이나 잘린 상황에서도 보상금에 치료비와 임금까지 받게 된 것에 만족하는 근호, 우연히 생긴 개 한 마리 덕분에 즐거워하는 마을 사람들 모두 그러하다. 빈민촌 사람들의 낙천적 태도가 단적으로 드러나는 부분은 강씨가 얻어온 개 한 마리로 우연히 마을 잔치가 벌어지는 장면이다.

> 하천 건너편 빈터에서 모닥불이 타고 있었다. 마을 사람들이 사과 상자를 패어 살려놓은 불이었다. 이미 캄캄해진 공장부지의 들판 가운데서 불길이 기세 좋게 타올랐다. 쓰레깃더미와 이곳저곳에 어른 키만큼 자란 잡초가 불빛에 드러났고, 불 주위에 모인 마을 남자들의 법석대는 소리와 낄낄거리는 웃음, 콧노래들이 들려왔다. 연기가 그치고 고운 화염이 솟아오르자 그들은 개를 불 위에 얹고 그슬리기 시작했다. 불이 있고, 술과 고기가 있으니, 그 주변은 자연히 싱싱한 활기가 돌게 마련이었다. 모여선 어른들은 서리를 끝내고 돌아온 짓궂은 시골 소년들처럼 킬킬대며 농지거리들을 주고받았다. 아낙네들도 이런 저녁마다 시큰둥해서 풀이 죽어 있던 동네 남자들 사이에 쾌활한 모임이 벌어지고 있는 광경을 대견스레 구경했다. 여자들은 하천 건너편에 남아 있었지만 극성스런 아이놈들이 벌써부터 건너와 어른들 뒷전에 살살거리며 모여 있었다. 개털이 타는 노린내가 불가에 가득 찼고, 붉은 불빛이 그들의 벗은 몸과 얼굴에서 일렁였다. 「돼지꿈」, 241~242쪽

술과 고기가 있고, 춤추고 노래할 수 있는 하룻밤 잔치판에서 마을 사람들은 어른 아이 할 것 없이 일상의 속박과 어려움을 잠시나마 잊고 즐거움을 느낀다. 물론 이러한 즐거움은 일시적인 것일 뿐, 이들이 처한 문제를 근본적으로 해결하는 역할을 하지는 못한다. 이 하룻밤

의 잔치가 끝나면 이들은 다시 철거 위협에 처한 판잣집으로 돌아가야 하며, 여전히 생계를 걱정해야 한다. 그러나 이런 사실을 알면서도 누구 하나 내일의 문제를 미리 걱정하거나 슬퍼하지 않는다. 오히려 인물들은 평소에는 볼 수 없던 활기를 띠며 웃고, 농담을 주고받는다. 밝고 긍정적인 사람들의 모습은 '낄낄', '킬킬'과 같은 웃음소리와 붉은 불빛의 따뜻하고 포근한 이미지를 통해 더욱 극대화된다. 작가가 유난히 밝고 감각적인 이미지를 많이 활용해 이 장면을 공들여 서술한 까닭은 이 장면이 가지는 상징적 의미 때문이다. 마을 공터에서 벌어지는 하룻밤의 잔치판은 인물들이 서로 이해하고 공감하며, 공동체의식과 미래에 대한 희망을 확인하는 자리가 된다.

타인에 대한 이해와 공감, 연대의식의 형성을 형상화하고 있는 「돼지꿈」의 이 장면은 도시빈민들의 생존 불안과 경제적 불평등 문제를 해결하고 보다 나은 세계로 나아갈 수 있는 원동력이 무엇인지 알려준다. 농촌의 붕괴와 도시빈민들의 빈곤한 삶, 노동자들의 열악한 처지는 개인적 차원의 문제가 아니라 사회 구조적 모순에서 비롯된 문제이다. 이 같은 구조적 모순을 해결하기 위해서는 한 명의 영웅이 아니라 다수의 연대와 결속이 필요하다. 농촌 사회와 같은 전통적 형태의 공동체를 이룰 수 없는 도시의 개인들을 하나로 모을 수 있는 가장 효과적인 방법은 개인들이 자발적으로 공감대를 형성하게끔 하는 것이다. 그러나 서로에 대한 공감과 연대의식 형성은 새로운 세계를 구현하는 과정에서 필요한 요소일 뿐, 그 자체가 가능세계는 아니다. 이것이 바로 이상적 세계를 모색하는 문학적 방법의 특징이다. 작가는 현실의 모순과 한계가 모두 해결된 유토피아를 직접적으로 제시하지 않는 대신, 이 문제를 겪고 있는 이들 스스로 문제를 해결해 갈 수 있는 가능성을 보여 준다. 그 가능성이 바로 공감과 연대의 힘이다. 그러나 작가는 이 또한 직접적으로 언급하지 않는다. 여러 인물들의 다양한 삶을 보여 주고 이들의 이야기가 한 자리에서 연결되고 공존하게 함으로써, 인물들이 서로에게 공감하고 연대의식을 형성해 가는 자연스러운 과정을 보여 줄 뿐이다.

「돼지꿈」이 판자촌의 도시빈민들을 대상으로 했다면 「삼포 가는 길」은 농촌과 도시 어느 곳에도 정착하지 못하고 떠도는 삶을 사는 이들을 그린 작품이다. 소설의 배경이 특정 공간이 아니라 '길'이라는 특성상, 특별한 상황에서 벌어지는 사건이 아닌 길 위에서 만난 세 인물들의 이야기가 소설의 주된 내용을 이룬다. 세 사람의 각기 다른 삶의 내력과 사연이 '길'이라는 공간에서 교차되는 것이다. 떠돌이 노동자 영달은 넉 달 동안 머문 공사판의 일이 겨울이 되어 연기되면서 일자리도 잃은 터에, 밥집 여자와 내통하던 현장이 발각되어 달아나는 신세가 된 인물이다. 그는 우연히 만난 정씨와 동행하면서 한때 사랑하던 여자가 있었지만 경제적 어려움 때문에 헤어질 수밖에 없었던 사연까지 다 털어놓는다. 정씨 역시 떠돌이생활을 하는 처지로 한때 감옥에 다녀오기도 했으며 지금은 고향 삼포를 찾아가는 중이라며 자신을 소개한다. 마지막으로 이들과 동행하게 된 백화도 열여덟에 가출해 5년 남짓한 시간 동안 관록이 붙은 갈보로 살아왔던 이야기부터 진심으로 순정을 바쳐 사랑했던 이야기까지 스스럼없이 다 털어놓는다.

소설은 각기 다른 삶을 살아온 이들의 이야기를 단순히 보여 주기만 하는 것이 아니라, 상대의 사연을 듣는 과정에서 인물들이 서로 이해하고 공감하며 관계가 변화하는 양상에 주목한다. 영달은 간통 상황이 발각돼 달아나는 처지라 먼저 아는 척하며 말을 건네는 정씨를 처음에는 경계하며 퉁명스럽게 대한다. 그러나 이러한 태도는 정씨와 대화를 나누면서 조금씩 바뀐다. 경계심이 조금씩 호감으로 바뀌고, 그와 말동무가 되었으면 하는 심정으로까지 발전한다. 이러한 심리 변화를 보이는 것은 영달만이 아니다. 영달을 대하는 정씨의 태도 또한 확연한 변화를 보인다. 타관 사람이라는 이유로 영달이 자신의 고향 삼포에 정착하려는 것을 꺼리고 경계하던 정씨는 헤어질 무렵에는 자신의 고향인 삼포에 같이 갈 것을 제안한다. 정씨의 이러한 태도 변화 못지않게 서로에 대해 공감과 친밀감이 형성되었음을 보여 주는 결정적인 대목은 백화가 자신의 본명을 가르쳐주는 부분이다. 백화 역시 처음에는 "나 이름이 백화지만, 가명이에요. 본명은…… 아무에게도 가르쳐주지 않아."(「삼포 가는 길」, 216쪽)라고 단호하게 말했지만, 정씨와 영달의 인간적인 호의를 보면서 차츰 이들에게 호감을 느끼게 되고 결국 자신의 본명을 알려 주기에 이른다. 영달 역시 처음에는 백화를 도망친 술집 작부 정도로만 여겼지만, 백화의 사연을 듣고 나서부터는 점차 그녀에게 연민과 호감을 느낀다. 백화의 사연을 들은 영달은 가난 때문에 헤어져야 했던 옥자를 떠올리고, 이를 계기로 영달과 백화 사이의 거리감은 조금씩 줄어들게 된다. 백화 역시 자기 몫의 음식을 영달에게 나눠주면서 자기 고향으로 함께 가자고 제안하기도 한다.

이들이 서로에게 호감을 보이며 친밀한 관계로 발전할 수 있었던 것은 서로의 처지를 이해하고 공감했기 때문이다. 인물들이 서로에 대해 공감하고 유대감을 형성해 가는 과정은 다성적 서술방식을 통해 더욱 선명하게 그려진다. 다성적 서술은 여러 인물들이 서로에 대해 느끼는 감정의 변화와 인물들 간의 관계 변화를 보여 주기에 유용한 서술방식이다. 특정 인물만의 감정이나 의식 변화가 아닌, 인물들이 서로에게 공감하는 과정을 모든 인물들의 시선으로 보여 줌으로써 공감의 상태를 완전하게 재현한다. 공감은 일방적이고 시혜적인 감정인 연민이나 동정과 달리 상대를 자신과 동등한 위치로 인식하는 것을 전제로 하는 감정이다. 그런 의미에서 이야기를 지각하고 전하는 역할을 한 명이 아닌 여러 인물로 설정하는 다성적 서술방식은 그 자체에 이미 평등을 전제로 한 공감과 연대의 가치를 내포하고 있다고 볼 수 있다.

한편 「삼포 가는 길」을 읽는 독자는 처음에는 '길'이라는 공간의 특성상 인물들의 공감과 연대가 오래 지속되지 못할 것이라는 한계를 예상한다. 일반적으로 '길'은 공간으로 간주되기보다는 공간과 공간 '사이', '과정', '여정' 등의 의미로 해석되기 때문이다. 그러나 이 소설의 '길'은 일반적인 의미와는 다른 특별한 상징적 의미를 내포한 공간이다. 소설 제목처럼, 처음에는 삼포라는 곳으로 가는 여정으로서의 '길'이 그려진다. 처음에는 영달만 목적지가 없는 떠돌이 신세였으며, 목적지가 분명한 정씨와 백화에게 '길'은 과정과 여정의 의미였다. 분명한 목적지가 있다는 것은 정착할 곳이 있음을 의미한다. 따라서 길 위의 떠돌이 신세인 이들에게 목적지가 있고 없음은 엄청난 차이일 수밖에 없다. 술집에서 도망쳐 나온 백화도 처음에는 고향으로 가서 농사나 거들며 살려 한다. 그런데 정씨와 백화가 향하는 고향은 그들의 기대와 달리 더 이상 그들에게 따뜻한 안식처로서의 역할을 하지 못한다.

> "삼포에서요? 거 어디 공사 벌릴 데나 됩니까? 고작해야 고기잡이나 하구 감자나 매는데요."

"어허! 몇년 만에 가는 거요?"

"십년."

노인은 그렇겠다며 고개를 끄덕였다.

"말두 말우, 거긴 지금 육지야. 바다에 방둑을 쌓아놓구, 추럭이 수십대씩 돌을 실어 나른다구."

"뭣 땜에요?"

"낸들 아나. 뭐 관광호텔을 여러 채 짓는담서, 복잡하기가 말할 수 없데."

"동네는 그대루 있을까요?"

"그대루가 뭐요. 맨 천지에 공사판 사람들에다 장꺼지 들어섰는걸." (…)

작정하고 벼르다가 찾아가는 고향이었으나, 정씨에게는 풍문마저 낯설었다. 옆에서 잠자코 듣고 있던 영달이가 말했다.

"잘됐군. 우리 거기서 공사판 일이나 잡읍시다."

그때에 기차가 도착했다. 정씨는 발걸음이 내키질 않았다. 그는 마음의 정처를 방금 잃어버렸던 때문이었다. 어느 결에 정씨는 영달이와 똑같은 입장이 되어버렸다.

기차가 눈발이 날리는 어두운 들판을 향해서 달려갔다.

「삼포 가는 길」, 224~225쪽

백화와 정씨가 그리워하던 고향은 모두 예전의 모습을 상실한 상태다. 하루가 다르게 변하는 세상에서 백화가 돌아갈 고향 역시 예전과 다르며, 정씨의 고향인 삼포도 더 이상 정씨의 기억 속 삼포가 아니다. 이렇게 변화된 상황은 백화와 정씨가 자신들의 고향에 정착하지 못하고 다시 '길' 위의 떠돌이 신세로 돌아가게 될 것을 의미한다. 돌아갈 고향이 있는 정씨와 그렇지 않은 영달은 처음에는 전혀 사정이 달랐지만, 정씨의 고향이 개발되어 과거 농촌의 모습을 상실하면서 정씨 역시 돌아갈 곳이 없는 영달과 똑같은 입장이 되어 버린 것이다. 정착할 고향을 상실한 이들이 머물 수 있는 곳은 결국 '길'이라는 공간

뿐이다. 따라서 이 소설에서 '길'은 단순한 여정이나 과정의 의미가 아니라, 1960년대 많은 빈민들이 실제로 머무를 수밖에 없었던 생활공간이며, 그들의 고단하고 열악한 삶을 보여 주는 특별한 상징적 의미를 지닌 공간이다. 즉, 근대화와 산업화시기에 '길'이라는 공간은 도시와 농촌 어느 곳에서도 정착하지 못하고 온전한 삶의 터전을 마련하지 못한 이들이 최후에 이르게 되는 또 다른 삶의 공간이었던 것이다.

「돼지꿈」과 「삼포 가는 길」이 각각 도시 판자촌과 '길'을 공간적 배경으로 삼아 그곳에서 생활하는 도시빈민들의 삶을 보여 주었다면, 「객지」는 간척공사장을 배경으로 다양한 삶의 이력을 가진 뜨내기 노동자들의 모습을 그리고 있다. 공사현장 또한 산업화가 한창이던 1960년대의 사회상을 단적으로 보여 주는 공간 중 하나라 할 수 있다. 소설의 상당 부분은 간척현장의 열악한 노동환경과 불평등한 임금구조에 대한 사실적 재현으로 이루어져 있다.

> "하루 일이 끝나면 백삼십원짜리 맘보 한장을 받는데, 매일 전표와 바꾼다네. 함바에서는 현금이 아니니까 사실상 백이십원짜리로 써먹지. 현금을 가진 전표 장수는 이걸 백십원에 사거든."
>
> "도청에선 법정 노임이 백오십원이라구 하던데요."
>
> "그건 나리들이 쓴 글씨야." (…)
>
> "하루 숙박비 사십원에 매끼 이십원이면…… 백원에다, 하루 십원 남는가요?"
>
> "남는 건 한푼도 없다네. 간죠 때는 뭘 하는지 아는가. 누가 얼마 빚졌다는 걸 알려주는 일루 끝나지."
>
> "빚이라뇨?"
>
> "숙식비에다 서기가 경영하는 매점에서 술이며, 담배, 옷, 과자 부스러기를 팔거든. 일하는 놈이면 무작정 줘두 좋다는 게야. 나중엔 모두 빚에 묶여서 여길 뜰 수가 없다구." **「객지」, 170쪽**

아무리 열심히 일해도 빚을 질 수밖에 없는 이상한 구조가 바뀌지 않는 한 노동자들의 삶은 언제나 제자리걸음일 뿐이다. 이곳 간척현장에는 "회사 측에서는 하급 노무자와의 직접적인 접촉을 최대한 피하기 위해 합숙소 운영을 십장들에게 넘겨버리고"(「객지」, 174쪽), "십장은 회사 측과의 중개역인 서기들을 통해 작업량과 노임 문제를 결정"(「객지」, 174쪽) 하는 애매한 계급구조가 형성되어 있다. 게다가 감독과 십장, 서기들은 함바와 매점 경영권을 독점해 중간착취까지 한다. 인부들의 임금과 작업량, 합숙소 문제가 연결되어 있는 한, "살려면 먹어라, 먹다보니 빚을 지고, 빚을 갚으려니 끝장 볼 때까지 일을 하게 되는 꼴"(「객지」, 175쪽)이 계속되고, 결국 노동자들은 갚아야 할 작업량에 묶여 버린 신세로 전락하고 만다.

조금이라도 빚을 더 갚기 위해 초과근무까지 하지만 상황은 별로 달라지지 않는다. 스스로의 휴식을 절약하면서까지 최대한의 능력을 발휘하지만 "노임은 어디까지나 주는 편만의 권한에 달려"(「객지」, 180쪽) 있어서, 노동자들은 그저 주면 주는 대로 받을 뿐이다. '노동'은 '노동자가 하는 행위'가 아닌 자본가의 '노동력 사용'이라는 마르크스의 정의가 이 상황을 정확하게 설명해 준다. 즉 "자본가가 노동력을 상품으로 구매하여 사용하는 것이 노동이며, 그런 사용에 의해 노동력의 판매자는 비로소 노동자가 된다는 것이다."[46] 이런 자본주의 구조 속에서, 최소한의 휴식시간과 미래에 대한 희망을 상실한 채 "상품으로 구매되고 자본에 의해 사용되어 가치화되는 활동"[47]만을 하는 노동자

---

46 이진경, 『자본을 넘어선 자본』, 그린비, 2004, 137쪽.
47 같은 곳.

들은 인간으로서의 고유한 가치와 존엄을 상실해 버린 하나의 상품일 뿐이다. 상품에게 인간으로서의 권리를 부여할 리 없다.

이처럼 서술자는 간척현장의 모순적인 노동환경과 임금구조의 객관적이고 사실적인 재현에 집중한다. 이러한 상황 재현의 일차적 목적은, 함바와 전표 등으로 이루어진 불평등하고 모순적인 임금체결방식과 열악한 작업환경을 조망함으로써 이 문제가 구조적 차원에서 발생한 것임을 밝히기 위함이다. 그러나 이런 재현 과정에서 주목해야 할 점은 부정과 모순이 그대로 드러나는 상황임에도 불구하고 이에 대해 서술자의 논평이나 주관적 감정이 전혀 개입되지 않는다는 것이다. 불평등하고 비인간적인 노동환경에 처한 노동자들의 처지를 안타까워하거나 부당한 임금구조나 회사 측의 태도에 대해 비판을 가할 법 하지만, 서술자는 문제 상황이나 인물들과 일정한 거리를 유지한 채 보여 주기만 할 뿐이다. 이 같은 서술방법은 독자들에게 이야기 속의 문제 상황을 객관적으로 인식하고 판단할 기회를 제공한다. 서술자의 주관적 해석이나 감정이 배제된 서술은 이야기의 핍진성과 사실성을 높이며, 자연히 독자들은 이야기 속 상황을 가공된 허구가 아닌 현실에 실재할 수 있는 문제로 인식하게 되는 것이다.

문제적 상황에 대한 재현과 함께 그 상황에 놓인 인물들에 대해서도 상당 부분에 걸쳐 서술이 이루어진다. 지금까지 「객지」에 대한 분석은 대부분 노동자들의 파업 과정에 초점이 맞춰졌다. 그러나 실제 소설에서 이 못지않게 많은 부분을 차지하는 것은 여러 등장인물들의 처지와 삶의 내력에 관한 설명이다. 동혁의 과거는 숙부의 편지 내용을 통해 간접적으로 드러난다. 동혁은 부모를 잃고 숙부의 손에서 자랐지만, 그 숙부마저도 동혁이 군대를 간 사이 편지 한 장만 남긴 채 이민을 가버려 완전히 혼자 남겨진 신세이다. 동혁과 같은 함바에 속해 있는 다른 인물들의 처지 또한 마찬가지다. 벙어리 오가는 식모살이를 하는, 그러나 실제로는 몸 파는 일을 하는 여동생이 있으나 그녀에게 제 힘으로 편지 한 장 쓸 수 없는 문맹이다. 목씨는 방화를 저지른 죄로 수감생활을 한 경험이 있으며, 대위 또한 아내도 없이 혼자 지방 공사장을 떠돌아다니는 날품팔이꾼 신세이다. "전표 벌레가 되어버린"(「객지」, 168쪽) 장씨도 이들과 다르지 않다. 대위나 동혁과 같은 이들이 최후에 만나게 될 인물이 바로 장씨인 것이다. 그러나 등장인물들의 각기 다른 삶의 이력은 가난과 무지, 정착할 곳이 없는 떠돌이 신세라는 점에서는 다를 바가 없다.

이처럼 소설의 상당 부분은 여러 인물들의 다양한 삶의 이력과 그들의 속마음을 보여 주는 데 할애된다. 비록 각각이 차지하는 서술 분량은 적은 편이나, 간척현장과 관계된 거의 모든 인물들의 처지와 입장을 고루 보여 준다는 점에 주목할 필요가 있다.[48] 여러 인물들의 개성 있는 모습과 삶의 내력이 간척 공사 현장이라는 특수한 공간을 배경으로 연결되고 어우러지는 모습은 마치 작은 퍼즐 조각들이 모여 하나의 거대한 그림을 완성하는 것과 같은 효과를 낳는다. 왜냐하면 작가가 주목하는 것은 다양한 인물들의 개성적인 모습이 아니라, 여러 인물들이 공유하고 있는 근원적이고 구조적인 문제 상황이기 때

---

48 작가가 주목하는 인물은 비단 대위나 동혁 같은 노동자들만이 아니다. 노동자들의 파업을 진압하기 위해 동원된 봉택이 국토건설단에 끌려가 제주도로 가게 된 사연이나, 회사 측의 앞잡이 노릇을 하는 종기의 상황도 함께 보여 준다. 비록 이 공사판에서는 서로 대립 관계에 있으나, 봉택과 종기 역시 밑바닥 인생이라는 점에서는 대위나 동혁과 같은 처지다. 선택한 방법의 차이가 있을 뿐, 봉택과 종기가 노동자들과 맞서 싸우는 이유도 결국 생존을 위해서다.

문이다. 서로 다른 듯하지만 결국 같은 문제를 공유하고 있는 이들의 모습을 보여 준 것은 이들이 겪는 어려움이 개인적 차원의 문제가 아니라 집단적이고 계급적인 성격의 문제이며, 따라서 문제해결 또한 파업과 같은 집단적 저항의 형태로 이루어져야 한다는 것을 설명하기 위함이다. 즉 간척현장에서 발생하는 노동문제가 개인적 차원의 부정이나 폭력에 의한 것이 아니라 모순적 제도와 불평등한 구조에서 연유한 것이며, 이로 인해 희생되고 피해 입은 대상 역시 몇몇 개인이 아니라 노동자집단 전체, 나아가 사회 하층민 모두라는 사실을 강조하는 것이다. 또한 각자의 사연을 털어놓는 과정은 인물들이 서로 비슷한 처지임을 인식하고 공감대와 연대의식을 형성하는 계기가 되기도 한다. 서로에 대한 공감은 이후 회사 측과 맞서 집단적 대항을 하는 과정에서 중요한 작용을 하기도 한다.

연대의 힘을 토대로 한 파업은 노동자가 자본가에게 저항하는 유일한 길이기도 하다. 일반적으로 자본주의구조에서는 노동자가 고용을 위해 서로 경쟁하게 되고 이런 경쟁하에서 자본가들은 자신이 고용한 노동자를 더 폭력적으로 착취하게 된다. 공급된 노동력이 많을수록 자본가는 노동자들의 투쟁을 통제하기 쉬워진다. 「객지」에서도 파업을 앞두고 이런 상황을 걱정하는 부분을 볼 수 있다. 노동자들보다 형편이 더 어려운 농촌의 품팔이 농군들이 언제든 노동력으로 투입될 준비를 하고 있는 상태에서 파업을 감행하기란 쉽지 않다는 것이다. 이런 상황에서 노동자는 개인의 힘만으로 결코 자본가의 폭력에 대항할 수 없다. 저항하는 개인은 쉽게 다른 노동력으로 대체될 수 있기 때문이다. 노동자들의 파업을 두고 “일이 확대되기 전에 개인을 상대루 진작 눌러버렸으면 이 꼴이 안됐을 것”(「객지」, 241쪽)이라고 한 소장의 말을 통해서도 이를 확인할 수 있다. 따라서 자본주의의 제도적 모순에 맞설 수 있는 유일한 방법은 노동자들이 스스로를 하나의 계급으로 인식하고 자본의 약탈로부터 스스로를 방어할 집단적 수단을 형성하는 것이다. 결국 「객지」에서 동혁과 대위를 중심으로 진행된 파업은 가난한 노동자들이 할 수 있는 유일하고, 가장 효과적인 생존 방식이었던 것이다.

그러나 소설에서 이들의 저항은 실패로 끝난다. 집단적 저항을 통해 문제가 해결되고 상황이 개선되면서 해피엔딩으로 이야기가 끝날 것이라는 기대와는 달리, 소설은 파업의 실패를 암시하는 모호한 결말로 끝이 난다. 회사 측의 회유에 속은 사람들이 하나둘 대열에서 이탈하면서 파업 상황은 점점 불리하게 진행된다. "이 모든 일들을 열흘 안으로 해치우고 원상복구를 해놓을 자신이 있"(「객지」, 272쪽)다는 소장의 생각과 서로의 눈치를 살피며 내려가기로 결정한 사람들의 모습은 분명 파업이 실패했음을 의미한다. 이 같은 결말은 도시빈민과 노동자들의 문제해결을 위한 소설적 대응이 단순히 저항행위 자체에만 초점이 맞춰져 있는 것이 아님을 의미한다.

집단적 저항은 소설 밖 현실세계에서도 빈민문제나 노동문제와 같은 문제를 해결하기 위해 가장 많이 사용되는 방법이다. 그러나 이 문제를 다루는 소설들은 인물들이 저항을 시도하는 모습은 보여 주면서도 대결에서의 성공과 문제해결이라는 장밋빛 결론은 확실하게 보여 주지 않은 채 끝나는 경우가 대부분이다. 오히려 소설은 인물들이 대결하고 저항하는 상황이 아니라, 집단적 저항을 하기 전까지의 과정, 즉 억압받는 위치에 있는 이들이 서로의 처지와 상황에 대해 이해하고 공감하는 과정을 그리는 데 더 많은 분량을 할애한다. 앞서 살펴본 「야근」의 구성도 이와 유사하다. 「야근」은 파업 과정이 아니라, 파업이 실패로 끝난 후 '오빠'의 장례 문제를 두고 모인 사람들이 서로의 처지와 상황을 이해하고 공감하는 내용으로 구성되어 있다. 사고사를 당한 '오빠'의 시체 앞에서 "일을 잊은 지 오래된 손"(「야근」, 273쪽)을 가진 누이는 새벽에 나가서 야근까지 마치고 열두 시가 되어서야 돌아오는 '오빠'의 삶을 이해하게 되고, 직업병에 걸린 '여자'의 처지를 알게 된다. 그리고 '여자'는 생계 때문에 어쩔 수 없이 과장에게 파업 사실을 알려 준 배신자 공원의 딱한 처지를 듣고, "누구도 당신을 비난 안해요. 용서할 권리두 없구요"(「야근」, 288쪽)라며 공감을 표한다. 이것이 「야근」의 주된 내용이다. 이러한 구성은 사회적 약자로서 고통을 겪는 이들이 서로의 사연과 상처를 알게 되면서 공감대를 형성해 가는 모습이 파업 과정만큼이나 많은 비중을 차지하는 「객지」의 구성과 유사하다.

이처럼 소설들은 저항 행위 자체가 아니라 인물들이 서로 공감하고, 그것을 바탕으로 연대하는 과정에 초점을 맞추고 있다. 즉 공감과 연대가 도시빈민과 노동자들의 문제해결을 위한 소설적 대응방안의 핵심인 것이다. 공감과 연대는 집단적 저항을 이루기 위해 분명 필요한 요소이다. 공감과 연대의식을 토대로 구성된 집단은 결속력이 높을 뿐 아니라 대결에 대한 동기부여도 확실해지는 장점이 있다. 단지 이해관계를 이유로 결합하여 싸우는 것이 아니라 서로에 대한 정서적 유대감을 바탕으로 관계를 맺을 때 저항의 위력은 더 커지는 것이다. 이렇듯 소설이 저항의 순간이 아니라 공감의 형성 과정에 주목하는 이유는 소설이 가능세계를 제시하는 방법과 관계가 있다. 상상력을 통해 가능세계를 지향하는 소설의 속성에 대해서는 1장에서 언급한 바 있다. 물론 현실의 문제를 지적하고 대안을 제시하는 것이 소설만은 아니다. 그러나 자신이 지향하는 이상적 사회를 상정해 둔 상태에서 그것을 전제로 문제해결을 시도하는 것이 사회과학을 비롯한 다른 분야에서의 접근방법이라면, 소설은 구체적인 이상 사회를 형상화하는 것이 아니라 그 사회로 가는 과정에 주목한다. 다시 말해 완성형을 먼저 제시하고 하나의 방법으로 이를 실현해 가는 것이 아니라, 이상적 세계를 꿈꾸고 그것을 실현시킬 수 있는 희망과 가능성을 부여하는 것이 소설의 방식인 것이다. 사회적 약자들의 문제를 다룬 소설들이 저항의 성공과 문제해결이라는 결과가 아닌, 저항을 가능하게 하는 인물들의 공감과 연대의 과정에 초점을 맞추는 것도 이러한 이유 때문이다.

> "만일 나와 생각을 같이하는 인부가 한사람이라도 있다면 나는 함께 행동하겠소."
>
> "내일까지 기다릴 작정이오?"
>
> 동혁은 그에게 대답하지 않고 바위가 우뚝 선, 보다 높은 쪽으로 올라갔다. 그는 앞으로 어떻게 될지는 알 수 없었으나, 이젠 이미 마음을 내일로 활짝 열고 있었으므로 자기에게 맞서올 어떠한 조건에 대해서도 자유로이 응할 수가 있을 것 같았다. 그의 발길에 뭔가 채어서 굴러갔다. 동혁은 무심결에 그것을 주워 올렸다. 붉은 종이로 포장된 한개의 남포였다. 그는 어제 한동이가 지껄이던 농담을 생각해냈고, 그것을 심지가 바깥쪽으로 가도록 입에 물어보았다. 꺼끌꺼끌하고 두터운 종이포장 때문에 입안이 건조해졌다. (…)
>
> 그는 자기의 결의가 헛되지 않으리라는 것을 믿었으며, 거의 텅 비어버린 듯한 마음에 대하여 스스로 놀랐다. 알 수 없는 강렬한 희망이 어디선가 솟아올라 그를 가득 채우는 것 같았다. 동혁은 상대편 사람들과 동료 인부들 모두에게 알려주고 싶었다.

"꼭 내일이 아니라도 좋다."

그는 혼자서 다짐했다. 「객지」, 274~275쪽

「객지」의 결말 역시 마찬가지이다. 파업을 포기하고 내려가는 인부들과 분신을 준비하는 동혁의 모습은 분명 파업의 실패를 뜻한다. 그러나 동혁이 보여 준 마지막 행동은 실패에 대한 좌절과 패배의식으로 보이지 않는다. 오히려 그는 "알 수 없는 강렬한 희망"(「객지」, 275쪽)을 느끼며 분신을 준비한다. 독자들이 이 결말에서 좌절이나 패배가 아닌 희망을 느낄 수 있는 이유는 동혁을 비롯한 많은 노동자들이 서로에 대해 공감을 느끼며 연대의식을 형성해 가는 파업의 과정을 충분히 보았기 때문이다. 파업과 투쟁이 성공하여 한 순간에 노동환경이 개선되고, 임금이 상승하며, 빈민촌의 주거환경이 좋아진다는 내용의 장밋빛 결말은 개연성도 약할뿐더러, 현실적인 설득력도 떨어진다. 현실의 상황은 조금도 나아지는 것이 없는데 소설 속 허구의 세계에서만 유토피아가 도래하는 것은 오히려 독자들에게 더 큰 좌절과 실망만 가져다줄 뿐이다. 소설에서 구현되는 가능세계는 지금 우리가 살고 있는 현실의 삶을 넘어서는 "대안적 세계"의 성격을 띠고 있어야 하지만 동시에 "우리가 알고 있는 삶에 유념해야" 한다.[49] 실현 불가능한 환상 속의 유토피아가 아니라 현실적으로 충분히 실현 가능하며 꿈꿀 수 있는 세계여야 하는 것이다. 비록 지금 당장 모든 문제가 해결되고 희망하는 세계가 눈앞에 펼쳐지지는 않더라도, 문제해결을 위한 현실적이고 구체적인 방법과 과정을 보여 줌으로써 이상세계를

49 제롬 브루너, 앞의 책, 136쪽.

가능하게 이끄는 것이 현실의 문제 상황에 맞서는 소설적 대응방법의 특징이다.

「객지」나 「돼지꿈」, 「삼포 가는 길」의 공통된 특징이 문제 상황이 발생되는 공간을 객관적으로 재현하고, 특정 인물이 아닌 인물군(群)의 다양한 모습들을 보여 주는 방식으로 서술된 것이라면, 「모래톱 이야기」와 「제3병동」은 상황의 재현보다는 중심인물들의 내면에 초점을 맞춰 서술되는 것이 특징이다. 그러나 특정 인물에만 고정된 것이 아니라 초점화되는 대상 인물을 바꾸어 가며 서술함으로써 인물들이 서로 이해하고 공감해 가는 과정을 포착하는 데 주력한다. 빈민들을 대상으로 한 소설을 많이 발표한 김정한의 「제3병동」은 초점화되는 대상 인물을 달리하면서 다른 처지에 놓인 두 인물의 인식이 바뀌는 과정을 그리고 있다. 앞서 살펴본 것처럼, 「제3병동」은 변변한 병원조차 없는 시골의 가난한 사람들이 도시의 병원에서조차 소외되고 밀려나는 상황을 그린 소설이다. 병실도 값에 따라 등급이 정해지듯, 3등실에 입원할 수밖에 없는 사람들은 '3등 인간'으로 취급된다. 입원 수속을 하지 않으면 약이 나오지도 않고 급한 검사조차 되지 않는 자본주의 논리로 이루어진 병원은 이런 3등 인간들에게 온정이나 연민을 베풀지 않는다. 위독해서 수혈을 받아야 하는 상황에서도 병원은 약값이 밀렸다는 이유로 피를 내어 주지 않는다. 그런 상황에서 강남옥이 어머니에게 할 수 있는 유일한 방법은 어머니의 입에 물을 떠 넣어 주는 것뿐이다. "그렇게 하는 것이, 위독한 환자에게 대한 유일한 예의요, 방법인 것"(「제3병동」, 139쪽)이다. 결국 병원에까지 와서도 가난한 사람들에게 허락된 치료법은 별반 다르지 않았다. 빈민들에게 병원은 병을 치료하는 곳이 아니라 자신들이 '3등 인간'임을 확인시켜 주는 비정한 공간일 뿐이다.

"그야말로 마를 대로 마른 명태를 연상케"(「제3병동」, 139쪽) 했던 오룡댁은 결국 죽고 만다. 하지만 가난한 사람은 죽어서도 제대로 된 대접을 받지 못한다. 입원비를 다 내지 않으면 시체를 내어 주지 않는 병원규정에 따라 오룡댁의 시체는 사흘 동안이나 시체 안치소에 놓여 있게 된다. 그리고 어머니의 죽음과 함께 더 이상 거처할 곳이 없어진 강남옥 역시 어머니의 시체와 함께 시체안치소로 옮겨진다.

> 물론 병원에서는 입원수속이 돼 있지 않은 그녀에게 밥이고 죽이고 또 약이고를 내어줄 리 만무하였다. 그녀에게 던져진 것은 오직 어머니의 입원치료비 계산서뿐이었다. 그녀는 울었다. 돈이 없어서가 아니다. 자기가 불쌍해서가 아니라 군에 가 죽은 오빠가 생각나서였다. 그리고 마지막엔 일만 죽도록 하다가, 고생만 바가지로 하다가, 하루도 편한 꼴을 보지 못하고 돌아간 어머니가 불쌍했다. 가엾었다. 분했다. 이제 누구의 동정도 받기가 싫었다. 떳떳하게 치료를 받지 못할 바엔, 김종우 의사나 간호원들의 친절도 거북스러웠다. 결국 3등 인간이란 자학밖에 남지 않았다. 「제3병동」, 145쪽

이는 강남옥의 시선으로 서술된 부분이다. 강남옥의 시선으로 이야기되는 부분에서는 대화나 행동에서는 드러나지 않던 그녀의 분노와 자학의 심리가 그대로 드러난다. 강남옥과 같은 '3등 인간'에 속하는 이들의 이야기도 강남옥의 시선을 통해 전해진다. 입원비가 없어서 우는 딸을 퇴원시켜 데리고 나가는 아주머니나 "돈만 낫게 준다면 호열자나 흑사병 환자와도 같이 잘"(「제3병동」, 146쪽) 수 있다는 시체 안치소의 인부들은 모두 강남옥과 비슷한 처지다. 그러나 작가가 강남옥의 시선으로 이야기하고자 했던 것은 단순히 '3등 인간'들의 어려운 상황이

아니라 이들이 서로에게 보이는 공감과 배려의 자세다.

> 강남옥 처녀는 악을 써서 일어났다. 쇠불알만한 남비에 쌀을 조금 담아 가지고 터덕터덕 부엌으로 갔다. 절대 안정도 필요했겠지만 절대로 죽은 쑤어야 되니까. 둘밖에 없는 무연탄 화로는 벌써 만원이 아니라, 몇 개의 남비가 더 차례를 기다리고 있었다. 쌀을 씻으려니 찬물이 우선 몸에 딱 거슬리었다. 오싹 추워지는 것 같았다. 강남옥 처녀는 이를 악물었다.
>
> "아가 이리 도고. 니도 아푸면서 그래 가 대나!"
>
> 얼굴이 알금알금한 중늙은이가 강남옥 처녀로부터 남비를 뺏듯이 받는다. 같은 병실에서 폐앓이 딸 구완을 하고 있는 시골사람이다. 마침 차례를 기다리고 있던 참이었다.
>
> "방에 가 누웃거라. 내 것하고 같이 해 가꾸마."
>
> 사양하는 강남옥 처녀를 억지로 돌려보낸다. 아직도 시골사람에게서는 볼 수 있는 호의요, 고집이었다. 그 아주머니가 있는 동안은, 강남옥 처녀도 여러 가지 도움을 받았다. 거의 절망 상태에 빠져 있는 딸을 위하여 하루에도 몇 십 차례 간호원실 문에 가 붙어 있던 아주머니였지만, 끼니때는 강남옥 처녀를 대신해서 곧잘 죽을 쑤어 주곤 하였다. 「제3병동」, 136쪽

이 시골 아주머니는 "병보다 돈을 지탱할 수가 없는 형편"(「제3병동」, 136쪽)인 '3등 인간'이라는 점에서는 강남옥과 다를 바 없지만 자신이 할 수 있는 최선의 호의를 강남옥에게 베푼다. 그녀는 자신도 돈이 없어 딸을 퇴원시킬 수밖에 없는 상황이지만 끝까지 강남옥의 병세를 걱정해 준다. 강남옥에게 이런 온정을 베풀어 주는 또 다른 '3등 인간'은 시체안치소의 인부들이다. 그들 또한 "염병이니 호열자니 하는 것들보다 더 무서운 가난이란 병에 걸려 있는 사람들"(「제3병동」, 146쪽)로서, 자신의 몸을 담보로 해야만 돈을 벌 수 있는 전형적인 '3등 인간'이다. 하지만

이들도 입원비를 다 내지 않아 사흘 동안이나 시체 안치소에 있을 수 밖에 없는 오롱댁의 시체를 조심스럽게 다루며 강남옥을 위로해 준다.

이윽고, 널반지로 된 문짝에서 인기척이 나더니, 아까 그 인부 두 사람이 되나타났다. 약간 주기가 있는 듯한 얼굴들로서 손에 무언가 들고 있었다.

"처녀가 혼자서 울고 있는 걸 보니……."

위로 차 온 모양이다.

"그양 올 수도 없고, 암매(아마) 향불도 미처 못 구했지 싶어서……."

그들은 어머니의 시체에 매달려 있는 강남옥 처녀를 떼 놓듯이 하고, 향을 피워 주었다. 한 사람은 축 늘어진 포키트 속에서 조그만 초까지 꺼내어 촛불까지 밝혀 주었다. 손등에는 빗물들이 번질거리고 있었다. 그들에 대한 흔감한 정까지 겹쳤음인지 강남옥 처녀의 울음소리는 더욱 구슬퍼졌다.

나이 늙수그레한 인부 한 사람은 병원 구내에 살았던 모양으로 아침 일찍 부인을 시켜 죽까지 한 그릇 치면하게 갖다 주었다. 우격에 못 이겨 그걸 받아 마시는 강남옥 처녀의 눈에서는 눈물이 샘솟듯 했다. 죽 위에 사뭇 떨어졌다. 3등 인간도 끝내 외롭지는 않았던 것이다. 「제3병동」, 147쪽

이처럼 삶의 바닥까지 내던져진 '3등 인간'들은 비록 서로에게 해 줄 수 있는 것이라곤 걱정스러운 말 한마디와 눈물, 소박한 죽 한 그릇이 전부이지만 같은 '3등 인간'들의 처지를 공감하고 위로해 준다. 이들이 보여 주는 공감과 유대감이 바로 작가가 전하고자 한 주제의식이다. 그러나 작가의 진의가 보다 분명하게 드러나는 부분은 '3등 인간'들끼리의 공감이 아닌, '1등 인간'이 '3등 인간'에게 공감을 보이는 장면이다.

강남옥의 시선으로 이야기되지 않는 부분은 젊은 의사 김종우의 시선으로 이야기된다. 김종우는 처음부터 주소와 본명이 생소한 오롱댁과 그녀의 딸에게 관심을 보인다. 그는 이 모녀를 보면서 어린 시절

읽었던 소설의 내용을 떠올린다. 그러나 어린 시절과는 달리 이 모녀가 처한 상황을 연민이나 동정의 감정으로 해석하지 않고 이러한 문제가 생긴 근본원인을 생각하기 시작한다. 물론 그 역시 처음에는 자신과 전혀 다른 상황에 놓인 '3등 인간'들과의 거리를 쉽게 좁히지 못한다. 김종우는 자신의 주의에도 불구하고 전염병 환자인 어머니 곁에서 자는 강남옥을 보면서 답답해하고 그녀의 무지를 힐책하기까지 한다. 그는 강남옥의 고집스러운 태도를 선뜻 이해하지 못하며 자신과는 무관한 일이라고 거리를 둔다. 이랬던 김종우가 강남옥과의 거리를 좁히게 된 것은 자신의 상식으로는 도저히 납득할 수 없는 강남옥의 행동을 보고 충격을 받은 이후이다.

> 더구나 의사 김종우씨를 놀라게 한 것은, 그녀가 어머니에게 미음을 떠먹일 때, 자기도 그 숟가락으로 먹어 대는 태연한 광경이었다. 물론 그런 건 더욱 엄하게 주의를 시켜 두었던 것이다. 그러나 그녀는 그런 명령까지도 아예 개의치 않았다. 그렇게 명령한 바로 그 의사가 보는 데서 예사로 그것을 거역하고 있는 것이다.
> '바보 같은 계집애!'
> 뒈져라 싶었다.
> 그러나 이상하게도 그 순간 이후, 의사 김종우씨는 엉뚱한 회의에 사로잡히기 시작했던 것이다. – 병을 겁내지 않는 애! 죽음까지도! 「제3병동」, 124쪽

자신이 위험에 처할 것을 알면서도 의사의 명령을 거역하는 강남옥의 태도는 분명 '1등 인간' 김종우의 눈에는 이상하게 보일 수밖에 없다. 강남옥의 행동은 김종우의 말처럼 효도라는 이름으로도 설명할 수 없는 보다 본질적인 차원의 것이다. 자신에게 가해질 위험을 알면

서도 타인의 문제에 적극적으로 관여하는 행위는 인물의 태도가 상대에 대한 동정이나 연민의 차원을 넘어 상대와 자신을 동일시하고 상대의 처지에 공감하는 차원에 이르렀음을 의미한다. 강남옥의 이런 행동을 보며 김종우가 느끼는 정신적 회의는 자신이 속한 계급과 사회적 위치에서는 알 수 없었던 문제적 상황과 그 문제에 대처하는 태도에 대한 충격에서 비롯된 것이다. 줄곧 '일류'의 인생만을 살아온 김종우에게는 강남옥과 같은 '3등 인간'들이 처한 상황도 쉽게 이해되지 않는 문제이지만, 무엇보다 그가 한 대 얻어맞은 것 같은 느낌이 들었던 것은 다 같이 어려운 처지임에도 불구하고 다른 사람을 위한 희생과 수고를 기꺼이 감수하는 '3등 인간'들의 모습 때문이다.

앞서 살펴본 시골 아주머니나 시체안치소의 인부들 그리고 강남옥이 보여 주는 타인을 위한 희생과 수고는 타인의 상황과 고통에 대한 공감에서 비롯된 행동이었다. 이는 "약삭빠른 비굴성"(「제3병동」, 124쪽)과 이기주의에 익숙해져 있던 김종우에게는 충격이면서 동시에 자신의 삶에 대한 반성과 회의를 불러일으키는 계기가 된다. 그리고 그도 자신과 다른 처지의 사람들을 이해하고 공감하기 시작한다. 입원수속을 하지 않으면 검사와 치료가 되지 않음을 알면서도 강남옥을 치료해 주고, 병원의 규칙에는 어긋나는 일이지만 강남옥에게 매트를 구해다 주기도 한다. 그리고 강남옥의 편에서 '3등 인간'들을 짓밟는 사람들에게 대신 화를 내기도 하고 맞서기도 한다. 자신에게 가해질 피해와 불이익을 감수하는 것은 물론, '3등 인간'의 편에서 그들을 대신해 싸워 주고 권리를 되찾아 주는 김종우의 행동은 일시적이고 감정적인 시혜나 동정의 차원을 넘어선, 공감과 연대의식에서 비롯된 것이라 할 수 있다. 김종우의 이런 의식변화는 김종우의 시선으로 서술되면서 더욱 자세하게 드러난다. 이처럼 강남옥과 김종우라는 서로 다른 입장에 놓인 두 인물의 시선으로 서술되면서, 강남옥의 시선으로는 하층민들의 열악한 상황 재현과 그들 사이의 인간적 교감을 보여 주는 한편, 김종우를 통해서는 전혀 다른 처지의 사람들에 대해 이해하고 공감해 가는 인물의 심리와 행동 변화를 보여 준다. 이러한 공감과 연대의식은 분배적 불평등과 소외의 문제를 해결하기 위해 작가가 지향하는 가치이기도 하다. 작가는 이러한 가치를 인물의 발화나 서술자의 목소리를 통해 직접적으로 언급하는 것이 아니라, 인물들의 심리 변화와 관계 변화를 통해 자연스럽게 그것의 의미와 중요성을 역설한다.

김정한의 또 다른 소설 「모래톱 이야기」에서도 서로 무관했던 인물들의 관계 변화를 통해 공감의 가치가 텍스트상에 구현되는 것을 확인할 수 있다. 1960년대에 활동했던 다른 작가들에 비해 김정한은 유난히 농민들의 어려운 삶에 관한 작품을 많이 발표하였는데, 「모래톱 이야기」는 삶의 터전을 지키려는 사람들의 몸부림에 가까운 저항이 잘 그려진 작품이다. 이 소설은 기본적으로 중학교 교사인 '나'의 시선으로 서술된다. 건우가 쓴 글을 읽기 전까지 '나'에게 건우는 자주 지각하는 학생 중 하나였다. 그러나 건우가 나룻배로 통학하는 상황임을 알게 되고, 그가 쓴 글을 읽고 나서부터 '나'는 건우를 비롯한 조마이섬 사람들에게 조금씩 관심을 갖게 된다.

비록 소설 전체의 서술자는 '나'지만 조마이섬에 관한 이야기는 건우의 시선으로 서술되고, '나'는 그런 건우의 이야기를 전하는 역할을 할 뿐이다. 나라 땅도 되었다가 국회의원 소유도 되었지만, 결코 그곳에 대대로 살고 있는 사람들의 소유는 될 수 없는 아이러니한 역사를 지닌 땅인 조마이섬에 관한 정보는 모두 건우가 쓴 글을 통해 독자에게 전해진다. 건우의 시선으로 서술되는 이야기는 조마이섬과 그곳에 사는 사람들뿐 아니라 국가를 위해 억울하게 희생하고도 아무런 보상을 받지 못한 힘없는 사람들의 사연까지 전하고 있다.

건우는 마지못해 여기저길 뒤적거리다가, 한 군데를 펴주었다. 또박또박 깨알같이 박아 쓴 글씨였다.

×××여사는 어머니처럼 혼자 사시는 분이라 그런지 그분의 글에는 한결 감동되는 바가 있었다. 『내가 본 국도』 속의 한 구절-

〈그래도 선거 때가 되면 소속 육지에서 똑딱선을 가지고 섬 백성을 모시러 오는 알뜰한 정당이 있어, 이들은 다만 그 배로 실려 가서 실상 자기네 실생활과는 무연한 정치를 위하여 지정해 주는 기호 밑에 도장을 찍어 주고 그 배에 실려 돌아온다는 것입니다. 현대 문명의 혜택이라곤 아직 받아 보지 못한 그들의 생활 속에도 현대 문명인이 행사하는 선거란 상식이 깃들게 되고, 어느 정당이나 정치의 영향도 알뜰히 받아 보지 못한 그네들에게도 투표하는 임무만은 지워져야 하고, 조국의 사랑이라곤 받아본 일이 없이 헐벗고 배우지 못한 그들의 아들들이 먼저 조국을 수호해야 할 책임을 지고, 훈련을 받고, 총을 메고, 군인이 되어 갔다는 것…….〉

우리 아버지도 응당 이러한 군인 중의 한 사람이었으리라. 그래서 언제 어디서 쓰러졌는지도 모르고, 따라서 국군묘지에도 묻히지 못하고, 우리에겐 연금도 없고…….

내 눈이 미처 젖기 전에 건우는 부끄러운 듯이 그 노트를 내게서 뺏아갔다. **「모래톱 이야기」, 19쪽**

어린 건우의 시선으로 조마이섬의 역사와 국가권력에 의해 희생된 하층민들의 모습을 그리는 것은 다른 어떤 서술방식보다 훨씬 더 강한 비극성을 드러낸다. 서술자이자 관찰자인 '나'는 그저 건우의 글을 읽고 전하는 수동적 역할만 할 뿐이다. 그러나 '나'는 건우의 글을 읽으면서 점차 감정이 격해지고 눈물을 보이는 등의 반응을 보이는데, 이는 자신의 관심 밖이었던 건우와의 거리가 조금씩 가까워지기 시작했음을 의미한다.

조마이섬의 이야기는 윤춘삼 씨와 건우 할아버지의 시선을 통해 계속되고, '나'는 여전히 이야기를 듣는 역할에 머물러 있다. 이들이 들려주는 이야기에 따르면, 조마이섬 사람들에게 국가는 삶의 터전을 지키고 보호해 주는 존재가 아니라 자신들이 직접 둑을 쌓고 물과 싸워 가며 만들어 놓은 땅마저 이런저런 핑계를 대며 뺏아 가려는 무서운 존재일 뿐이다. 동포애를 운운하며 문둥이들을 싣고 쳐들어와 조마이섬 사람들의 삶을 위협하는가 하면, 농민들이 애써 만들어 놓은 강둑을 농지개발을 명분으로 파헤치기만 할 뿐이다. 또한 갈밭새 영감에게 국가는 두 아들을 빼앗아 간 존재이기도 하다. 큰 아들은 6·25 전쟁으로, 작은 아들은 원양어업이라는 경제개발정책으로 희생된 것이다. 이러한 조마이섬의 과거와 그곳에 살고 있는 사람들의 사연은 그들의 시선에서 이야기되면서 한층 더 강한 생동감과 사실감을 갖게 된다.

건우와 건우 할아버지, 윤춘삼 씨가 들려주는 조마이섬의 슬픈 과거사를 듣고만 있던 소극적 서술자인 '나'의 의식과 태도가 결정적으로 변하게 되는 상황이 벌어진다.

"×선생님!"

건우 할아버지가 별안간 그 그로테스크한 얼굴을 내게 돌렸다.

"우리 거무란 놈 말 들으니 선생님은 글을 잘 씬다 카데요? 우리 섬에 대한 글 한분 써보이소. 멋지기! 재밌실낌데이. 지발 그 썩어빠진 글을랑 말고-."

"썩어빠진 글이라뇨?"

가끔 잡문 나부랑이를 써오던 나는 지레 찌릿해졌다.

"와 그 신문 같은 데도 그런 기 수타(많이) 난다 카데요. 남은 보릿고개를 못 냉기서 솔가지에 모가지들을 매다는 판인데, 낙동강 물이 파아란히 푸르니 어쩌니…… 하는 것들 말임더." (…)

"하기싸 시인들이니칸에 훌륭하겠지요. 머리도 좋고……. 선생도 시인 아입니꺼. 그런데 와 우리 농삿군이나 뱃놈들의 이바구는 통 안 씨능기요? 추접다꼬? 글 베린다꼬 그라능기요?" 「모래톱 이야기」, 28쪽

건우 할아버지의 정곡을 찌르는 듯한 말 한마디에 '나'는 순간 강한 충격을 받는다. 그리고 이전까지는 건우와 건우 할아버지의 이야기를 듣고, 그들의 삶을 한 발 건너서 관찰하기만 하던 '나'의 태도가 변하기 시작한다. 소설은 이 장면을 기점으로 '나'의 시선을 중심으로 서술된다. 관찰자적 서술자였던 '내'가 사건과 다른 인물들과의 관계 속으로 좀 더 직접적으로 개입하면서, 다른 인물의 목소리를 듣고 전하기만 하던 소극적 역할에서 자신의 감정과 행동을 적극적으로 드러내는 역할로 변모한 것이다.

'나'의 이런 변화는 큰 홍수가 난 상황에서 보다 구체적으로 드러난다. 지금까지 보여 준 '나'의 모습으로는 여느 도시 사람들의 버릇처럼 "제 한 몸이나 제 집구석에 별 탈만 없으면, 남의 불행쯤은 오히려 구경삼아 보아 넘기"(「모래톱 이야기」, 32쪽)려 했을 것이다. 그러나 '나'는 그러한 호기심에서가 아닌, 진심 어린 걱정에서 조마이섬으로 향한다. 소설의 중반까지 건우를 비롯해 다른 인물들이 하는 이야기가 대부분을 차지하면서 '나'라는 서술자의 주관적인 생각이나 감정이 많이 드러나

지 않았던 것에 비해, 조마이섬을 방문해 건우와 건우 할아버지의 이야기를 들은 이후부터는 '나'의 감정과 생각이 전면에 드러나게 된다. 홍수가 난 상황에서 조마이섬 사람들을 걱정하면서 실망하고 불안해하는가 하면 낯선 사람들에게까지 조마이섬 사람들의 안부를 묻는 등의 행동은, 일정 정도의 거리를 유지한 채 관찰자로서의 위치에 있던 '나'와 다른 인물들 사이의 거리가 한층 가까워졌음을 보여 준다. 다시 말해, '나'는 자신과 다른 처지의 사람들에게 공감하게 되었으며, 나아가 자신과 그들을 동일시하고 있는 것이다.

조마이섬 사람들에 대한 '나'의 공감과 동류의식은 이 소설의 처음과 끝 부분에서 분명하게 드러난다.

> 이십 년이 넘도록 내처 붓을 꺾어 오던 내가 새삼 이런 글을 끼적거리게 된 것은 별안간 무슨 기발한 생각이 떠올라서가 아니다. 오랫동안 교원 노릇을 해오던 탓으로 우연히 알게 된 한 소년과, 그의 젊은 홀어머니, 할아버지, 그리고 그들이 살아오던 낙동강 하류의 어떤 외진 모래톱- 이들에 관한 그 기막힌 사연들조차, 마치 지나가는 남의 땅 이야기나 아득한 옛 이야기처럼 세상에서 버려져 있는 데 대해서까지는 차마 묵묵할 도리가 없었기 때문이다.
>
> **「모래톱 이야기」, 11쪽**

액자소설 형식의 이 소설은 모래톱 사람들에 관해 쓴 '나'의 글(액자 속 이야기)과 그 글을 쓰게 된 이유와 후일담으로 구성되어 있다. 특히 소설의 앞부분은 모래톱 이야기에 대해 글을 쓰게 된 경위를 설명하고 있는데, 건우 할아버지가 '나'에게 했던 울분 어린 부탁이자 따끔한 충고를 떠올리게 한다. 건우 할아버지의 말처럼, "마치 지나가는 남의 땅 이야기나 아득한 옛 이야기처럼 세상에서 버려져 있는"(「모래톱 이야기」, 11쪽) 하층민들의 실상을 더 이상 묵과할 수 없어서 '나'는 글을 쓰기로 결심한 것이다. 그런 결심의 이면에는 건우 할아버지의 말에 대한 부끄러움도 있었지만, 무엇보다 조마이섬 사람들의 삶과 그 땅의 과거에 대한 공감이 크게 자리하고 있었다. 다른 인물들과 일정한 거리를 둔 채 관찰자이자 객관적 서술자의 역할만 하던 인물이, 점차 다른 인물들과 관계를 맺고 적극적으로 행동하며 자신의 감정을 드러내는 등의 변화를 통해 작가가 보여 주고자 했던 것은 공감이 형성되는 과정과 그것의 가치이다. 따라서 '내'가 쓴 글은 공감과 연대의식이라는 작가의 주제의식이 실현된 결과라 할 수 있다.

물론 이 소설도 앞서 살펴본 소설들과 마찬가지로, '나'의 글(액자 속 이야기)은 모순적 상황이 전혀 해결되지 않은 채 오히려 건우 할아버지가 억울하게 기약 없는 감옥살이를 하게 된 것으로 끝이 난다. 그러나 새 학기가 되어도 학교에 나타나지 않는 건우를 걱정하며 그의 일기장에 어떤 글이 적힐지를 생각하고, 군대가 주둔하고 있다는 조마이섬의 소문을 전하는 후일담은, 비록 조마이섬에 관한 '나'의 글은 일단락되었지만 조마이섬과 그곳 사람들에 대한 '나'의 관심과 동류의식은 계속될 것임을 기대하게 한다.

「제3병동」과 「모래톱 이야기」에서 공통적으로 주목해야 할 부분은 김종우와 '나'라는 인물의 직업이다. 농민과 도시빈민의 빈곤과 소외는 계급적 문제로 보는 것이 일반적이다. 그러나 이러한 시각은 이 문제를 사회적 약자들의 문제로만 제한함으로써, '그들만의 문제'로 고립시켜 버리는 또 다른 한계를 초래한다. 그런 점에서 의사나 교사 같은 다른 계급의 인물을 통해 사회적 약자의 문제에 접근한 설정은 문제 상황을 보다 객관적으로 재현함으로써 문제의 사실성을 높이는 효과와 함께, 이 문제에 대한 공감과 연대의식의 폭을 확장시키고자 하는 작가의 의도가 반영된 것으로 해석할 수 있다. 즉 작가는 소설을 통해 그동안 이런 성격의 문제들에 대해 무관심하고 방관했던 사람들의 공감을 이끌어 내고자 한 것이다. 특히 「모래톱 이야기」에서 그런 역할의 인물이 시인으로 설정된 것은 작가 자신을 비롯한 동시대의 다른 작가들에게 경종을 울리고자 하는 의도로도 볼 수 있다.

산업화 과정에서 희생된 농촌과 농민의 실상과 노동현장이나 도시의 빈민촌에서 발생하는 생존권침해 상황을 문학적으로 형상화함으로써 작가가 추구하고자 한 가치는 생존에 필요한 최소한의 기본권과 분배적 평등이다. 이러한 권리와 가치는 인권에 속하는 다양한 권리 중에서도 가장 기본적인 권리에 속하는 것이지만, 당시 성장 위주의 국가정책에 의해 가장 많이 희생되고 소외된 가치이기도 하다. 따라서 1960년대의 인권이라는 주제를 놓고 봤을 때, 생존과 직결된 기본권과 분배적 평등의 가치는 반드시 제기되어야 할 중요한 문제의식이라 할 수 있다.

그러나 문제의식만큼이나 이에 접근하고 대응하는 서사적 방법이 갖는 의미도 놓쳐서는 안 된다. 이 소설들이 다루는 문제는 1960년대 당시에도 심각한 문제로 제기되었고, 그것을 해결하기 위한 노력들도 많이 이루어졌던 것이 사실이다. 당시 이 문제에 대한 현실세계에서의 대응은 주로 집단적 차원의 저항이었으나 이는 대부분 실패로 끝났다. 이런 상황에서 소설은 영웅적 인물이 나서서 문제를 해결하고 유토피아와 같은 세상을 만드는 해피엔딩의 이야기를 추구하지 않았다. 오히려 소설은 실패한 현실의 모습, 비극적 결말의 현실 상황을 그대로 이야기 세계로 옮겨 놓는다. 부정적인 현실과 정반대로 그려지는 소설은 독자들에게 허구성만이 도드라지는 '가짜 이야기'로 느껴질 것이다. 그러나 앞서 살펴본 소설들은 현실과 같은 실패 상황이나 비극적 결말을 제시하되, 그 상황이 결코 좌절이나 절망으로 여겨지지 않도록 설정해 둔다. 그 답은 바로 인물들 간의 공감과 그것을 바탕으로 한 연대의식의 형성 과정이다. 이로써 우리는 가능세계를 구현하는 문학적 방법이 완성형으로서의 이상적 가능세계를 제시해 주는 것이 아니라, 가능세계를 실현해 가는 방법과 방향을 알려주는 것임을 확인할 수 있다.

인물들 간의 공감과 연대의식의 형성을 보여 주는 과정에서 소설은 여러 인물들의 다양한 시선으로 서술된다. 위에서 살펴본 소설들의 경우 대부분 초점화자를 바꾸어 서술자가 바뀌는 듯한 효과를 내며 여러 인물들의 생각과 목소리를 직접 텍스트 전면에 드러낸다. 이때 인물들의 목소리에는 그들의 계급·지역·직업·젠더 등에 대응하는 다양한 표현이 부여되면서 각자의 처지와 상황이 드러난다.[50] 데이비드 로지는 바흐친의 다성성을 설명하면서, 이러한 특징이 "소설을 민주적이며 반전체주의적인 문학형식으로 만든다"[51]고 덧붙인다. 인물들 사이의 연대의식을 형성하기 위해, 나아가 인물과 독자 사이의 공감대를 형성하기 위해 여러 인물들이 처한 상황과 그들의 생각을 보여 주는 서술방식을 택한 작가의 의도는 데이비드 로지의 이 설명에서 그 답을 찾을 수 있다. 권위적이고 계몽적인 서술자의 개입이나 특

---

50 데이비드 로지 지음, 김경수·권은 옮김, 『소설의 기교』, 역락, 2010, 209쪽.
51 위의 책, 211쪽.

정 인물 시점에서의 편중된 서술을 지양하고, 모든 인물들의 상황을 동등한 조건에서 보여 줌으로써 인물들 사이에 평등한 지위를 부여하고 그 상태에서 서로 이해하고 공감할 수 있게 한 것이다. 다시 말해, 작가가 추구하는 평등이라는 가치가 소설의 서술방법을 통해서도 구현된 것이다.

제4장

정치적 자유와 저항의 서사

전체주의적 국가폭력의 정치적 자유 억압

1960년대는 근대국가 형성을 위한 국가적 움직임이 본격화되던 시기였다. 근대국가는 기본적으로 국가주의의 속성을 띤다. 시민혁명과 함께 형성된 서구의 근대국가와 달리, 한국의 경우 해방 후 처음 국가가 성립될 때부터 국가는 "시민들의 이익이나 요구와는 별도로 떨어져서 섬김을 받아야 하는 초월적 실체"로서의 위상을 가지고 있었다.[52] 특히 근대국가의 형태가 본격적으로 갖춰지기 시작한 1960년대에는 군사정권 특유의 전체주의적 특성과 경제개발·조국근대화에 대한 강한 열망이 결합되어 더욱 강력한 국가주의적 성격을 띠게 되었다. 근대국가란 "공공재의 창출과 배분을 주도하는 강제 권력으로 기능하면서 법적·제도적 일관성을 위해 '국민'을 하나의 획일적 기준에 정렬시키고, 독점적 폭력의 위협을 통해 사회 구성원들에게 일정한 복종을 강제하는 외생적 메커니즘이다. 따라서 그것은 근본적으로 수많

52 권혁범, 앞의 책, 27쪽.

은 개개인의 특성과 사정을 외면할 수밖에 없는 단순한 기계다"[53]라는 설명은 근대국가에 대한 일반화된 정의인 동시에 1960년대 한국의 국가 상황을 가장 잘 표현한 것이기도 하다. 박정희 정권의 강력한 국가주의를 가능하게 한 것은 반공이데올로기와 군사주의 문화다. 박정희 정권은 이 둘의 결합을 토대로 강한 근대국가의 기반이 되는 '순응하는 국민' 만들기에 돌입한다. 그리고 이렇게 만들어진 국민은 경제개발과 조국근대화를 위한 '성실한 일꾼'이 된다.

여기서 주목할 것은 반공이데올로기와 같은 지배이데올로기나 군사주의와 같은 관습화된 문화가 법과 제도와 같은 합법적 장치를 통해 구체화되고 현실화된다는 점이다. 근대국가를 가리켜 "일정한 영토적 공간에서의 폭력의 합법적 독점체"라고 표현할 만큼, "영토적 경계 내에 존재하는 일체의 무장력이 국민국가에 집중됨으로써 폭력의 독점이 나타나게 되고, 이것이 법적·합리적 절차에 의해 공인되는 것"은 근대국가의 일반적 특성이다.[54]

한마디로 근대국가의 폭력은 '위임받은 권한'인 것이다. 박정희 정권 또한 군사쿠데타를 통한 집권과 근대화정책의 추진 과정에서 보여준 수많은 폭력을 근대국가의 위임받은 권한으로 정당화한다. 시민혁명의 성공으로 시민사회의 기반을 마련한 서구의 경우 이러한 국가적 폭력을 견제할 역량이 비교적 충분했지만, 시민사회의 기반이 절대적으로 약한 우리나라의 경우에는 국가권력이 절대적일 수밖에 없었다.

---

53 권혁범, 앞의 책. 32~33쪽.

54 Giddens, A. *The Nation-State and Violence*, Cambridge: Polity, 1985; 조희연·조현연, 「국가폭력·민주주의 투쟁·희생에 대한 총론적 이해」, 조희연 편, 『국가폭력, 민주주의 투쟁, 그리고 희생』, 함께읽는책, 2002, 34쪽 재인용.

군대나 경찰과 같은 물리적 폭력은 물론이고, 법과 제도에 대한 결정권과 집행권마저 국가권력이 독점하고 있었으며, 심지어 정치와 법의 분리조차 엄격히 이루어지지 않았던 상황이 1960년대 한국 사회의 실상이었다.

특히 반공이데올로기의 폭력성을 합법화하는 국가보안법과 반공법은 인권침해의 정수라 할 만큼 우리 사회에서 발생하는 수많은 인권침해의 직간접적인 원인이 되었다. 국가보안법은 제정 당시부터 이미 헌법을 초월하여 모든 법 위에 군림함으로써 '실질적 의미의 헌법'이라 불렸다. 국가보안법은 헌법이 보장하는 양심의 자유, 언론·출판·집회·결사의 자유, 학문·예술의 자유는 물론이고, 인간의 존엄성을 비롯한 기본권적 요소들에 대한 탄압을 서슴지 않았다. 그리고 법의 이름으로 자행되는 국가폭력은 법의 자의적 해석과 불공정한 법집행을 통해 계속해서 정당화되고 합법화되었다. 예를 들어, 대한민국 헌법 제37조는 개인의 자유와 권리를 "제한하는 경우에도 자유와 권리의 본질적인 내용을 침해할 수 없다"는 것을 명백히 하고 있지만 한편으로는 "국민의 모든 자유와 권리는 국가 안전 보장, 질서 유지 또는 공공복리를 위하여 필요한 경우에 한하여 제한할 수 있"다는 예외 조항을 둠으로써 국가보안법 등이 개인의 기본권을 침해하는 것을 정당화하는 법적 근거를 마련해 두고 있었던 것이다.[55]

이렇듯 1960년대의 정치적 폭력은 법적 근거를 기반으로 자행되면서 자연스럽게 합법성과 정당성을 획득하는가 하면, 운용의 전권을 국가라는 초월적 존재가 독점하고 있는 까닭에 비판은커녕 쉽게 거

55 권혁범, 앞의 책. 25쪽.

론조차 할 수 없는 성역화된 형태로 군림하게 된다. 이러한 정치적 폭력에 대해 소설은 권위적 대상과의 타협을 거부하고 저항을 시도하는 본연의 속성에 따라 과감히 문제 제기와 비판을 한다. 물론 이 시기에는 문학 또한 정치적 폭력의 규제와 단속으로부터 완전히 자유로울 수 없었기에 소설은 그 나름의 문학적 방법을 통해 문제 상황을 고발하고 비판적 목소리를 제기하였다. 앞서 살펴본 문제들에 비해 정치적 폭력에 대한 문제 제기는 훨씬 더 민감한 성격을 띠는 만큼 작가들은 복잡한 서술전략을 택할 수밖에 없었다.

정치적 폭력 상황을 대상화한 소설들은 문제 상황을 구체적이고 실제적으로 재현하는 것이 아니라 되도록 현실적 요소를 배제한 채 이야기를 전개해 가는 특징을 보인다. 꿈이나 우화적 장치와 같이 환상성이 강조되는 설정이나 비정상적인 인물 설정, 신뢰할 수 없는 서술자에 의한 서술 등이 그것이다. 이런 것들은 폭력적 문제 상황을 우회적인 방식으로 끊임없이 텍스트 전면에 노출시킴으로써 문제를 폭로하는 기능을 한다. 이러한 소설적 전략을 택한 것에는 물론 검열과 같은 현실의 제약을 피하고자 하는 의도가 있었겠지만, 그보다는 문제 대상에 대한 비판과 부정의 효과를 극대화하기 위해 선택한 기법이라는 분석에 더 무게가 실린다. 정치적 폭력에 속하는 문제들은 대부분 쉽게 언급할 수 없거나 일상의 공간에서는 접하기 어려운 것들이다. 따라서 이들의 실상을 고발하고 비판하기 위해서는 자극적이고 강한 인상을 통해 저항의 메시지를 극대화할 수 있는 서술전략이 필요하다. 환상적 효과나 비정상적 인물 설정과 같은 일종의 위장적 서술방법은 이런 맥락에서 고안된 서술전략이라 할 수 있다.

국가폭력의 상징공간으로서의 군대와 감옥

1960년대는 근대국가 형성의 움직임이 본격화되는 시기로, 박정희 정권의 통치방식 또한 근대국가의 방식을 전제로 한 것이다. 근대국가의 통치 메커니즘은 엄격한 규율과 지배질서를 마련해 두고 '포섭과 배제'라는 양날의 검으로 사람들의 신체를 장악하는 것이 일반적이다. 따라서 신체에 가해지는 구속과 억압의 양상이야말로 강력한 근대국가를 지향하던 박정희 정권의 정치적 폭력을 살펴보기에 가장 적합한 대상이라 할 수 있다. 국가권력에 의한 신체적 구속과 억압이 가장 극단적으로 이루어졌던 곳은 단연 군대와 감옥이다. 군대와 감옥이 갖는 억압과 구속의 상징성이 비단 박정희 정권만의 특징은 아니지만, 1960년대의 군대는 군사주의를 기반으로 하는 박정희 정권의 특징이 집약된 상징적 공간이라는 점에서 주목할 만하다. 감옥 또한 4·19 혁명과 제2공화국의 잔재를 청산하려는 박정희 정권의 적극적 정책에 의해 수많은 사상범들이 수감됨에 따라 정치적 억압이 극대화된 공간으로 거듭나게 된다.

먼저 전체주의 사회의 상징적 공간인 군대를 대상으로 한 텍스트를 살펴보자. 군대는 철저한 계급구조로 이루어진 사회로 이곳에는 오직 명령과 복종만이 존재한다. 이 사회에서 계급은 곧 힘이며, 그 자체가 인격으로 통한다. 군대에서 권력의 효력은 즉각적으로 나타나며 계급 수준만큼 권력행사의 재량이 다르게 주어지기 때문에 구성원들은 권력의 위력을 쉽게 절감할 수밖에 없다.[56]

---

56 조성숙, 「군대문화와 남성」, 여성한국사회연구회 편, 『남성과 한국사회』, 사회문화연구소, 1997, 166쪽.

이렇게 계급과 서열이라는 힘의 논리로 이루어진 군대에서 개인의 존재가치는 철저하게 부정된다. 개인의 존재가치가 억압되는 가장 전형적인 상황은 물리적 폭력이 가해지는 경우다. 그러나 조직체계를 유지하는 데 있어 물리적 폭력은 절대적인 역할을 한다. 계급에 의해 부여되는 힘에 따라 명령과 복종의 관계가 확실하게 정해지는 군대에서 명령에 대한 불복이나 기피, 낙오와 같은 행동은 결코 용납될 수 없다. 체계와 질서가 강조되는 조직사회에서 명령과 질서를 배반하는 일은 가장 문제적인 행동이며, 그런 행동에 대해 엄중한 처벌로 응징하는 것 또한 이 사회의 규율이며 원칙이다. 배반 행위에 대한 단속과 응징을 위한 방법으로는 물리적 폭력이 가장 효과적이며, 이런 이유로 군대 내에서는 폭력을 통한 정복의 논리가 일상화되어 있다. 군대 내에서 폭력이 정당화되고 일상화될 수 있는 까닭은 군대라는 조직 자체가 국가의 주권과 국민의 안전을 지키기 위해 조직화된 폭력을 합법적으로 관리하고 행사하는 곳이기 때문이다.

군대 내에서 계급과 질서를 지키기 위해 정당화되는 폭력의 대표적인 예가 바로 기합이다. 기합은 "어떤 개인이나 집단을 효과적으로 지배하기 위한 현실적인 수단"(「줄뺨」, 89쪽)으로, 군대 내에서 자행되는 기합의 폭력성과 잔인함을 그린 이청준의 「줄뺨」에는 인간에게 가해질 수 있는 다양한 종류의 정신적·육체적 고통의 모습들이 등장한다. 기합전문가 김만석은 그의 직함에 걸맞게 확고한 신념과 원칙을 가지고 기합을 연구하고 행사하는 인물이다. 그는 대부분의 사람들이 "입으로는 늘 기합을 비인간적 악덕으로 매도하면서도 기회가 오면 손쉽게"(「줄뺨」, 89쪽) "폭력을 아무렇게나 휘둘러대고, 목적이나 필요가 없이 사람들을 학대하"(「줄뺨」, 89쪽)는 것을 비판하면서 기합을 "보다 정당하고 세련된 기술로서 순화, 계발해 나가"(『줄빠』, 89쪽)고자 한다. "김만석에 있어서의 기합의 세련성이란 결국 비폭력성을 뜻한다고 해도"(『줄빠』, 89쪽) 될 만큼, 그는 "기합권을 행사하는 데 있어서 절대로 원시적인 폭력의 사용을 반대"(『줄빠』, 89쪽)한다. 물론 사람들은 원시적인 폭력의 공포 앞에서 쉽게 굴복하는 것이 사실이지만, 김만석이 생각하기에 "사람을 구타하는 따위의 직접 폭력이란 도대체 인간이 인간을 다루는 떳떳한 지배 수단이 될 수는 없"(『줄빠』, 89쪽)었다. 그래서 그는 "기합을 당하는 사람(그는 그들을 기합 수형자라고 말했다) 스스로에게서 상당한 고통을 자생시키고 그 최소한의 자생의 고통으로 인해 스스로 가형자(이 역시 김만석이 기합권 행사자를 가리켜 한 말이다)의 지배권에 속해 올 수 있도록 하는 보다 신사적이고 간접적인 방법"(『줄빠』, 90쪽)을 고안해 낸다. 신체적 고통을 가하지 않는 "신사적이고 간접적인 방법"(『줄빠』, 90쪽)은 수치심과 굴욕감과 같은 훨씬 더 가혹한 정신적 고통을 가하는 것이었다.

그가 고안한 기합방법 가운데 1단계와 2단계는 "그저 단순한 모욕감이나 자생적 고통만을 유도해내는 효과 정도"(『줄빠』, 98쪽)가 있는 가벼운 것으로, 전 중대원 앞에서 치질 걸린 엉덩이를 까 보이게 하고, 오줌을 못 참은 대원에게 "개처럼 엉거주춤 한쪽 다리를 옆으로 비켜든 채"(『줄빠』, 89쪽) 용변을 보게 하며, 훈련 중 발맞춤이 틀린 대원에게 "종아리를 반쯤 걷어 올린 채 잠시 동안 그의 매질을 기다리고 있게"(『줄빠』, 86쪽) 하는 정도이다. 부대원들이 1, 2단계의 기합에는 별다른 반응을 보이지 않자 김만석은 3, 4단계의 기합을 실시한다. 3, 4단계는 이전 것들과 달리 "집단 구성원의 무의식적인 개인화"(『줄빠』, 98쪽)를 통해 집단 전체에 대한 지배와 통제를 더 효율적으로 하는 방식이다.

남은 동료의 수가 줄어들수록 불안스런 괴로움이 겹쳐들며 기합은 짜증스럽도록 견디기가 힘들어진다. 어느 단계가 되면 누구라도 이젠 그쯤에서 자신도 그만 기합을 끝내버리고 싶어진다. 오로지 자기만을 생각하게 된다. 그리고 남을 이기고 싶어 한다. 남은 자들끼리의 선두 다툼은 그리하여 아직도 쉴새없이 계속된다. 그리고 그 선두 다툼은 횟수가 거듭되어 갈수록, 남은 사람의 숫자가 줄어갈수록 오히려 점점 더 열기가 더해져 간다. 선착순 기합 방법은 이를테면 그런 식으로 집단 내의 모든 구성원에게 철저히 이기적인 경쟁심을 유발케 하고, 그것을 통해서 마침낸 그 집단의 개인화 현상을 촉진시키게 되어 있었다. 한 집단의 개인화 작업이야말로 그 집단을 소유하고 지배해 가는 가장 첫 단계의 비결이 아닐 수 없었다. 「줄뺨」, 99~100쪽

이렇게 개인화된 상태가 되면 지배와 통제가 훨씬 더 수월해진다. 기합을 받는 사람들이 집단의 형태일 때는 그들 모두가 똑같이 피해자의 위치에 있기 때문에 분노와 복수의 대상은 오직 기합을 주는 이들에게 집중되지만, 기합을 받는 이들이 개인화된 상태가 되면 서로가 서로에게 폭력을 가하는 구도를 형성하여 "자신들끼리 서로 가열한 복수를 감행"(「줄뺨」, 108쪽)하느라 자연스럽게 지배계급의 가해 사실을 잊게 된다. 서로 마주 본 상태에서 상대의 뺨을 때리게 하는 5단계 기합방식은 "수행자들 스스로 가형자와 수형자의 역할을 동시에 감당"(「줄뺨」, 108쪽)하게 하는 것으로, 이 기합방식의 최후는 모두가 폭력의 피해자인 동시에 가해자가 되는 것이다.

드디어 녀석들이 반응을 나타내기 시작했다. 하나하나 팔을 들어 상대방의 뺨을 스치는 시늉들이 시작되고 있었다. 아니 시늉뿐만이 아니었다. 시늉을 하다 보니 어쩌다간 정말 찰싹 소리가 나도록 손이 제대로 올라붙는 수도

있었고, 그렇게 되면 상대방은 또 상대방대로 보다 거센 가격을 되갚게 되는 경우도 생겼다. 김만석의 얼굴에선 마침내 회심의 미소가 떠오르고 있었다.

– 각오가 그뿐이냐!

그는 속으로 소리치고 있었다. 하지만 그는 이제 더 이상 협박이 필요하지 않다는 것을 알고 있었다. 녀석들은 이제 기름을 먹기 시작한 기계처럼 저희들 스스로 그 가형자와 수형자의 역할을 교대교대 감당해 나가기 시작하고 있었다. 「줄빠」, 110~111쪽

김만석의 종료명령조차 효과가 없을 정도로 부대원들은 이미 어떤 형태로든 폭력의 위험에 노출된 상태가 되었다. 한 개인이 피해자인 동시에 가해자가 되는 구조에서 이루어지는 폭력은 강도를 계속 더해 가며 반복되는 악순환을 낳을 수밖에 없다. 자신이 받은 폭력의 피해와 희생을 또 다른 대상에게 폭력을 가함으로써 보상받으려는 논리가 집단 전체에 만연할 경우, 개인들은 자신이 당하는 폭력의 피해에 대해서는 물론이고 타인에게 가하는 폭력에 대해서도 무감각해지면서 더 큰 문제를 불러일으키게 된다.

상대에게 폭력을 가하는 것에 몰두해 있던 부대원의 모습에서 발견할 수 있는 문제는 폭력의 피해가 신체적 고통에서 끝나지 않고 정신적 고통과 질환으로 이어진다는 것이다. 서정인의 「후송」에는 전체주의적 군대의 폭력성과 긴장감으로 인해 신경증에 시달리는 인물(성 중위)이 등장한다. 성 중위가 느끼는 이명 현상의 직접적인 원인은 사격 때문이다. 아무도 없고, 아무것도 없는 곳에서 빈 깡통을 향해 사격을 하는 순간 성 중위는 쾌감을 느낀다. 격발할 때마다 느껴지는 고통과 폭음은 전신을 자극할 정도로 짜릿하며, 반대로 탄환이 떨어질수록 어깨는 무거워지고 피로가 급증한다. 비록 그 대상이 인간이

아닌 사물이라 하더라도 아무런 목적도, 이유도 없이 그저 없애 버리고 싶다는 이유만으로 충동적으로 폭력을 가할 뿐만 아니라 폭력의 순간에 쾌감을 느끼기까지 하는 성 중위의 모습은 이미 폭력이 체화된 상태로 볼 수 있다. 성 중위를 이렇게 만든 근본적인 원인은 역시 군대라는 집단 특유의 폭력성과 긴장감이다.

> "어느 구석엔가," 성중위는 웃지 않고 계속했다. "죽음이 도사리고 앉아서 내 방비가 약한 틈을 타서 내게 달려들 것만 같아요. 그러니 나는 항상 주의를 게을리 할 수가 없지요. 무심히 지나다가도 문득 긴장합니다. 까닭 모를 긴장을요."
>
> "노이로제군." (…)
>
> "산꼭대기에 있을 때는 좀 나았습니다. 거기선 제가 왕 아닙니까. 자고 싶을 때 자고, 일어나고 싶을 때 일어나고, 먹고 싶을 때 먹었지요. (…) 신경도 덜 쓰이고 긴장도 완화되는 거 같았어요. 무섭기야 산꼭대기가 더 무서울 거 아니겠어요? (…) 이치를 따지자면야 사단 사령부 부근에 있으면서 죽음의 손길을 느낀다는 것보다 거기서 불안해한다는 것이 훨씬 더 있을 법하지 않습니까? 그러나 이치는 이치고 기분은 기분인데 어떡합니까?" 「후송」, 14~16쪽

전쟁과 적에 의한 공포보다 부대 내에서 느끼는 불안이 더 크게 작용할 정도로 군대라는 조직사회 자체가 가지는 폭력성은 상당하다. 개인의 생명이나 자유보다 집단의 규칙과 질서가 우선되는 군대의 전체주의적 성격은 질병을 진찰하고 치료하는 과정에서도 여지없이 드러난다. 귀가 아프다는 성 중위의 호소에도 군의관은 "단을 내리는 것은 항상 의사 쪽"(「후송」, 12쪽)이라며 환자의 호소를 귀담아 들으려 하지 않고 선입관을 갖고 진찰할 뿐이다. 우여곡절 끝에 옮겨 간 야전병원

역시 군대와 다르지 않다.

> 무거운 쇠줄을 늘어뜨리고 정문을 지키고 있는 집총한 위병과 그들의 위병소, 부대를 둘러싸고 있는 높은 철조망, 그 철조망 밖으로는 아스팔트 깔린 국도가 연변의 점점 작아지는 가로수들과 함께 멀리까지 뻗쳐 있었고, 안으로는 쓰레기 무덤과 푸른 옷을 입은 창백한… 창백한, 머리 깎은 사나이들, 그리고 단조로운 단층의 암갈색 막사들이 떠오르는 태양 광선 속에서 깨어나고 있었다. (…) 그것은 다시 말해서 독선적이기도 하였다. 복장의 분류는 사람의 분류를, 따라서 사람의 통솔을, 도와주고 있었다. 「후송」, 28쪽

이곳에서도 성 중위는 치료를 받지도 못한 채 이상이 없으니 퇴원하라는 통보를 받을 뿐이다. 병을 치료하기 위해 찾은 이곳 또한 병원이 아니라 집총한 위병과 철조망, 통솔하기 쉽게 분류된 복장의 사람들로 가득 찬 또 하나의 군대일 뿐이다. 어디에도 환자 개인에 대한 배려나 관심은 없다. 군대 내에는 제대로 된 진단과 치료를 받을 최소한의 권리조차 없는 것이다. 단지 사람을 통솔하기 편하게 분류하는 독선적인 원칙과 질서만 존재한다. 성 중위는 결국 후송명령을 받지만, 그마저도 개인후송이 아닌 집단후송의 형태이며, "새로운, 그러나 단순한 또 하나의 다른 세계"(「후송」, 48쪽)인 후방의 육군병원으로 향하는 후송 열차에 실려 떠날 뿐이다.

이런 집단적 폭력의 일상화가 가장 극단적으로 드러나는 곳은 바로 전쟁터이다. 전쟁이라는 특수한 시공간에서는 적군에 대한 무차별적 폭력은 물론, 전쟁과 무관한 사람들에 대한 폭력도 전혀 문제되지 않는다. 전쟁 중의 군인들은 처음에는 자신의 의지와 무관하게 누군가를 죽여야 하는 상황에 대해 고통스러워하지만, 상황이 반복되면서

가해행위에 대한 고통은 점점 더 무감각해진다. 또한 자신도 언제 죽을지 모른다는 불안과 공포가 폭력과 살상 행위에 대한 죄책감이나 두려움을 상쇄해 버리고 오히려 폭력에 적극적으로 가담하게 만든다.

황석영의 「돌아온 사람」은 베트남 전쟁과 6·25 전쟁을 오버랩하면서 가해자와 피해자의 관계가 뒤섞여 있는 모습을 그리고 있다. 베트남 전쟁에 참전한 '나'는 그곳에서 수많은 '타락한 증오'를 경험한다. 그 '타락한 증오'란 결코 자신들을 저격하는 게릴라나 비협조적인 주민들만을 대상으로 한 것이 아니라, 무고한 주민들을 상대로도 이루어졌다. 물론 그들을 "사살한 것은 상대적인 것이었고, 그것은 전장의 엄연한 율(律)"(「돌아온 사람」, 116쪽)에 의한 것이었을 뿐 개인의 원한이나 폭력성에서 비롯된 것은 결코 아니었다. 끊임없이 상대를 사살하고 제압하기를 강요하는 전장의 율(律)과 그 율을 지키지 않으면 자신이 죽을 수도 있는 긴박한 상황에서 '나'는 그저 "나의 용기와 전쟁의 허무를 가늠하면서 적을 쏘"(「돌아온 사람」, 116쪽)기만 할 뿐이었다. 불귀순 지역을 진압하던 중, 숨어 있던 노인과 소년, 그리고 아기를 그대로 죽여버린 상황을 가리켜 스스로 "내가 만났던 최악의 피로"(「돌아온 사람」, 117쪽)라고 여길 만큼 이런 상황은 분명 '나'의 자발적인 의지로 이루어진 것은 아니다. 자신도 모르는 사이에 총격하고 있는 모습에 스스로 놀라서 도망치듯 그 상황을 피해 버리는 것은 당시 그가 의식의 마비 상태였음을 증명한다. 이처럼 자신의 의지나 선택과는 무관하게 무조건 폭력을 행사해야 되는 상황 또한 상당한 압박과 고통일 수밖에 없다. 결국 '나'를 비롯해 전쟁에 참전한 사람들 대부분은 이런 압박과 강제로 인한 또 다른 피해자인 셈이다.

그러나 신에게 용서를 구할 수도, 개인의 양심적 선택에 따라 폭력을 저지할 수도 없는 살벌한 전쟁터에서 이들이 자신의 상처와 고통을 일시적으로나마 망각하고 즐거움을 느끼는 방법 또한 아이러니하게도 폭력이다. 이들은 자신들도 똑같이 폭력의 피해를 입었다는 명분을 내세워 폭력의 사용을 정당화한다. 즉 폭력으로 인한 피해를 폭력으로 되갚아 주겠다는 논리인 것이다. 이런 논리로 무장한 이들은 폭력의 문제점에 대해 이미 무감각해졌으며, 이 상태로 끊임없이 폭력을 되풀이한다. '나'를 비롯한 동료들은 아군의 피를 보게 한 '탄'이라는 포로에게 분풀이를 한다. 중학교 교원이며, 두 아이와 스물다섯 살 난 처를 거느린 가장인 '탄'의 인간으로서의 존재감과 가치는 쉽게 구겨져 버릴 "한장의 종이에 지나지 않았"(「돌아온 사람」, 119쪽)으며, 전쟁터에서 그는 단지 저항감을 느끼게 하는 "작달막한 포로일 뿐"(「돌아온 사람」, 119쪽)이었다. 이런 '탄'에게 가해진 폭력은 물리적인 고통 이상의 상처와 치욕이었다.

우선 그 녀석이 위축되도록 헝겊으로 두 눈을 가렸다. 침대 아래 쥐잡기부터 비행기태우기, 원산폭격, 한강철교, 한사람씩 제안할 때마다 방법이 가혹해지기 시작했다. 우리는 그가 실수를 하면 약간의 매를 때려줬다. 우리는 웃었다. 자꾸만 웃었다. 주위가 너무 조용해서 크게 웃지 못하는, 참는 웃음이었다. 우리는 웃으면서 땀을 뻘뻘 흘렸다. 드디어는 놈의 그것을 꺼내어 자기 손에 쥐게 하고 수음을 시켰다. 탄은 울었던 것 같다. 확실히 탄이란 녀석 혼찌검이 나서 눈물을 흘렸다. "더러운 자식!" 맥주를 그의 얼굴에 뿌리던 한사람이 담뱃불을 슬며시 놈의 그곳에 갖다댔을 때, 기다란 비명소리가 들렸다. 그것은 탄의 목소리가 아니라, 담배를 쥐고 있던 동료의 목소리였다. 탄의 이빨은 동료의 손등을 피가 배어나도록 힘껏 물고 있었다.

"놔, 놓으란 말야."

다른 사람이 떼어놓으려고 탄의 볼따구니를 여러차례 쳤지만, 놈은 이를 악물고 놓지 않았다. 손을 잡힌 자는 왼발을 뒤로 쳐들었다가 놈의 아랫배를 공처럼 내차기 시작했다. 여러차례 만에 길게 내뿜는 숨소리가 나면서 탄의 몸이 옆으로 처졌다. 그는 눈을 홉뜨고 흰 동공을 보이며 고개를 뒤로 떨구었다. 「돌아온 사람」, 119~120쪽

인간에 대한 최소한의 예의와 존중은 찾아볼 수 없는 형태의 폭력을 가하면서 '우리'는 짜릿한 기쁨을 느끼기까지 한다. '우리'의 이런 기쁨은 적에 대해 너무나 커버린 분노에서 비롯되었다. 결국 폭력은 분노를 유발하고 그 분노는 더 큰 폭력으로 되갚아지면서 폭력의 악순환은 계속되는 것이다. 그리고 그 과정에서 사람들은 폭력의 피해자인 동시에 가해자가 되는 모순을 경험하게 되고, 점차 폭력의 문제에 대해 둔감해지고 가학적인 성향만 키우게 된다. 이 악순환의 끝은 모든 이들이 폭력의 피해자가 되어 상처받고 고통받는 것이다.

폭력의 피해가 또 다른 폭력의 가해로 이어지는 악순환의 고리는 이 소설의 다른 축을 이루는 이야기에서도 그대로 재현된다. 휴양을 위해 내려온 시골에서 '내'가 우연히 접하게 된 만수 일가의 과거사 역시 폭력이 또 다른 폭력을 낳은 비극적인 이야기다. 만수가 잡아서 제사를 지내야 할 것은 사실 돼지가 아니라 자신의 형을 미치광이로 만든 '사내'다. 6·25 전쟁 당시 남한과 북한, 국군과 인민군으로 편 가르기가 한창일 때 자신과 다른 편에 속한 이들은 무조건 살상의 대상이었고, 형 또한 그 당시 '사내'의 가학행위 때문에 광인이 되었다. 그래서 형수와 만수는 아무도 해 주지 않는 재판을 자신들이 직접 하기로 결심하고 '사내'를 잡아다 처참하게 고문함으로써 형의 희생에 대한 보상을 받고자 한다. 폭력이 또 다른 폭력을 낳은 것이다. 결국 「돌아

온 사람」이 그리는 두 개의 이야기—베트남전에 참전한 '나'의 이야기와 6·25 전쟁 당시의 희생에 대한 만수의 복수 이야기—는 단 한 명의 승자도 없이, 모두가 상처투성이의 피해자인 채로 끝이 난다.

「돌아온 사람」의 두 이야기는 각기 다른 시공간에서 일어난 전쟁을 배경으로 삼고 있지만 자연스럽게 두 상황을 오버랩하면서 대물림되는 폭력의 문제점을 비판하고 있다. 두 이야기가 다루는 폭력은 공통적으로 전쟁이라는 상황에서 일어난 것으로, 전쟁에서의 폭력은 개인 대 개인이 아닌 집단 대 집단의 형태로 이루어지기 때문에 개인은 폭력의 책임으로부터 비교적 자유로울 수 있다. 이는 전쟁터에서의 개인은 책임도 없을뿐더러 어떤 주장이나 권리요구도 할 수 없는 존재임을 의미한다. 다시 말해 전쟁의 공간에서 개인은 그저 전체의 일부로서 명령에 따라 수동적으로 움직이기만 할 뿐 개인의 고유한 존재가치는 철저히 배제되고 무시되는 것이다.

「돌아온 사람」과 함께 베트남전을 배경으로 하는 황석영의 또 다른 소설 「탑」에서는 집단의 승리와 이익 앞에서 개인의 존재가 무가치한 것으로 전락하는 모습이 그려진다. 적군과 아군으로 갈라져 승리가 아니면 패배라는 극단적인 이분법의 구도로 진행되는 전쟁에서는 오직 집단의 승패만 중요할 뿐 개인의 희생은 적군과 아군을 막론하고 중요하지 않다. 전쟁터에서 개인의 감정과 의견, 인간의 존엄성 등의 가치들이 들어설 자리는 아예 없다. 자신들이 지켜야 할 대상은 인간이 아니라 너무나도 초라한, 보잘것없는 돌덩이에 지나지 않는 장난감과 같은 작은 탑일 뿐이며, 이런 돌덩이에 인질로 잡혀 온 인간이 묶여 총알받이가 될 수밖에 없는 아이러니한 상황이 아무런 의심없이 펼쳐지는 곳이 바로 전쟁터이다. 탑을 지키는 대가로 인간의 생명을 내놓으라고 명령하는 군대라는 조직은 부대원의 전사 소식에도 "알았다. R포인트는 계속 수고하도록"(『탑』, 82쪽)이라는 무미건조한 대답만 내놓을 뿐이다. 그리고 전투에서 불리한 상황에 이르자 퇴각로를 차단하고 본대는 후퇴하면서 대수롭지 않게 '나'를 포함한 일곱 명의 부대원들을 "도피로가 차단된 일곱 마리의 쥐새끼"(『탑』, 86쪽) 꼴로 만드는 것도 바로 군대다. 수많은 부상자와 시체만 남긴 전투가 끝났을 때, 사람들은 "모두 넋이 빠져 미친 사람이 되어"(『탑』, 91쪽) 있었고, "사람다운 모든 것이 탈진되어 의식이 흐려"(『탑』, 91쪽)진 상태였지만, 군대라는 조직에는 오직 승리만이 중요할 뿐이다. 이처럼 인간의 존엄성과 존재가치는 전쟁의 승리라는 조직의 목적 앞에서는 보잘것없는 것이 되고 만다.

인간의 목숨과 맞바꾸면서까지 지켜온 탑을 미군 장교가 대수롭잖게 없애 버리겠다고 하는 순간 '나'는 또 한 번 잔인한 전쟁의 논리와 군대라는 집단의 논리를 실감하게 된다. 물론 한 무더기의 작은 돌덩어리에 피를 흘려 지킬 가치가 없다는 것은 '나'도 안다. 또 자신들이 싸워 지켜낸 것도 거창한 명분이나 대의가 아니라 "겨우 자신의 개 같은 목숨에 지나지 않"(『탑』, 93쪽)는 것이 사실이다. 그럼에도 불구하고 그 탑은 수많은 동료와 적군, 무고한 사람들의 목숨을 희생하면서까지 지켜낸 것이었다. 그러한 희생과 상관없이 상부의 명령 한마디면 한순간에 무너질 수 있는 것이 잔혹한 전쟁의 논리이며, 동시에 집단 전체의 이익에만 충실한 군대의 논리인 것이다.

집단적 체계와 지배질서의 강압으로 개인이 소외되는 문제가 극대화되어 나타나는 특수한 경우 중 하나가 전시(戰時)라면, 또 다른 경우는 외인부대라는 더 강력하고 거대한 힘이 개입된 상황이다. 외인부대의 폭력은 군복무라는 희생의 대가로 허용될 뿐 아니라 정당화된다. 이런 목적에서의 폭력행위는 군대 내에서 아랫사람을 상대로 이루어지기도 하지만 주로 여성을 상대로 이루어진다. 이런 폭력이 정당화될 수 있는 것은 군사주의의 강력한 영향력 때문이기도 하지만 그보다 더 오랜 역사를 가진 가부장제 때문이기도 하다. 가부장제의 암묵적 동의 아래, '숭고한' 국방의 의무를 책임지고 있는 남성은 그렇지 않은 여성에 비해 우월한 존재임을 끊임없이 주입시킴으로써 힘든 군복무의 시간을 견디게 하는 것이 바로 군사주의의 중요한 전제이다. 군사주의는 남성이 우월한 존재로서의 자기 지위에 자긍심을 느끼게 하는 데서 그치지 않고 여성을 정복하고 파괴하는 공격적 행동으로 이어지도록 조장한다.

여성에 대한 남성(군인)의 공격성이 가장 극단적으로 나타나는 곳은 바로 기지촌이다. 문제는 군사주의의 산물인 기지촌이 외화벌이와 국가안보라는 명분 아래 박정희 정권의 적극적 지지를 받으면서 형성되었다는 것이다.[57] 정권의 감시와 보호 아래 형성된 기지촌은 미군이라는 다른 민족의 남성에 의한 폭력이 정당화되는 공간이었다. 그런 점에서 1960년대의 기지촌 여성들은 군사주의에 길들여진 남성에 의한 폭력과 근대국가의 경제성장을 위한 희생을 이중으로 겪은 존재들이다. 미군들의 불안과 공포를 위안해 줄 오락거리이자 전쟁에 대비한 실험용 정복 대상으로 전락한 양공주들은 대부분 「안나의 유서」

---

57 이런 맥락에서 이나영은 기지촌은 어쩔 수 없이 탄생한 것이 아니라 '구성된 것'으로 표현하는 것이 옳다고 주장한다. 만들어진 것으로서의 기지촌은 대한민국의 근대사를 구성하는 다양한 힘의 역학관계의 산물이기도 하다. 이에 대한 보다 자세한 설명은 이나영의 「기지촌의 공고화 과정에 관한 연구(1950~60): 국가, 성별화된 민족주의, 여성의 저항」(한국여성학회, 『한국여성학』 제23권 4호, 2007.12.)을 참고할 것.

의 주인공 안나처럼 전쟁 이후 "몸뚱어리를 가릴 옷이 없고 벽돌 조각이 고깃덩이로 보일 만치 배가 고픈 젊은 계집"(「안나의 유서」, 330쪽)들이다. "한끼 밥을 먹기 위해서 피를 뽑아 팔 듯"(「안나의 유서」, 330쪽) 가난한 여성들은 자신의 몸뚱어리를 팔아 먹고살 수밖에 없었고, 결국 그들은 자신의 이름을 버리고 '안나'라는 이름으로 살아가는 신세가 된다. 「황구의 비명」의 은주도 자신의 이름을 버리고 '담비 킴'이라는 이름의 양공주로 살아간다. '담비 킴'으로서의 은주의 삶은 어마어마한 체구의 수캐의 폭력 앞에서 "기구한 여인처럼 사력을 다해 순종하고"(「황구의 비명」, 496쪽) 있는 조그만 재래종 황구와 닮아 있다. 그러나 담비 킴이 되어 거대한 수캐의 폭력에 자신의 몸을 내맡겼지만 빚더미에 오른 삶은 달라지지 않았다. 빚을 받으러 온 '나'에게 은주가 줄 수 있는 것도 결국 자신의 육체뿐이다.

양공주들이 겪는 어려움은 가난만이 아니다. 조해일의 「아메리카」는 여러 가지 질병과 폭력의 위험에 무방비로 노출되어 있는 양공주들을 그리고 있다. 「아메리카」의 배경이 되는 기지촌에서는 병사·자살·연탄가스 중독이나 기타 여러 사고 등으로 평균 한 달에 한 번 꼴로 양공주들의 장례식이 치러진다. 게다가 성병예방이라는 명분으로 이루어지는 '토벌'에서 불합격자 판정을 받은 양공주는 '수용소'라 불리는 성병 집단 치료소에 강제 수용된다. '토벌'이라는 불심검문은 결코 양공주들의 건강을 위한 것이 아니었다. 전적으로 미군들의 건강과 안전한 섹스를 위한 것이었으며, 토벌의 피해와 고통—성병 관리소에서의 감금, 격리치료와 치료과정에서의 약물부작용으로 인한 사고, 사망 등—은 고스란히 여성들의 몫이었다. 이는 이 자체로도 상당한 인권유린의 행위라 할 수 있다. 그러나 양공주들이 겪는 가장 큰 피해는 역시 미군에 의한 폭행과 살상이다.

> 장씨와 나는 거의 동시에 소리나는 쪽으로 몸을 돌이켰는데 순간 나는 전신에 소름이 쭉 끼치는 것을 느꼈다. 아까의 그 검둥이가 흰 이를 드러내고 벌거벗은 한 여자의 머리채를 나꿔쥔 채 한 손으로는 기다란 면도칼을 내저어 우리를 위협하며 마악 골목을 나서고 있었다. 여자의 온몸은 공포의 표정을 역력히 드러낸 채 잔뜩 활처럼 뒤로 휘어져 있었고 두 손은 제 머리채를 틀어쥔 검둥이의 손을 필사적으로 할퀴어 대고 있었으나 머리채가 당겨지는 아픔과 아무리 할퀴어 대도 조금도 늦춰 주지 않고 잡아채는 검둥이의 광포한 힘에 무력하게 질질 끌려나오고 있었다. 장씨와 나는 거의 동시에 화다닥, 녀석이 내두르는 칼날을 피해 양쪽으로 갈라 서서 길을 틔워 주었다. 검둥이는 다시 한번 우리를 향해 흰 이를 드러내 보이며 광포하게 칼날을 휘둘러 허공을 두어 번 베어 보이고 나서 내처 여자를 잡아채었다. 우리가 잠시 어찌할 바를 모르는 사이 여자는 이제 몸만 잔뜩 뒤로 휜 채 거의 종종걸음을 치다시피 어둠 속으로 끌려가고 있었다. 「아메리카」, 372~373쪽

장씨와 '내'가 외면해 버린 이 여성은 결국 싸늘한 주검으로 발견된다. 미군에 의한 폭행과 살인은 비일비재하지만 양공주들의 인권과 생명을 지켜 줄 장치는 아무것도 없다. 폭력의 가해자가 민간인이 아니라 군인, 특히 미군일 경우 폭력의 책임을 요구하기란 더욱 어렵다. 소설에서는 미군 참모장의 사과와 이만 원이라는 보상금으로 살인사건이 마무리되지만 현실에서는 그조차도 결코 쉬운 일이 아니다.

처음부터 미군들의 유희와 성생활의 편의를 목적으로 만들어진 기지촌에서 남성과 여성의 상하관계는 비단 미군과 양공주 사이에서만 나타나는 것이 아니다. 기지촌 클럽에서 일하는 '나' 또한 한 달 동안 7, 8명의 여자들과 관계를 가지면서 기지촌 생활에 적응해 간다. 그런

'나'의 시선에는 그곳의 여성들이 "그 생활을 즐겁게 받아들이고 있는 것"(「아메리카」, 368쪽)처럼 보인다. 이런 '나'의 생각과 행동은 군대에서 습득한 남성성 때문이다. '나'는 유격대에서 의무병으로 35개월 동안 군 생활을 마치고 갓 제대한 인물이다. 소설은 '내'가 제대한 뒤 당숙이 운영하는 기지촌 클럽으로 가는 버스에 오르는 것으로 시작된다. 물론 여성을 정복 대상, 유희 대상으로 여기는 '나'의 모습이 전적으로 군생활의 결과라고는 할 수 없지만, 분명 군생활에서의 습성이 영향을 끼쳤을 것이라는 추론은 '내'가 군대를 갓 제대했으며, 제대 이후에도 계속해서 군대 시절의 불편한 기억을 악몽으로 떠올리는 것을 통해 충분히 가능하다.

「아메리카」가 기지촌 클럽을 배경으로 하고 있다면, 이문구의 「해벽」은 사포곶이라는 작은 어촌에 미군기지가 들어서면서 생기는 변화를 그리고 있다. 물론 미군기지와 함께 생기는 것은 양공주촌이다. 「해벽」에서 드러나는 미군들의 폭력과 가학성은 「아메리카」에서 그려진 모습들보다 훨씬 더 잔인하고 무자비하다. 「아메리카」의 배경이 되는 기지촌은 형성된 지 오래되어 나름의 질서가 비교적 잘 정착되어 있는데 반해, 사포곶은 이제 막 미군기지가 들어선 터라 「아메리카」의 ㄷ읍과 같은 나름의 체계나 질서, 규제방법이 존재하지 않는다. 따라서 이곳에서 미군이 가하는 폭력의 정도는 더욱 심각할 수밖에 없다.

그날 한갓 동물로 징발됐던 여자는 경기도 어느 미군부대 울타리 밖에서 살다 쇠께로 들어왔던 젊은 위안부였다고 했다. 막말을 나오는 그대로 하자면, 그녀는 삼십달러짜리 암캐를 자처한 거나 다름이 없었다. 미군들 여남은 명이 모여 각각 몇달러씩 추렴한 돈 삼십달러에 그녀는 암캐로 팔리기를 계약했던 것이다. 조건은 단 두 가지, 팔린 시간도 한 시간에 지나지 않긴 했지만, 하여간 그런 계약이란 반백년이나 살아 왔던 조로서도 난생 처음 들어 본 내용이었다. 내용은 그 한 시간 동안 미군부대에서 사육해온 경비견 수캐의 공개적인 교미상대가 돼주는 일과 그 과정을 영화로 촬영해도 무방하다는 조건이었다고 했다. (…) 흑백의 미군 열댓명이 울타리 치고 둘러선 한가운데서 그 위안부는 완전히 벗은 나체로 자세를 취했고, 평소에 잘 먹으며 훈련된 늙은 세퍼트는, 발정한 암캐를 만난 듯 엎쳐오르며 헐떡거렸다. 휴대용 소형 무비 카메라는 그녀가 옷을 벗기 시작한 순서부터 촬영을 계속했으며 인간과 동격이 된 개는 동격이라기보다 그 우위로 대우받은 개는, 미군들이 상상하고 바라온 바에 유감이 없도록 연출을 해 뵜으리라 했다. 그네들은 조용한 감상만으로 끝내지도 않았다는 거였다. 그중의 한 흑인병사는 그것을 참지 못하겠던지 선 자리에서 공개적인 수음을 했고, 이어 그 위안부의 등어리에다 사정을 해버리더라는 거였다. 그러자 둘러서서 교접중인 그녀와, 개 그리고 수음에 정신없던 흑인 병사를 번갈아가며 지켜보던 미군들은, 손뼉까지 쳐대며 환성을 올렸는데, 그네들의 광적인 추태가 절정에 이르렀던 것은, 교접을 끝낸 세퍼트가 위안부의 국부를 뒤처리해줄 때였다고 했다.

「해벽」, 172~173쪽

사포곶에서 행해지는 미군들의 폭력은 기지촌 클럽에서 이루어지는 것보다 훨씬 더 잔인하며, 상대 여성에게 더 심한 수치심과 모욕감을 느끼게 한다. 인간으로서의 존엄성이나 인권과 같은 것을 언급할 수조차 없을 만큼 이곳 여성들은 인간 이하의 취급을 받는다. 여자는 더 이상 인간이 아니라 동물과 같은 취급 혹은 동물보다 더 못한 취급을 받지만, 문제는 이 상황에 대해 아무런 제재를 가할 수 없다는 것이다. 이런 무방비한 상황 속에서 미군들의 유희와 공격 대상이 되는 여성은 양공주를 비롯한 기지촌 내의 여성들만이 아니다. 미군이 주둔하는 마을에서는 누구나 미군들의 장난감이 될 수 있었다. 재식의 처는 먹을 것을 구하러 선창에 갔다가 흑인 병사들에게 끌려가 강간을 당한다. 이 소식을 들은 황 영감이 며느리를 구하러 달려가 낫을 휘두르며 저항해 보지만, 결국 자신만 치명적인 상처를 입을 뿐이다. 도리어 흑인 병사들에게 몰매를 맞은 황 영감은 그날로 운명하고, 영감의 장례가 치러진 다음날 재식의 처도 목을 매 자살한다. 이러한 강간과 살상에 대해 책임을 질 사람은 아무도 없다. 이것이 바로 1960년대 당시 미군기지 주변의 사람들이 겪을 수밖에 없었던 일상적 폭력이었다. 이러한 폭력 또한 국가의 암묵적 동의 혹은 적극적 지지 아래 이루어지는 정치적 폭력이라 할 수 있다.

이렇게 우리나라 여성들이 미군 남성의 폭력에 희생되고 있을 때, 우리나라 남성들은 베트남에서 그곳 사람들을 상대로 똑같은 폭력을 가하고 있었다. 황석영의 「낙타누깔」은 베트남전에 참전한 미군과 한국인 용병들이 저지른 폭력을 통해 이 전쟁에 담긴 모순을 비웃고 있다. 버스정류소에서 자신의 만화책을 들춰 보는 어린 베트남 여자애들에게 다짜고짜 따귀를 때리는 흑인 병사의 폭력은 남의 나라를 위해 싸우고 있다는 자기희생에 대한 일종의 보상이다.

> 흑인 병사도 격노해서 고함쳤다. "이 냄새나는 동양놈아, 너희는 거지 같은 구욱이다. 구욱! 이 더러운 데서 우리는 너희 때문에 싸운다. 다친다. 죽는다." 모여들었던 군중 틈에서 핼쑥한 청년 하나가 나서더니 정면으로 우리를 쏘아보며 소리쳤다. "우리 때문이 아니다. 너는 네 형제들이 미워하는 정부의 체면을 지키러 여기 온 것이고, 또 너는 그 나라의 체면을 몸값으로 치러주려고 왔다. 둘 다 가엾은 자들이다. 우리는 원하지 않으니 모두 네 형편없는 고장으로 돌아가라. 우리는 바나나와 망고만 먹고도 산다. 굶어죽지도 않고, 폭탄에 맞아 죽지도 않는다. 꺼져라. 내 나라에서." **「낙타누깔」, 121~122쪽**

명분은 베트남인들을 위해 싸운다고 하지만 실상은 베트남 청년의 말처럼 자국 "정부의 체면을 지키"(「낙타누깔」, 121쪽)기 위한 것이며, "나라의 체면을 몸값으로 치러주려고"(「낙타누깔」, 122쪽) 온 것이다. 다시 말해 "굶어죽지도 않고 폭탄에 맞아 죽지도 않는"(「낙타누깔」, 122쪽) 평화로운 나라에 평화를 지키러 왔다는 미군과 한국인 용병들이야말로 평화를 위협하는 존재들이었던 셈이다. 미군과 한국인 용병들이 베트남에서 저지르는 폭력은 비단 전쟁에서의 살상만이 아니었다. 미군이 우리나라 여성들을 상대로 했던 것과 똑같은 성적 폭력을 우리나라 남성들은 베트남 여성들에게 저질렀다. 한국군의 이런 행동은 베트남 아이들이 다 알고 있을 정도로 만연한 것이었다. 휴양을 나온 '나'에게 다가온 베트남 아이들은 춘화와 콘돔 같은 것들을 내밀어 보인다. 그리고는 "거의 정확한 우리말로 '나타누갈 나타누갈' 하면서"(「낙타누깔」, 119쪽) '그 물건'을 판다. 성 보조기구인 "그것의 고유명사가 낙타누깔이라는 우리말로 불려질"(「낙타누깔」, 119쪽) 정도면 한국군들의 매춘행위가 얼마나 성행했는지를 충분히 짐작할 수 있다.

베트남 참전 군인들의 매춘은 귀국 후에도 계속된다. 성추행을 당하는 여성을 구해 준 다음 자신도 똑같이 성추행을 시도하는 김 상사의 모습이나, 아프다는 말을 으레 성병으로 해석해서 항생제를 내미는 약사의 모습은 군인들의 매춘이 보편화된 상황임을 단적으로 보여준다. 항구의 매춘가에도 "전쟁터의 살냄새가 역하게 풍겨"(「낙타누깔」, 131쪽) 올 정도로 군인과 매춘은 밀접한 관계로 이어져 있다. 그리고 베트남에서의 매춘은 「해벽」에서 미군들이 그랬던 것처럼 몸 파는 일을 직업으로 삼은 여성들만을 상대로 이루어지지 않았다. 「탑」에서 '나'는 "늘씬하게 빠졌다든가 달콤한 웃음을 지어낼 줄 안다거나 하는 것은 바랄 수도 없는 농촌의 피난민 부녀자들"(「탑」, 56쪽)을 상대로 섹스를 하면서 그 갈색의 작은 살덩이를 보며 마치 자신을 보는 듯한 슬픔을 느낀다. 미군을 대신해 돈을 받고 싸워 주는 용병 신세인 자신과 몸을 파는 베트남의 피난민 부녀자들의 신세를 다를 바 없게 여긴 것이다. 그러나 '나'는 자신보다 더 약자인 이들에게 또 다시 폭력을 가한다는 점에서 분명 베트남의 피난민 부녀자들과는 다른 입장에 있다.

이렇듯 군대라는 집단이 규정해 놓은 질서만이 '정상'으로 인정되고 오직 힘의 크기에 따라서 모든 것이 결정되는 위계질서는 박정희 정권을 비롯한 근대국가의 통치 메커니즘과 동일하다. 군사주의의 폭력성이 정치적 폭력으로 간주되는 것은 이 때문이다. 또한 1960년대라는 시대적 특수성은 군대라는 공간에 더욱더 강한 정치적 성격을 부여한다. 군사쿠데타를 통해 집권에 성공한 박정희 정권의 기반은 단연 군대였고, 박정희 정권은 군사주의를 일종의 상징적 폭력으로 삼아 국가 통치와 사회 지배에 활용했다. 궁극적 목표인 경제성장과 조국근대화를 이루기 위해 사회 구성원들을 유용하고 순종적인 도구로 만드는 것이 급선무였는데, 이 과정에서 군대가, 더 정확하게는 군사주의가 중요한 역할을 한 것이다. 특히 분단 상황과 언제 일어날지 모르는 전쟁의 위험으로 인해 '신성한 국방의 의무'라는 담론이 정당화되면서 군사주의는 우리의 일상생활에 자연스럽게 스며들게 되었다. 따라서 1960년대 소설들에서 발견되는 군대와 군사주의는 단순히 군대라는 특정 집단에 대한 비판이 목적이었다기보다는, 박정희 정권의 지배적 가치가 집약된 군대라는 상징적 공간을 통해 정권을 우회적으로 비판하려 했다는 분석이 가능하다.

군대 내 폭력을 정치적 폭력의 차원에서 접근함으로써 새롭게 제기할 수 있는 또 다른 문제는 그간의 다른 논의에서는 중요하게 다루지 않았던 폭력 가해자의 인권문제이다. 그동안 군대 문제를 다룬 대부분의 논의들은 폭력의 피해자에게만 주목했을 뿐 가해자에 대해서는 특별히 주목하지 않았다. 그러나 폭력의 가해자에 대해서도 다른 시선에서의 접근이 필요하다. 폭력의 피해는 말할 것도 없이 인권침해에 해당되는 문제이지만, 가해행위 또한 개인의 의지나 선택에 따른 것이 아니라 군대라는 특수한 체계와 조직구조로 인해 행해진 경우라면 인권침해라는 맥락에서 논의될 필요가 있다. 군대 폭력의 가해자는 정치적 폭력이라는 또 다른 폭력의 피해자이기 때문이다. 단순히 폭력의 피해냐 가해냐 하는 결과론적인 접근에서 벗어나 그 행위의 근원적인 동기까지 살펴볼 때, 비로소 군대라는 집단 전체의 폭력성을 제대로 파악하고 비판할 수 있을 것이다. 가해행위는 분명 어떤 이유에서도 이해되거나 용서되어서는 안 되지만, 군대 내에서의 폭력을 결코 개인적 차원으로만 접근해서는 안 된다는 점 또한 분명히 해 둘 필요가 있다.

군대는 집단성이 가장 극대화되어 드러날 수 있는 공간인 동시에 일상생활의 세계와 단절되어 예외적이고 폐쇄적인 성향을 띠는 공간이기도 하다. 그리고 살인, 강간과 같이 일상의 공간에서는 흔하지 않거나 강하게 금지되어 있는 행동들이 이곳에서는 강력한 제지 없이 빈번하게 자행될 뿐 아니라 심지어 정당화되기까지 한다. 문학이 군대라는 공간에 주목하는 이유는 단순히 이러한 소재적 차원의 특이성이나 극단적 사건이 주는 충격적 반응 때문은 아니다. 군대 내에서 정당화되고 일상화된 폭력성이 군대 밖, 즉 일상생활의 공간에서도 계속된다는 점에서 문학은 이 문제적 공간에 주목한 것이다. 또한 군대라는 특정 공간에 가해지던 정치적 폭력이 사람들의 의식과 행동에 내면화됨에 따라 자연스럽게 일상으로까지 이어져 또 다른 형태의 폭력으로 발현된다는 점에서 이 공간은 더욱 문제적이라 할 수 있다.

신체적 구속을 통한 정치적 자유의 억압이 재현되는 또 다른 상징적 공간은 감옥이다. 단어가 가지는 어감만으로도 폐쇄성과 폭력성, 고립과 소외 등의 이미지를 떠오르게 하는 감옥은 그간 소설에서 중요한 상징공간으로 기능했다. 여느 시기 못지않게 법을 앞세운 정치적 폭력이 심했던 1960년대 소설이 정치적 폭력과 사회의 폐쇄성을 상징하는 감옥에 주목한 것은 당연한 결과일 것이다. 시대를 막론하고 감옥에 부여되는 이미지는 유사하다. 찬바람, 도살장 같은 느낌, 히틀러의 가스실, 냉동고, 영하 20도, 이름 대신 붙여진 수인번호, 푸른 수의 등의 단어들이 연상시키는 감옥의 모습은 새로울 것이 없다. 그리고 이런 모습들은 비단 1960년대 소설에서만 볼 수 있는 특별한 것들도 아니다. 그런 의미에서 감옥을 소재로 한 1960년대 소설에서 주목해야 할 점은 이러한 일반적인 이미지의 재현이 아니라 감옥이라는 공간에서 신체적 제약의 반대급부로 정신적 사유의 경계가 무한해지는 역설적 상황이다. 육체적 한계 상황에서 오히려 더 자유롭고 날카로운 비판적 사유들이 생산되는데, 이런 사유가 향하는 대상은 주로 법제도와 법집행 과정, 정치사상과 정치제도이다.

김정한의 「과정」과 이병주의 「예낭풍물지」는 적법한 절차나 재판과정 없이, 인력이 부족하다는 이유로 미결수들을 계속 방치하거나 처리하기 곤란하다는 이유로 중죄를 부여하는 식의 부조리한 법집행 과정과 사전에 아무런 고지나 절차 없이 갑자기 체포되어 수감생활로까지 이어지는 황당한 상황을 그리고 있다. 이른바 법집행의 절차적 과정이 무시된 경우다. 그러나 당시의 전횡적인 법체계와 불합리한 법집행 과정에 대한 작가의 비판적 시각은 단순히 이런 상황을 재현하는 것에 그치지 않는다. 법의 모순과 한계는 그것을 가장 가까이에서 체험한 인물의 목소리를 통해 보다 분명하게 폭로되고 비판된다.

> "허교수는 법률을 모독한 일이 있지요?"
>
> 표정과는 달리 그의 무뚝뚝한 말꼬리에는 역시 검사다운 냉기가 떠돌았다.
>
> "법률을-?"
>
> 허교수는 경찰에서 받던 심문 내용을 겨우 생각해 내었다.
>
> "그건 법의 운영에 관한 얘기였지요."
>
> 대범스런 대답이었다. (…)
>
> "어떤 자리에서 〈베이콘〉의 말을 인용한 적이 있지요. -〈사람이 만든 법률은 거미줄과 같아서 작은 놈은 늘 걸려도 큰 놈들은 뚫고 나간다〉고."
>
> 기름칠을 많이 해서 그런지 물개의 잔등처럼 반질거리는 머리털의 검사는, 경찰에서 보내 온 조서에 무언가를 끄적거려 넣고는 다시 고개를 든다.
>
> 「과정」, 41~42쪽

「과정」에서 허교수는 검사와의 심문 과정에서 베이컨의 법언을 인용하여 법 운영의 문제점에 대해 날카로운 직언을 한다. 거미줄과도 같은 법제도 때문에 권력을 가진 자들은 언제나 법망을 빠져나가고, 힘없는 자들만 걸려든다는 역설은 현실에 대한 비판인 동시에 허교수 자신이 구속된 상황에 대한 항변이기도 하다. 상식적으로는 납득할 수 없는 체포와 구금 상황을 두고, "붙들렸다는 사실 그 자체"(「과정」, 46쪽)가 죄라고밖에 설명할 수 없는 모순적 상황은 다른 소설에서도 포착된다.

이병주의 「예낭풍물지」의 '나' 또한 법이라는 이름으로 자행되는 국가폭력의 희생양이다. "나라에 대해서 불온한 사상을 가지고 있었던"(『예낭풍물지』, 150쪽) '나'의 아버지는 6·25 전쟁 중에 죽었는데, 4·19 직후 '나'는 죽은 사람들의 유골을 찾는 운동을 같이 하자는 제안을 받는다. 처음엔 단순히 유골을 찾아 매장이나 하는 순수한 동기로 시작된 것이 점차 제대로 된 조직을 이루면서 "배상금을 내라, 장례비를 내라, 사과하라는 등 과격한 운동으로"(『예낭풍물지』, 152쪽) 확대되고 이런 행동들이 반국가적, 문제적 행동으로 규정되어 처벌 대상이 된 것이다. 이 때문에 "나는 국가에 대죄를 얻어 십 년 형을 받고 징역살이를"(『예낭풍물지』, 112쪽) 하게 된다. 그러나 앞서 살펴본 「과정」의 허교수처럼, '나'는 자신에게 내려진 처벌에 대해 납득할 만한 사유를 찾지 못한다.

> 하지만 아쉬움은 없다. 나는 죄인이었으니까, 죄인은 그만한 벌을 받아야 한다. 그런데 죄인이란 무엇일까. 범죄란 무엇일까. 대영백과사전은 '범죄…… 형법위반 총칭'이라고 되어 있다는 것이고 제임스 스티븐은 '그것을 범하는 사람이 법에 의해서 처벌되어야 하는 행위, 또는 부작위'라고 말했고 유식한 토머스 홉스는 '범죄란 법률이 금하는 짓을 하는 것'이라고 말하고 있다는데, 나는 이것을 납득할 수가 없다. 형법 어느 페이지를 찾아보아도 나의 죄는 없다는 얘기였고 그밖에 어떤 법률에도 나의 죄는 목록에조차 오르지 않고 있다는 변호사의 얘기였으니까 그런데도 나는 십 년의 징역을 선고받았다. 법률이 아마 뒤쫓아 온 모양이었다. 그러니까 대영백과사전도 스티븐도 홉스도 나를 납득시키지 못했다. 나는 스스로 나를 납득시키는 말을 만들어야 했다. "죄인이란 권력자가 '너는 죄인이다.' 하면 그렇게 되어버리는 사람이다." 『예낭풍물지』, 134~135쪽

백과사전이나 유명한 철학자들의 사상을 참고해 보아도 '나'는 자신의 죄를 납득할 만한 이유를 찾을 수 없었고, 결국 "죄인이란 권력

자가 '너는 죄인이다.' 하면 그렇게 되어버리는 사람이다"(「예낭풍물지」, 135쪽) 라는 말을 스스로 만든 후에야 비로소 납득하게 된다. '나'를 납득시킨 이 말은 명확한 기준이나 적법한 절차 없이 사람들을 한순간에 법의 그물망으로 포획해 버리는 1960년대 당시의 법체계와 법집행의 실상을 여실히 드러내고 있다. '법 앞에 만민은 평등하다'는 말을 '죽음 앞에 모든 인간은 평등하다'는 말로 바꿔 버림으로써, 법집행의 기본이 되어야 할 공정성과 평등의 가치를 비웃어 버리는 '나'의 비판적 시각은 앞서 허교수가 인용한 베이컨의 법언과도 이어진다.

이병주의 또 다른 소설 「소설·알렉산드리아」에서 수감 중인 형 또한 자신의 죄에 대한 근거를 현행 법체계가 아닌 다른 곳에서 찾는다.

> "…… 나는 비로소 이곳에 내가 있어야 할 이유를 알았다. 불효한 아들이었다. 불실한 형이었다. 불실한 애인이었다. 불성실한 인간이었다. 이 세상에 나지 않았으면 좋았을 사람이 본연적으로 지닌 죄. 이것을 원죄라고 해도 좋다. 그리고 지저분하게 살아오는 동안 나 스스로만 지저분하게 한 게 아니라 내가 접촉한 것이면 뭐든, 공기와 산하도, 인물과 기관도, 신문이나 잡지에 이르기까지 지저분하게 만들어버린 죄란, 그 죄가 응당 받아야 할 벌을 상정할 때 지금 내게 과해진 벌은 되레 가벼운 것이다. 무슨 죄인지도 모르고 벌만 받는 것처럼 따분한 처지란 없다. 그런데 이제야 나는 나의 죄를 찾았다. 섭리란 묘한 작용을 한다. 갑의 죄에 대해서 을의 죄명을 씌워 처벌하는 교묘한 작용을 하는 것이다. 꼭 벌을 받아야만 마땅한 인간인데 적용할 법조문이 없을 때 섭리는 이러한 작용을 한다는 것을 알았다. (…)"
>
> 「소설·알렉산드리아」, 23~24쪽

형은 자신이 수감된 이유를 법조문이 아닌 섭리에서 찾는다. 형은 "갑의 죄에 대해 을의 죄명을 씌워 처벌하는"(「소설·알렉산드리아」, 24쪽) 것이

섭리이며, 원죄를 지닌 자신은 이러한 섭리에 따라 처벌받은 것이라고 생각한다. 여기에서 형이 말하는 섭리란 일단 문제가 있다고 낙인찍고 잡아들인 이후에 적당한 처벌기준을 마련하는 당시의 소급법식 법 운영을 가리킨다. 형이 자신의 처벌 사유를 현실의 법조문에서 찾지 않고 섭리와 원죄라는 형태로 이해하는 이유는 그만큼 현실의 법체계와 법 운영방식이 부패하고 모순적이기 때문이다. 번연히 수감 중이면서도 적합한 죄목을 찾지 못해 결국 원죄의 형태로 해석할 수밖에 없는 아이러니한 상황이 보편적이었던 시기가 바로 1960년대이다. 이렇듯 「과정」의 허교수와 「예낭풍물지」의 '나', 「소설·알렉산드리아」의 형이 자신들의 죄목과 처벌에 대한 합당한 이유를 법전이 아닌 자신들만의 논리로 설명하는 과정에서 현실의 법적 한계와 모순, 나아가 정치사상에 대한 비판이 여과 없이 드러난다.

여기서 감옥이라는 공간이 갖는 상징적 의미를 발견할 수 있다. 그것은 바로 신체적 구속과 제약이 가장 극단적으로 이루어지는 공간에서 역설적으로 정신적 사유의 범위와 깊이가 오히려 더 확장된다는 것이다. 특히 정치적 자유의 억압이 가장 심하게 일어나는 곳인 감옥에서 가장 금기시되어야 할 주제인 법제도나 정치사상 등에 대해 인물들이 자유롭게 자신의 의사를 표현함으로써 가장 적극적으로 정치적 자유를 향유하게 되는 역설적 상황에 주목할 필요가 있다. 이러한 역설적 발상을 통해 현실 세계에서 언급하기 힘든 대상들을 자유롭게 분석하고 비판하는 것은 감옥으로 상징되는 현실의 폐쇄성을 비판하는 동시에 이를 극복하겠다는 작가적 의지의 발현이다.

이렇듯 감옥이라는 상징적 공간이 감금과 구속, 그리고 이에 대응되는 자유와 해방의 주제를 내포한 것이라면, 감옥과 마찬가지로 신체적 제약과 억압이 이루어지는 군대라는 공간은 감옥과는 또 다른 의미를 띠고 있다. 감옥이 일상의 세계와 완전하게 격리된 공간인 것에 비해, 군대는 일상 세계와 완전히 절연되어 있지는 않다. 대신 군대 내에서는 신체에 직접적으로 가해지는 물리적 폭력의 강도가 매우 높다. 철저하게 폐쇄되었지만 신체에 가해지는 직접적 폭력이 상대적으로 적은 감옥에서는 상상이나 비판과 같은 정신적 활동의 자유가 오히려 극대화될 수 있지만, 군대에서는 극단적 폭력 체험으로 인해 정신적 상처를 입거나 이상증세를 보이는 경우가 대부분이다. 그리고 감옥이라는 상징공간의 의미가 동서고금을 막론하고 보편적으로 통용되던 것인 데 비해, 군대라는 상징공간은 한국 사회의 특수성이 많이 반영된 소재라 할 수 있다. 전쟁 체험과 분단으로 인한 징병제, 외인부대의 주둔 상황과 용병 체험, 군사정권의 장기 집권 등의 문제는 한국 사회만의 특별한 현상이며, 한국문학이 다룰 수 있는 중요한 소재인 것이다. 이렇듯 서로 상이한 측면이 있지만, 이 장의 서두에서 언급한 것처럼 감옥과 군대는 정치적 자유의 억압이 가장 잘 응축되어 있어 국가권력에 의한 인권침해 문제를 살펴보기에 최적의 상징공간이라 할 수 있다.

위장적 서술을 통한 지배담론의 허구성 폭로

앞서 살펴본 군대와 감옥은 모두 정치적 폭력성이 상징적으로 그려지는 공간이다. 그곳에서 발생하는 폭력은 주로 국가안보나 사회질서, 체제유지 등을 명분으로 개인의 정치적 자유를 제한하는 형태로 구체화된다. 이러한 정치적 폭력의 근원은 집단 전체를 관통하는 지배질서와 메커니즘으로, 이는 표면에 드러나는 현상만으로는 쉽게 파악할 수 없다. 또한 군대나 감옥 같은 특수한 공간을 장악한 권력의 실체는 결국 국가권력이기 때문에 이 문제들은 언급하기조차 어려운 민감한 사안일 수밖에 없다. 따라서 이런 문제들에 효과적으로 대응하기 위해서는 은폐되었던 문제의 근원을 우회적으로 폭로하는 방법이 적합하다. 일반적으로 작가의 비판의식을 우회적이면서도 효과적으로 전달하기 위해서는 위장적 서술기법이 주로 사용된다. 이후 살펴볼 소설들 역시 대부분 정상성의 범주를 벗어난 '신뢰할 수 없는 서술자'를 통해 서술된다.[58] 이때 신뢰할 수 없는 서술자의 유형은 다양하다. 작가의 진의가 담긴 인물의 행동과 진술을 부각시키기 위한 대조적 역할로서의 신뢰할 수 없는 서술자가 있는가 하면, 문제 대상의 폭력성과 비정상적 상황을 극대화하기 위해 그보다 더 폭력적이고 비정상적으로 설정된 서술자도 있다. 이러한 위장적 서술전략은 다루기 민감한 주제에 대해 우회적인 접근을 시도하는 것은 물론, 궁극적으로는 독자 스스로가 문제적 대상에 대해 의문을 제기하고 경계하도록 함으로써 비판과 저항의 효과를 극대화한다는 점에서 의미가 있다.

이런 서술전략을 사용해 군대 혹은 감옥에서의 폭력을 형상화한 다섯 편의 소설, 이청준의 「공범」, 이제하의 「손」, 송기원의 「경외성서」, 이병주의 「소설·알렉산드리아」, 남정현의 「부주전상서」를 대상으로

---

58 신뢰할 수 없는 서술자란, "독자가 그 스토리 제시나 논평에 의혹을 가질 만한 이유가 있는 서술자를 말한다. 신빙성은 비신빙성의 부재라는 것으로 해서 부정적 한정을 할 수가 있다. 따라서 비신빙성의 표징이 필요하다. 비신빙성의 주요한 근거는, 서술자의 제한된 지식, 그의 개인적 연루 관계, 그리고 그의 문제성이 있는 가치 기준 등이다. 서술자가 나이가 어리다는 것은 제한된 지식(또는 이해력)의 가장 명백한 경우다." (리몬 케넌 지음, 최상규 옮김, 『소설의 현대 시학』, 예림기획, 1997, 177쪽)

위장적 서술전략이 구현되는 양상과 이를 통해 작가가 추구하고자 했던 가치를 살펴보고자 한다. 「손」과 「공범」은 군대 내에서 가해지는 폭력의 실상이 여실히 드러나는 소설이며, 「경외성서」는 베트남전이라는 보다 극한의 상황에서 여성에게 가해지는 남성적 폭력을 살피기에 적합한 소설이다. 한편 「소설·알렉산드리아」와 「부주전상서」는 감옥이라는 상징적 공간을 살펴보기 위한 소설들로, 「소설·알렉산드리아」가 1960년대 당시의 실제 감옥을 배경으로 삼고 있다면, 「부주전상서」는 소설 전체를 우화적으로 구성해 감옥이라는 공간을 비유적으로 그려 내고 있는 것이 특징이다.

첫 번째로 살펴볼 이제하의 「손」은 군대의 폭력성을 가부장제의 폭력성과 연결해 비판한 소설이다. '나'의 탈영 때문에 내무반 전체가 야간에 기합을 받는 것으로 이야기는 시작된다. 처음에는 "'인간적'이니 '공적(公的)'이니 '내무반의 군기를 위해서'니 하는 말로"(「손」, 293쪽) 무단이탈에 대한 기합이 이루어진다. 이 기합은 내무반의 전통으로, "밤 열두시에 벌어지는 이 전통적인 기합 때문에 한 명이 반귀머리가 되고 한 명은 겁에 질려 한동안 돌았다가 나은 적이 있"(「손」, 279쪽)을 정도로 위력이 상당하다. 기합을 가하는 병장들은 촛병, 병마개 따위의 별명에 "알맞은 단단하고 힘깨나 쓰는 주먹들을 갖고 있었으며, 혹은 제각기의 버릇, 배트로 때리는 독특한 폼과 그 고통의 농도들을 갖고"(「손」, 291쪽) 있다. 이처럼 「손」에서 그려지는 군대는 폭력적 집단의 전형이다.

그러나 이런 집단적 폭력에 의한 피해의 중심에 있는 '나'의 대응방식은 여느 군인들과 다르다. 대부분의 사람들은 군대의 폭력에 대해 절대 복종의 태도를 취한다. 군대에서 폭력이 일상화된 것만큼이나 절대 복종이라는 대응방식 또한 전형적이고 관습화된 태도이다. 이러한 명령과 복종은 군대가 집단의 질서유지를 위해 마련해 놓은 절대적 가치체계로, 이는 '정상성'의 지위를 부여받는다. 조직 내에서 모든 행동양식의 기준으로 작용하는 '정상적인' 규범과 질서는 이를 벗어나는 개인을 처벌하고 배제함으로써 개인을 집단의 논리에 편입시켜 나간다. 따라서 '정상성'의 권위와 신화를 지키는 것은 곧 군대라는 조직을 안정적으로 유지하는 것을 의미한다. 그러나 '나'는 관습화된 지배질서와 규범을 거부한다. 단순히 명령에 불복종하는 차원을 넘어 지배질서가 구축해 놓은 근본적인 가치체계마저 부정하는 것이다. 상관의 질문이 계속되어도 '나'는 대답하지 않고 웃기만 한다. 이런 '나'의 태도는 분명 군대가 규정해 놓은 '정상성'의 범주를 벗어난 것이다. 상황에 어울리지 않는 감정 표현이나 극단적 감정 기복은 물론이고, 그 사람의 심리 상태를 보여 주는 꿈의 내용은 모두 '나'의 정신 상태가 결코 정상적이지 않음을 입증해 준다.

> 나는 불려나가 50명의 눈초리 앞에 차렷자세로 섰다. 나는 귀찮은 생각이 들었으나 어떻게 생각하면 재미있는 일이기도 하였다. 전에 내가 건강했을 때 이렇게 많은 눈초리 앞에 섰더라면, 금방 비틀리어 기절해버렸을 것이다. 그러나 나는 저 어두운 허공에 거꾸로 비치는, 말라빠진 내 몰골을 이미 스스로 보고 있었다. 「손」, 292쪽

스스로가 인정하듯, '나'는 이미 말라빠진 몰골이 된 상태이다. '나'의 이런 건강하지 않은 모습은 육체적 건강상태를 뜻하는 것이 아니라, 정신적으로 말라빠진 몰골이 되었음을 의미한다. 게다가 인물이 서술하는 상황은 현재와 과거, 현실세계와 환상의 세계를 넘나드는

형태로 이루어져 있어, 독자들로 하여금 서술 내용의 진의를 파악하기 어렵게 할 뿐 아니라 심지어는 '나'의 서술 자체에 대한 불안과 불신마저 느끼게 한다. 기합을 받는 중에도 '나'의 의식은 환상의 세계를 넘나든다. 환상의 이야기와 자신의 솔직한 감정, 현실세계의 상황들이 무질서하게 서술됨에 따라 독자들의 혼란은 커지고 서술자에 대한 신뢰도는 떨어진다. 게다가 몇 차례에 걸쳐 제시되는 '나'의 악몽은 '나'의 불안정하고 정상적이지 않은 심리 상태를 더욱 두드러지게 한다. 서술자에 대한 신뢰가 한층 반감되는 결정적인 장면은 전짓불에 따라 토끼뜀을 반복하던 중 '나'의 광기가 폭발하는 장면이다.

> 갑자기 내가 미친 것은 그때였다. 내가 잃어버렸다고 생각했던 것, 없다고, 잊어버렸다고 믿었던 '그것'이, 그 증오가 갑자기 나를 엄습하고 내 속을 뒤집었다. 나는 뿌리치고 뛰어 일어나자 총걸이 있는 데로 쫓아가고, 소총 하나를 집어들자 재빨리 포켓 속에서 꺼낸 한 발의 탄알을 장전했다. 나는 한 놈을 겨누었다. 그래, 너희들의 그 증오를 한껏 북돋워주마. 어느 놈이든 덤비면 제일 먼저 쏘아버릴 테다. 나는 소리소리 질렀다. 나는 입 속으로 타 내려오는 덩이 섞인 코피를 맛있게 빨아 삼켰다. 모두 단번에 굳어버렸다. 이번엔 그들의 차례다. 졸병들은 놀라 눈들을 부릅뜨고 이 돌변한 사건에 대한 호기심과 함께 어딘가 통쾌하다는 듯한 표정들을 띠고 있었으나, 나는 그들에게도 총을 겨누었다. 내무반장은 처음 양팔로 막는 시늉을 하면서 조금씩 내 앞으로 다가왔다. 그는 위험했다.
>
> "군법회의에 걸리고 싶어?"
>
> 나는 코웃음쳤다. 군법회의? 그런 것이 있는 줄도 나는 모르지만, 있다면 네놈들부터 집단의 죄로, 집단을 만든 죄로 고발할 테다. 「손」, 300쪽

'나'의 이런 모습은 군대의 지배질서를 위반하는 것이기도 하지만

상식적인 차원에서도 쉽게 이해할 수 없는 비정상적 행동이다. 이처럼 행동으로 드러나는 '나'는 분명 폭력적이고 광기 어린 모습이며 비정상적이지만 '나'의 기억과 꿈을 통해 드러나는 모습은 이와 대조적이다. 현재 상황에서 일어나는 사건과 자신의 행동에 대한 서술 사이에 삽입된 과거의 이야기와 꿈의 내용은 '나'의 불안하고 혼란스러운 정신 상태를 보여 주는 것이기도 하지만 현재 '나'의 폭력성과 광기의 근원을 설명해 주는 역할을 하기도 한다. '내'가 자주 꾸는 악몽들은 자신의 장난으로 죽은 누이에 관한 기억을 비롯해 대부분 '나'의 유년 시절의 경험에 관한 것이다.

> 그 뒤론 곧잘 흉한 꿈을 꾸었다. 광문을 열고 들여다봤더니 목이 긴 군화들이 시뻘겋게 걸려 있어서, 하얗게 질려 나는 주저앉았다. 어떤 때는 잠이 깬 것 같은데도 아버지가 어머니의 목을 누르고 있었다. 모두 벌거벗고 있었다. 어머니는 언제나 아버지한테 지고 울고만 있었다. 그러면 아버지는 "지랄 말어!" 하고는 더욱 어머니 목을 죄고, 드디어 어머니는 키득키득 하고 웃어대는 것이었다. 그래서 나는 이불 밑에 깊이 움츠러들어서, 이순신마냥 거북선을 타고 떠나야겠다고 생각하곤 했다. 그런데 어떤 날 밤 깨어보니 방안엔 아무도 없었다. 나는 떠나야겠다고 서둘렀다. 비가 퍼붓고 있었다. 거북선을 타고 떠나자. 늦을지도 모르겠다. 나는 맨발로 밖으로 나섰다. 벗은 내 몸 위에 빗줄기가 세차게 내리꽂혔다. '놈들이 활을 쏘는구나'라고 나는 생각했다. 그런데 아무리 가도 골목 담은 끝나지 않고 거북선은 보이지 않는 것이었다. 골목 밖으로 시커멓게 도랑물이 빠지고 있었다……. 「손」, 290쪽

어린 시절부터 '내'가 자주 꾸는 악몽의 내용은 모두 '내'가 당한 폭력에 관한 것이다. '내'가 꾼 첫 번째 악몽은 자신의 장난으로 누이가

죽었다는 두려움과, 삼 대째 외동아들인 '나'에 대한 아버지의 과도한 기대와 가혹한 교육방식으로 인한 긴장과 불안에서 비롯된 것이다. '내'가 꿈에서 혹은 잠결에 본 모습들—목이 긴 군화들이 시뻘겋게 걸려 있는 것, 어머니의 목을 죄고 있는 아버지의 모습, 활처럼 느껴지는 빗줄기—은 모두 폭력성의 상징들이다. '나'는 그런 폭력들로부터 벗어나려고 애쓰지만 "아무리 가도 골목 담은 끝나지 않고"(『손』, 209쪽) 타고 도망갈 "거북선은 보이지 않"(『손』, 209쪽)는다. '나'의 악몽은 군대에 들어온 후에도 계속된다. 탈영을 하고 돌아와 기합을 받기로 되어 있던 날도 '나'는 흉한 꿈에 시달린다. 꿈속에서 '나'는 무엇인가에 쫓겨 달리고 있고, 그런 '나'의 귓가에는 "강물이 춤을 춘다, 뒷산 공동묘지 때문이구나"(『손』, 280쪽)라는 말이 계속해서 들린다. 또한 꿈에는 삼베로 얼굴을 가린 어머니와 누이의 시체, 창녀의 모습도 자주 등장하는데, 이들은 모두 남성성이라는 이름으로 가해진 폭력과 관계되어 있다. 창녀에게서는 남성성을 갖추지 못했다는 이유로 창피를 당했던 기억이 있으며, 어머니와 누이는 모두 아버지로 상징되는 가부장제의 남성성이 가한 폭력의 피해자들인 것이다. 이렇듯 '나'의 모든 악몽은 폭력성으로 점철되어 있다.

'나'를 괴롭히는 폭력성의 근원은 또 다른 과거 기억 속에서도 찾을 수 있다. '나'와 친한 친구 욱은 어느 날 상사 하나가 애들에게 토끼뜀을 시키면서 돈을 나눠 주고 있는 장면을 목격한다. "조무래기 네댓이 쌔근거리며 토끼뜀으로 전신주를 한 바퀴 돌고 와 숨차 땅바닥에 나동그라지는 시늉을 하면, 상사는 10환짜리 한 장씩을 애들 입에 물려주곤"(『손』, 285쪽) 하는 것이었다. 이를 본 욱은 상사의 면상을 때리고 상사에게 침을 뱉기까지 한다. 우리가 이렇게 할 수 있었던 것은 소위라는 욱의 계급장이 가져다주는 안심 때문이었다. 군대의 계급과 권위가 폭력으로 변하는, 전형적인 군대의 폭력성이 드러나는 장면이다. 이 일 때문에 욱은 상사 일당들에게 끌려 나가 맞아 죽었고 비겁하게 이 모습을 구경할 수밖에 없었던 '나'는 욱의 "원수를 찾기 위하여, 증오를 기르기 위하여"(『손』, 286쪽)라는 명분으로 군대에 자원한다. 그러나 원수는 아무 데도 없었고, '나'는 오히려 "생각하는 버릇을 버렸고, 믿는 버릇을 버리기 시작했으며, 드디어는 증오조차 믿지 않게 되"(『손』, 286쪽)었다. 마치 "어떤 오랜 습관으로 입고 있는 것을 거의 느끼지도 못하던 옷"(『손』, 287쪽)을 입고 있는 것처럼 군대라는 세계의 폭력성에 점점 무감각해지게 된 것이다.

일반적으로 악몽은 신경증이 걸린 사람에게서 나타나는 증상이다. 이 소설에서 악몽은 '나'의 불안정하고 강박적인 심리상태를 드러냄으로써 서술자로서의 '나'에 대한 신뢰를 떨어뜨리기도 하지만, 한편 '나'의 비정상적인 상태의 근원을 설명하는 역할도 하고 있다. 악몽뿐 아니라 기합을 받는 중에도 계속해서 언급되는 친구 욱과의 기억을 비롯해 환상과 실제를 오가는 불안정한 의식 상태는 '나'의 비정상적인 상태가 아버지로 상징되는 가부장제의 폭력성과 전쟁의 공포, 군대 내에서의 집단적 폭력에서 비롯된 것임을 보여 준다. 이 대목에서 작가가 불안해하고 강박증에 시달리는 인물을 서술자로 설정한 이유를 짐작할 수 있다. 작가는 처음부터 '나'의 비정상적인 모습이 아버지와 군대로부터 겪은 폭력 때문이라는 사실을 직접적으로 언급하지 않는다. 대신 불안한 '나'의 내면 상황과 현실과의 경계조차 모호한 꿈의 내용을 계속 보여 줄 뿐이다. 이런 상황들만 계속해서 접하게 되면 독자는 점차 '나'의 서술이나 '나'의 눈에 비친 상황을 그대로 믿을 수 없게 된다. 따라서 '나'의 서술과 행동은 물론이고 '내'가 비판하는 대상에 대해서도 경계하고 의문을 제기하면서 독자는 스스로 문제적 대상의 실체와 은폐된 사실을 발견해 간다. 또한 서술자의 비정상성이 결국에는 가부장제나 군사주의 같은 집단적 폭력의 결과라는 사실을 인물의 직접적인 발화가 아닌 무의식적 행동이나 진술, 과거 기억의 재현을 통해 드러내는 서술방법은 비록 우회적이고 간접적인 형태이기는 하나 결과적으로는 더 극대화된 효과를 낳는다. 즉, 이러한 폭력이 오랫동안 한 사람의 의식과 무의식 속에 공포의 형태로 내재되어 끊임없이 반복되고 재현된다는 점을 보여 줌으로써 폭력성에 대한 각성과 경계의 효과를 높이는 것이다.

현재 '나'의 폭력적이고 비정상적인 행동과 과거 '내'가 겪은 폭력의 피해를 대조해 보여 줌으로써 '나'라는 서술자에게 향했던 독자의 불신과 의심의 시선은 사라지게 된다. 그로 인해 앞에서 인용했던 이 소설의 마지막 장면이자 '나'의 극단적이고 광기 어린 행동이 절정에 달하는 부분에서 독자들은 오히려 '나'의 목소리에 주목하고 '나'의 발화 내용을 신뢰하게 된다. '나'는 자신의 이런 광기 어린 행동이 모두 "썩는 듯하던 강렬한 냄새"(「손」, 297쪽)가 진동하는 이 세상 때문이라고 말한다. 특히 군대는 이런 '썩은 세상'의 전형이었다. 자신을 폭력으로 위협하던 사람들에게 죄가 있다면 그것은 군대라는 "집단을 만든 죄"(「손」, 300쪽)라고 여길 만큼, 군대라는 '집단'의 이름으로 가해지는 폭력은 엄청난 것이었다. 또한 방금 전까지 폭력을 가하던 이들은 총을 들고 꿇어앉으라고 위협하는 '나'에게 맞서지 않고 오히려 총 앞에서 "도둑질하다가 들킨 때처럼 주저주저하면서 통로 바닥에 꿇어앉는"(「손」, 301쪽) 모습을 보이는데, 이런 모습에서 집단주의적 군대의 실체와 그 집단 속에서 아무런 존재가치도 갖지 못한 개인들을 발견할 수 있다.

> 이것이 군대다. 이제야 증오는 내 속에, 한 개인 개인의 마음속에 찾아드는 것이었다. 욱이를 때려 죽인 놈, 내 친구를 때려 죽인 놈, 나를 놀려먹은 놈, 전쟁을 만드는 놈들, 이것이 우리들이며, 죽음의 맛을 알고 죽음 앞에 주의와 사상과 모든 어설픈 제도를 헌신짝처럼 던질 줄 아는 놈들, 이것이 동포, 민족, 그리고 전통이라는 거다. 이것이 우리들 곪아터진 전쟁의 희생자들, 돼지 같은 정객(政客)들의 꼬붕, 이것이 나다. 「손」, 301쪽

충동적인 광기를 보여 준 직후 이어지는 '나'의 마지막 서술 부분이다. 계속해서 재현되는 악몽의 의미와 과거의 기억들을 통해 '나'의 불안함과 강박증의 근원을 차츰 알게 된 독자는 비로소 '나'의 비정상적 행동에 숨겨진 작가의 진의를 파악하게 된다. 극단적 폭력성을 드러냈던 '나'의 행동은 모순적이고 부조리한 군대의 허구성과 폭력성을 폭로하고 부정하기 위한 반어적 장치였던 것이다. 서술자를 비정상적 인물로 설정한 것 또한 독자들이 스스로 서술자가 진술하는 대상에 대해 고민해 보도록 하기 위한 위장적 서술전략의 하나였던 것이다.

「손」의 '나'만큼이나 불안정하고 강박적인 심리 상태를 드러내는 서술자가 등장하는 소설로 송기원의 「경외성서」를 들 수 있다. 「손」에서 다룬 문제가 가부장제를 비롯한 한국 사회 내부의 군사주의를 대상으로 한 것이라면, 「경외성서」는 베트남 전쟁 당시 베트남 여성들에게 가한 한국군의 성적 폭력을 소재로 하고 있다. 이 소설은 검사와 '나'의 심문 상황으로 시작된다.

검사는 결국 나를 변태성욕자로 생각한 모양이다. 그가 그렇게 생각한 것에 대해서 나는 불만이 없다. 그의 의견에 따라서 나에 대한 혐의도 '변태성욕자의 돌발적인 살인' 어쩌구 하는 것이 될 것이고 혹시 형벌의 무게도 가벼워질지 모른다. 그러나 나로서는 결코 돌발적인 살인이 아니었다고 말하고 싶어서 입이 근질근질할 지경이다. 사람에게는 예감이라는 것이 있다. 이번 사건이 일어나기 전에 나는 내가 가까운 날에 꼭 살인을 할 것이라고 예감했고, 그것은 적중했다. 나는 어떤 여자를 목졸라 죽였다. 「경외성서」, 265쪽

이렇게 시작되는 '나'의 서술은 처음부터 독자들의 혼란을 불러일으킨다. 대수롭지 않게 스스로를 변태성욕자라고 하는가 하면, 살인을 예감하고 또 실제로 살인을 했다는 이야기조차 아무렇지 않게 하고 있는 '나'는 당연히 독자들에게 신뢰감을 주기 어려운 인물이다. 계속되는 '나'의 서술 또한 마찬가지다. '나'는 독방을 쓴 뒤로 수염이 하얗게 세었다는 착각과 함께 아버지와 흡사한 늙은이를 환시 속에서 보기도 한다. 게다가 검사와 심문하는 상황이 마치 "재미있는 숨바꼭질을 하고 있는 것 같아서 얄궂은 기쁨에 온몸이 간지러울 때가"(「경외성서」, 267쪽) 있을 정도로 즐겁다고 느낀다.

또한 신뢰할 수 없는 서술자들이 대개 그러하듯, '나'는 자신만 알고 있는 비밀을 지녔다고 말함으로써 독자들로 하여금 더욱 '나'의 서술을 신뢰할 수 없게 한다.

그는 나의 모든 것을 안다. 그러나 실은 한 가지도 모른다. 그렇다. 그는 모든 것을 알면서도 한 가지도 모른다. 이러한 그의 나에 대한 모순된 분석에서 나는 우월감마저 느낀다. 그러나 나는 하마터면 그가 모르는 것 한 가지를 말해버릴 뻔했다. 낙타눈썹에 대한 것이다. 그가 모르는 나의 몇 가지 비밀들은 내가 구태여 숨기려고 한 것은 아니다. 비밀들을 이야기하려 해도

그가 들으려 하지 않는다. 나에게는 소중한 비밀들이 그로서는 황당무계하고 외설스럽기만 한 모양이다. 때문에 나는 비밀들에 대해서 결코 이야기하지 않을 작정이다. 「경외성서」, 268~269쪽

검사에게는 말하지 않은 비밀의 정체가 바로 '낙타눈썹'이었음을 독자들은 알게 되지만, 그에 대한 구체적인 정보가 없는 상태에서 여전히 '나'는 비정상적인 변태성욕자로 보일 뿐이다. 비밀의 대상인 '낙타눈썹'은 이 소설의 중요한 소재다. 앞서 황석영의 「낙타누깔」에서도 등장한 낙타눈썹은 동그란 테두리에 억센 털을 붙인 성 보조기구로, '나'의 비정상적인 행동은 모두 이 '낙타눈썹'과 관련된 것이다. "낙타눈썹에 얽힌 기억이 되살아오르기만 하면 숨결이 가빠"(「경외성서」, 269쪽)지는 '나'의 변태성욕자적인 모습은 베트남 전쟁 당시에 시작된 것이다. '내'가 속한 부대는 베트콩 은신처에 숨어 있던 여자를 찾게 되고, 분대장을 비롯한 대원들은 이 여자를 희롱한다. 여자가 독침으로 분대장을 공격하자 결국 여자를 알몸으로 나무에 묶어 놓고 죽이라는 명령이 내려진다. 그리고 그 명령은 관습에 따라 분대원 중에서 제일 신참인 '나'에게 맡겨진다. 이런 관습이 불문율처럼 내려온 까닭은 "살인의 경험이 없는 신참에게 살인을 가르침으로써 용맹심을 길러준다는 뜻"(「경외성서」, 271쪽)에서이다. 군대에서 폭력은 이런 방식으로 합리화되면서 전수된다. '나'는 여자와 눈이 마주치는 순간 망설이게 되고, 그런 '나'를 분대원들은 욕지거리를 하며 힐난한다. 망설임 끝에 겨우 살인에 성공한 '나'는 숨조차 쉴 수가 없었고 울고 싶었지만, 분대원들은 오히려 나의 행동에 칭찬을 늘어놓는다. 이 상황에서는 희롱을 당하고 끝내 죽음을 맞이한 베트콩 여성도 폭력의 피해자이지만, 조

직의 명령에 의해 원하지 않는 살인을 행해야만 했던 '나' 또한 폭력의 피해자라 할 수 있다.

그 후 "살인은 나에게 마약 같은 존재가 되어"(「경외성서」, 276쪽) 버린다. "시체를 대할 때마다 나는 그 시체에서 죽음이 장미꽃처럼 붉게 피어 오른다는 느낌을 가졌고, 그 장미꽃에서 나는 눈부시게 아름다운 인간과 오히려 새로운 의미가 되어 나를 취하게 하는 싱싱한 삶을"(「경외성서」, 276쪽) 보는 착각에 빠진다. 그리고 '나'는 끝내 "아름다운 삶을 확인하"(「경외성서」, 282쪽)기 위해 또 한 번 살인을 저지른다.

> 그러다가 문득 나는 살인을 예감했던 것이다. 나는 그 예감에 내 생활의 전체를 맡겨버렸다. 직장마저도 그만둔 채 하숙방에서 뒹굴면서 아침에 눈을 떠 밤늦게 잠들 때까지 나는 오직 그 예감만을 생각했다. 처음에는 뼈대뿐이던 예감에 살이 붙고 피가 돌아 차차 형태를 이루어 갔다. 마침내 예감이 완전한 형태를 이루었을 때, 나는 드디어 외출을 했다. (…) 조그만 야산의 중턱이었다. 결국은 그곳이 범행 장소가 되어버린 셈이었다. 야산의 중앙을 횡단하여 오솔길이 나 있었다. 그 길로 여자가 올라오는 것이었다. 작업복을 입고 있었다. 어느 공장의 여직공인 모양이었다. (…) 여자는 점점 다가오고 있었다. 나는 더 이상 주저하지 않았다. 나의 시선에는 벌써부터 여자가 죽어가는 모습이, 그리하여 여자의 육체에 차츰 죽음이 장미꽃처럼 눈부시게 번져가는 모습이 앞당겨 바라보이는 것이었다. 「경외성서」, 279~280쪽

그리고 살인 후에는 "알 수 없는 쾌감에 거의 숨이 넘어갈 것"(「경외성서」, 280쪽) 같은 기분을 느끼며 급기야 사정을 해 버린다. '나'의 변태 성욕적인 모습이 드러나는 순간이다. 전쟁에서 익힌 살인이 삶을 확인하는 방법이 되었을 만큼 이미 '나'는 폭력에 무감각해진 상태가

된 것이다.

그러나 「손」에서와 마찬가지로, 「경외성서」의 '나' 또한 비정상적인 변태성욕자로만 그려지지 않는다. 앞서 인용한 부분에서 '나'는 베트남전 당시 처음 살인을 할 때만 해도 숨조차 쉴 수 없고 차라리 울고 싶을 만큼 그 상황을 받아들이기 힘들어하는 모습을 보였다. 그리고 귀국했을 당시에도 전장에서 자신이 한 행동에 대해 죄책감을 느끼며 부끄러워하는 모습을 보인다. 베트남 전쟁에서 자신이 저지른 폭력과 살인이 문제적 행동임을 분명히 깨닫고 있는 것이다. 파병 군인들을 환영하러 나온 여학생들의 노래가 "살인마! 너만은 환영을 받을 자격이 없어! 이곳은 네가 돌아올 곳이 아니었어."(「경외성서」, 276쪽)라는 힐책으로 들릴 정도로 심한 부끄러움을 느꼈던 것이다. 또한 야산에서 우발적인 살인을 하기 전에도 분명 망설이는 모습을 보인다. 이런 모습들은 변태성욕자와는 거리가 먼, 지극히 정상적인 행동이라 할 수 있다.

이랬던 '나'는 우발적인 살인 이후 알 수 없는 쾌감을 느끼며 급기야 사정까지 해 버리는 비정상적인 모습을 보인다. '나'의 이런 변태성욕자적 행동은 이미 베트남전에서 첫 번째 살인을 한 후에도 보였던 것이다. 살인 후 여자의 시체를 매장하는 순간 '나'는 그 육체가 아름답게 보이기 시작하고, "구덩이에 누인 다음 여자의 입술에 결별의 입맞춤을"(「경외성서」, 275쪽) 하기도 한다. 그리고 여자에게 사랑의 표지라도 남겨두고 싶어서 수첩에 끼워 둔 낙타눈썹을 꺼내 여자의 성기 위에다 얹어 준다. 물론 '나'는 이런 행위를 하면서 조금도 외설스러운 마음을 느끼지 않는다. 오히려 그 낙타눈썹으로 인해 "정말로 여자가 천국으로 들어갈 수 있"(「경외성서」, 275쪽)기를 진심으로 바랄 뿐이다. '내'가 낙타눈썹을 천국으로 들어갈 수 있는 티켓으로 믿고 있는 것은 모두 분대장이 가르쳐 준 덕분이다. 분대장은 ‘나’에게 낙타눈썹을 선물로 주면서 “낙타눈썹이야말로 어떤 천한 계집년마저도 천국으로 들어갈 수 있게 하는 티켓”(「경외성서」, 275쪽)이라고 알려준 것이다. 이 대목에서 또 한 번 군사주의가 빚어낸 남성성의 폭력을 확인할 수 있는데, 낙타눈썹이 베트남전 당시 한국군인들 사이에서 유행하던 성 보조기구임을 생각하면, 그것을 천국으로 들어갈 수 있는 티켓으로 비유한 분대장의 말이 어떤 의미인지를 쉽게 이해할 수 있기 때문이다.

그러나 ‘나’의 이런 행위는 단순히 계속되는 ‘나’의 변태성욕적 행동에 필연성을 부여하기 위한 장치가 아니다. 분대장이 낙타눈썹을 준 의도와 그 낙타눈썹을 사용한 ‘나’의 행동 사이의 불일치가 가지는 의미를 생각해 보면 ‘나’의 비정상성에 대한 답을 찾을 수 있다. ‘나’는 이 낙타눈썹을 일반적인 성행위 시에 사용하지 않고 시체를 상대로 사용하였는데, 이는 분명 ‘정상’의 기준을 벗어난 일탈 행위이다. 보통의 성행위 시에 사용하면 강한 남성성의 상징이 되는 낙타눈썹을 자의적인 의미부여(천국으로 들어갈 수 있는 티켓)와 함께 시체를 대상으로 사용하는 순간 군대의 상징인 강한 남성성의 신화는 심하게 훼손된다. 이러한 시간(屍姦) 행위는 전형적인 변태 행위로 간주되는데, 귀국 후 저지른 살인 후에 보인 변태성욕적 행위 또한 같은 맥락이다. ‘나’의 이런 행동은 전통적인 남성성의 권위를 해치는 행위로써 모두 ‘비정상’으로 간주된다. 작가는 비정상적으로 행동하고 분열적으로 사고하는 ‘나’를 서술자로 설정함으로써, 남성성을 비롯해 군사주의가 내세운 ‘정상성’의 허구성과 폭력성을 폭로한다. 앞서 「손」에서 ‘나’의 비정상적인 행동이 갖는 의미와 마찬가지로, 「경외성서」의 ‘나’가 보이는 비정상성 또한 그동안 많은 사람들의 인식 속에서 ‘정상성’으로 규정되었던 군사주의의 실상을 보여 주기 위해 반어적으로 설정된 것이다. 군사주의가 내세우는 '정상성'은 낙타눈썹으로 상징되는데, 이는 힘의 논리로 상대를 제압하고 복종시키며 그것을 과시하고 자랑하는 것을 의미한다. 그러나 '나'는 비정상적인 방식으로 그것의 의미를 왜곡함으로써 '정상성'의 허구성을 폭로할 뿐 아니라 그것을 조롱하고 비웃는 역할까지 대신하고 있다.

극단적 폭력의 형태를 통해 군대의 '정상성'이 가진 허구성을 폭로하는 상황은 이청준의 「공범」에서도 나타난다. 「공범」은 군대라는 위계적이고 전체주의적인 집단이 개인에게 가할 수 있는 여러 종류의 폭력을 그린 소설이다. 가장 먼저 눈에 띄는 폭력은 고준의 시선을 통해 포착된 기합 장면이다.

> 중대 사병 전원이 그 돌담 밑을 네발짐승처럼 외줄로 벌벌 기어가고 있었다. 간격을 일정하게 잡고 코를 담벼락 쪽에 두른 자세로 벌벌 기어가고 있는 모양은 우선 우습달밖에 없었다.
>
> "코를 담으로! 천천히, 천천히! 코를 담으로!"
>
> 작업 때 즐겨하는 버릇대로 수건을 목에 감은 부관 강 중위가 회초리를 들고 두 가지 호령을 한꺼번에 내지르고 있었다. 그 회초리를 본 순간 고준은 번뜩 사태를 직감했다.
>
> 강 중위는 언제나 그 회초리를 들고 다녔다. 교육을 시킬 때도, 작업을 지휘할 때도, 심지어는 기합을 줄 때도 중위는 그 회초리보다 더 굵은 것을 손에 들지 않았다. 그것이 부관 강 중위의 그다운 점이었다. 그는 주먹이나 워커 발이나 몽둥이를 사용하지 않고 회초리 하나로 족히 사병을 학대(중위는 그것을 가장 인격적인 방법이라고 믿고 있는 모양이었지만, 실상 그 회초리에 의한 인격의 호소는 지능적인 학대라고 고준은 생각했다)하는 방법을 알고 있었다. 그는 절대로 상처가 나도록 사병을 구타한 일이 없었다. 매질이

라야 기껏 손을 내밀게 해서 회초리로 손바닥을 치거나 바지를 걷어올려 세우고 찰싹찰싹 종아리를 때리는 정도였다. 그러나 그의 지능은 그 회초리가 가장 견딜 수 없는 모욕감을 줄 수 있도록 충분히 활용되고 있었다. 그 회초리를 맞은 사람들은 누구 할 것 없이 워커 발 아래서 10분 동안 뒹군 경험보다 더 오래 그 회초리의 기억을 가슴에 담고 있었다. 「공범」, 31~32쪽

강 중위의 기합은 결코 신체에 직접적이고 물리적인 고통을 가하지 않는 대신 더 큰 정신적 상처와 굴욕감을 주는 방식으로 상대의 복종을 이끌어 낸다. 강 중위가 부하들에게 가하는 물리적 폭력이란 회초리로 손바닥이나 종아리를 치는 정도다. 여느 상사들처럼 주먹이나 워커 발이나 몽둥이를 사용하지 않으며, 절대로 상처가 나도록 사병을 구타하지도 않는다. 그러나 땅을 기어 다니면서 개처럼 행동하게 하거나, 어린아이가 부모님이나 선생님에게 혼나듯 회초리를 때리는 강 중위의 기합방식은 어떤 구타나 처벌보다 더 강력한 효과를 발휘하는데, 그 이유는 이런 방식들이 기합을 받는 사람들로 하여금 견딜 수 없는 모욕감을 느끼게 하기 때문이다. 이런 모습을 통해 소설은 군대 내에서 이루어지는 기합이 잘못에 대한 합당한 처벌이나 대가가 아니라 인간으로서의 최소한의 인격이나 존엄성마저 철저히 부정해 버림으로써 쉽게 전체의 일부로 동화될 수 있게 만드는 장치라는 사실을 다시 한 번 상기시킨다. 이런 목적으로 행해지는 기합은 집단의 필요에 의해, 그리고 폭력에 노출된 피해자의 복수욕으로 인해 계속해서 재생산된다. 강 중위가 없는 동안 대리 감시를 맡은 분대장은 또 다른 강 중위가 되어 자신도 받았었던 수치심과 모욕감을 다른 사람들에게 고스란히 전함으로써 폭력의 피해자에서 가해자로 슬쩍 위치를 바꾼다. 자신에게 폭력을 가한 사람이 아닌 제3자에게라도 폭력을

가함으로써 자신이 받은 피해에 대해 복수하고 보상을 받으려는 심리 때문에 군대에서의 폭력적인 기합은 계속 이루어지는 것이다.

「공범」에서 더 비중 있게 그려지는 군대 내 폭력의 모습은 학보 출신 김효 일병을 대하는 다른 부대원들의 행동에서 드러난다. 대부분의 부대원들은 "군영 생활에서 가장 벗어나기 힘든 시간에 대한 공포"(「공범」, 42쪽)를 이겨 내기 위한 잠깐 동안의 위안거리로 놀이를 하는데, 그 놀이란 "누이가 있느냐, 마누라가 있느냐, 처제가 있으면 그 년도 널 좋아하느냐, 좀 어루만져 주지 않았느냐, 처제 못 따먹은 병신도 있느냐"(「공범」, 43쪽) 등 여자와 성(性)에 관한 이야기를 하며 시시덕거리는 것이다. 이들이 "알고 있는 것은 배우지 않고도 몸에 익어 있는 것"(「공범」, 43쪽), 즉 "술과 섹스와 난폭성"(「공범」, 43쪽) 같은 것들이 대부분이었다. 그러나 이들이 학보 보충병을 대할 때는 이 같은 방법을 사용하지 않는다. 학보 보충병들과 다른 많은 사병들의 가장 큰 차이는 무지(無知)에 있다. "시간의 공포에서 벗어나는 방법"(「공범」, 43쪽)에서부터 두 집단은 차이를 보이는데, 알고 있는 것이라고는 배우지 않고도 알 수 있는 것, 이미 몸에 익은 것이 전부인 이들이 음담패설과 폭력으로 시간의 공포를 이겨 내는 데 비해, 소위 대학물을 먹었다는 학보 보충병은 "편지쓰기, 읽었던 책 머릿속에서 되씹어 보기, 오래된 음반의 리듬 쫓기, 학교시절 회상"(「공범」, 43쪽)과 같은 행동들로 이겨 낸다. 이렇듯이 두 집단 사이에는 보이지 않는 엄청난 간극이 있는데 그것은 두 집단 간의 단순한 차이가 아닌 우열관계를 의미한다. 따라서 다수의 무지한 이들은 이러한 우열관계를 뒤집기 위해 자신들의 수적 우세를 이용해 상대의 "세련되고 닦인 지능"(「공범」, 44쪽)을 악덕으로 만들어 난폭한 간섭을 한다.

이들은 학보 출신 김효 일병에게도 여자친구의 편지를 훔쳐다 큰소리로 낭독하는 방식으로 폭력을 가한다. 김효는 개인의 사적이고 내밀한 공간을 보호받지 못한 채 집단의 폭력성 앞에 그대로 노출된다. 개인의 삶이나 감정을 집단 전체의 일시적 유희보다도 중요하지 않게 여기는 군대의 폭력성에 화가 난 그는 결국 자신의 편지를 공개적으로 낭독한 동료들을 우발적으로 사살하게 된다. 그러나 죽은 사람들은 생명을 잃은 순간까지도 "자신들이 알고 있는 방법대로 그것이 당연한 것처럼 행동"(『공범』, 45쪽)했을 뿐, 자신들의 행동이 왜 잘못된 것인지를 끝까지 깨닫지 못한다. 김효는 사고를 저지르고 나서 한동안 그런 동료들을 연민의 눈길로 바라보는데, 그가 느낀 연민은 그들의 무지에 대한 안타까움이었다. 무지라는 것이 "한계를 넘어서서 활개를 치며 스스로를 향락함으로써 견딜 수 없는 증오를 자아내게"(『공범』, 34쪽) 하는 순간에 이르면, 그때는 무서운 파괴력을 지닌 폭력이 된다. 군대 내의 많은 이들이 보여 준 무지의 모습은 원래 그들의 학식이 부족하고 배움이 짧아서가 아니라, 군대라는 집단에서 생활하면서 그 집단이 강요하는 사고방식과 생활방식을 무비판적으로 따르는 동안 형성된 것이다. 폭력과 권위를 앞세워 개인의 감정이나 의견을 철저히 배제해 버리는 군대의 전체주의 체제가 개인들을 점차 무지한 인간으로 만들고, 그렇게 무지해진 인간들은 아무런 비판 없이 집단의 폭력을 그대로 재현하는 것이다.

김효에게 가해진 집단적 폭력은 비단 이것만이 아니다. 군대의 폭력성에 대한 비판이 김효의 살인이라는 사건을 통해 비교적 쉽게 파악된다면, 김효를 사형에까지 이르게 한 또 다른 집단적 폭력은 서술방식에 대한 보다 면밀한 분석을 통해 확인할 수 있다. 이 소설의 중심

인물은 단연 살인이라는 극단적 행위를 하고 결국 사형을 선고받은 김효 일병이다. 그러나 서술자는 김효의 내면은 한 번도 보여 주지 않고 오히려 제3자인 고준의 시선으로 사건을 관찰하고 그의 생각을 보여 주는 데 집중한다. 이 소설에서 가장 중요한 사건인 김효의 사형도 신문 기사와 주변 인물들의 짧은 소회를 보여 주는 방식으로 언급되는 것에 그친다. 사건의 당사자인 김효의 생각은 "사진까지 포함한 모든 기사에서 특히 눈을 끈 것은 피고가 최후 진술을 거부한 채 선고가 내려졌다는 사실이었다"(『공범』, 29쪽)는 한 줄의 서술로 간단하게 처리된다. 서술자는 김효의 목소리와 생각은 철저하게 차단하는 대신 고준의 내면에는 깊숙이 침투하여 그의 감정과 생각을 자세히 보여 준다.

> 고준은 김효에 관계된 기사를 샅샅이 다 읽고, 법정에 선 김효의 사진을 한번 더 들여다보고 나서 비로소 머리를 들었다. (…)
>
> – 뭔가 자꾸만 잘못되어 가고 있는 것 같다.
>
> 고준은 신문을 접으면서 생각했다.
>
> – 어머니는 왜 터무니없이 열부터 올리는 것인가. 또 김효가 최후 진술을 거부한 것은 무엇을 생각했기 때문인가?
>
> 고준은 정말 뭔가 자꾸만 잘못되어 가고 있는 것 같았다. (…)
>
> "그것보다는 사건이 처음부터 잘못되어 가고 있었습니다. 앞으로도 계속 그럴 것만 같아 걱정입니다."
>
> 고준은 중위의 이해력의 한계를 고려하지 않고 말했다.
>
> "처음부터 잘못이었다구? 난 알아들을 수가 없는걸."
>
> 중위는 방금 얼굴에 진실성을 담아보려던 노력을 동댕이치고 고준을 비꼬았다.
>
> – 흥, 너도 조금은 알고 있을 게다. 그는 여자의 편지 따위로 동료를 쏘진 않았다.

"직감이란 건 늘 결과가 들어맞은 담에야 뒤늦은 아쉬움 속에 말하게 되는 것이지만, 일이 좋지 않게 끝날 것 같은 예감이 든단 말입니다. 못 알아들으셔도 상관없습니다."

고준 상병의 얼굴에도 노골적인 조소가 지나갔다.

"그 새낀 뒈져야 해! 그가 마지막 할 말이 없었던 것은 당연한 거야."

중위가 느닷없이 사형수를 저주했다.

– 흠, 확실히 말해 줄까? 최초의 죄인은 너다. 신문은 김효가 악당들의 수모에서 '애인'을 지키기 위해 총을 쏘았다고 하는 것이 더 재미있었을 것이다. 그래서 사건을 처음부터 이런 식으로 끌고 와버렸는지 모르겠단 말이다. 「공범」, 29~30쪽

이 장면은 신문기사를 통해 김효의 사형소식을 전하는 소설의 도입부에 이어지는 부분이다. 중위와 고준의 대치 상황과 뭔가 잘못되어 가고 있다는 고준의 불안한 심리, 최초의 죄인으로 중위를 지목하는 고준의 속마음은 모두 소설 초반부터 독자들을 긴장하게 만든다. 작가가 주목하는 인물인 고준은 김효의 살인에 관해 신문에서 기사화된 사실—"M대학 재학 중 학보(學保)로 입대하여 전방 부대에서 근무 중이던 김효 일등병은 월여 전 그의 애인(신문들이 그렇게 썼다)의 편지와 관련하여 그를 학대한 두 동료 사병을 사살한 사건"(「공범」, 28쪽)—외에 더 많은 정보를 알고 있는 듯한 암시를 준다. 서술은 고준의 내면을 중심으로 이어지지만, 고준 역시 의혹과 불안함만 내비칠 뿐 김효의 살인에 관한 확실한 정보를 알려주지 않는다. 일반적으로 서술자가 이렇게 인물의 내면까지 보여 주는 경우, 서술자는 소설 속 세계에 대해 전지(全知)한 상태에 놓여 있다. 그러나 「공범」의 서술자는 고준의 인식 범위를 벗어나지 않는 수준에서만 서술하며, 그마저도 불

안과 혼란의 상태만 보여 준다. 가장 부각되어야 할 김효의 살인에 대한 정보가 계속 지연되는 상황은 독자에게 혼란을 주고, 사건 상황에 대해 더욱 의심하고 경계하게 만든다. 게다가 서술자는 고준의 어머니 K여사의 생각과 "북악산 밑의 어떤 외딴 청기와집"(「공범」, 46쪽)에 사는 머리 흰 노인으로 초점을 돌려 그들의 생각과 의견을 보여 줌으로써 독자들의 판단을 더욱 어렵게 한다.

김효 사건이 내포한 의미와 진실을 명확히 보여 주지 않고 계속해서 지체하던 서술자는 소설의 마지막 장면에서 역시 고준을 통해 이 사건을 둘러싼 진실을 설명한다.

> 이제 김효와 같은 영웅은 다시 나타나지 않을는지 모른다. 그리고 김효 사건에 질려 이제 다시는 남의 편지 같은 걸 보아서는 안 된다고 나무손들은 생각할는지 모른다. 하지만 군대는 여전히 배우지 않고도 아는 방법이 아니면 자기를 어떻게도 할 줄 모르는 나무손들이 얼마든지 들어올 것이다. 그리고 가엾게, 어째서 그것이 김효를 성내게 했는지도 모른 채 뜻 없이 죽어간 두 희생자는 악당이 되었다.
>
> 그것을 어머니에게 어떻게 설명할 수 있을 것인가. 게다가 고준은 어머니의 이번 구명 운동이, 법의 관용을 기대해 볼 수조차 없게끔 하여 김효를 끝내 희생시키고 말았음에 틀림없는 거대하고 요령부득한 어떤 힘—거기서 고준은 개개의 인간이나 집단이 제각기 따로 의지하고 있는 개개의 진실과, 그 개개의 진실들이 불가피하게 서로 야합해서 저지른 무도한 횡포와 음모를 생각했다—의 공범이었다고는 차마 주장할 수가 없었다. 「공범」, 48쪽

김효의 살인사건을 둘러싼 두 가지 문제가 설명되는 부분이다. 먼저 김효가 살인이라는 극단적 행동을 하게 된 원인으로는 "자기를 어

떻게도 할 줄 모르는 나무손"(『공범』, 48쪽)들로 가득한 군대라는 전체주의적 집단의 폭력성을 꼽을 수 있다. 군대는 개인들의 자율적 판단과 의지를 거세하여 개인들을 그저 순종적인 도구들로 만들어 놓고, 그렇게 도구화된 개인들은 죽는 순간까지 자신의 문제를 깨닫지 못한다. 이들을 가리켜 '가엾다'라고 한 것도 이런 맥락에서 이해할 수 있다. 이런 집단적 폭력에 과감하게 맞선 김효를 영웅이라 할 수 있지만 이런 영웅은 쉽게 나타나지 않는다. 집단의 지배질서를 부정하는 행위는 집단으로부터의 축출과 배제를 뜻하기에 누구도 쉽게 영웅의 길을 선택하지 않기 때문이다.

김효의 살인사건이 군대의 전체주의적 폭력성에서 비롯된 것이라면, 김효에게 내려진 사형선고는 또 다른 집단적 폭력성의 결과로 해석할 수 있다. 김효의 살인 이후 소설의 전개는 K여사와 머리 흰 노인으로 상징되는 두 세력의 갈등을 중심으로 이어진다. K여사는 "인간의 진실을 건져내고 그 불가침의 존엄성의 영토를 사수해 나가는 일을 소명으로 삼고 있는 문필가"(『공범』, 40쪽)로서의 역할에 충실하기 위해 자신의 진심과는 무관하게 김효의 구명운동을 적극적으로 하기 시작한다. 그리고 다른 한 편에서는 머리 흰 노인이 김효의 사건과 그에 대한 구명운동을 두고 고민하고 있다. 결국 "머리 흰 노인과 금테 안경을 낀 L씨 사이에 그런 말이 오고 간 그 이튿날, 신문들에는 일제히 김효의 사형 집행 사실이"(『공범』, 46쪽) 실린다. 고준이 자신의 어머니에게 김효의 사형 선고에 대한 책임의 일부가 K여사에게도 있다고 말하는 부분과, 머리 흰 노인이 "안 되겠어. 그 사람들 법이 사람 하자는 대로 다 할 것처럼 너무 떠들어서 말이야"(『공범』, 46쪽)라며 사형을 결정 내리는 부분은 김효에게 내려진 사형선고가 단순히 법적인 심판의 결과가 아니었음을 암시한다. 결국 김효는 법의 권위와 성역에 도전하여 이를 바꾸려고 하는 여론에 맞서 법에 관한 실질적 권한을 가진 국가권력이 여론의 비판적 목소리를 제압하려는 과정에서 희생된 셈이다.

다시 말해, 김효의 사형 집행은 법으로 상징되는 국가권력의 위엄과 권위에 함부로 도전하거나 대항하지 말라고 경고하며 정치적 자유를 억압하는 상황을 그대로 보여 준다. 작가는 우발적 살인 사건과 그에 대한 처벌로써의 사형선고라는 두 가지 사건을 통해, 집단이 내부의 질서와 지배적 가치체계를 유지하기 위해 스스럼없이 한 개인을 희생시키는 문제적 상황을 보여 준 것이다. 그 과정에서 작가는 사건에 대한 많은 정보와 진실, 작가의 진의를 마지막까지 드러내지 않고 지연시키며 독자들을 혼란스럽게 함으로써, 독자가 직접 이 문제에 대해 판단할 시간을 준다. 그리고 마지막 부분에서야 비로소 이 사건은 개인들 간의 갈등이 아니라 국가권력까지 이어진 정치적 문제이며, 김효와 죽은 두 명의 병사 모두 이 사건의 피해자임을 설명하면서 작가의 진의를 드러낸다. 이러한 반전효과 외에도, 독자들의 의심과 불안함을 불러일으키는 서술방법은 독자들에게 보다 많이 생각하고 판단할 여지를 남겨 둠으로써 소설의 문제의식이 텍스트 바깥의 현실세계로도 이어질 수 있는 가능성을 마련해 놓는다.

「공범」에서 김효를 끝내 사형으로 몰고 간 법적·정치적 권위에 대한 비판은 이병주의 「소설·알렉산드리아」에서 보다 확실하게 드러난다. 이 소설에는 정치적 자유가 억압된 사회, 그중에서도 가장 많은 구속과 제약이 이루어지는 감옥이라는 폐쇄적 공간에 있는 '형'과 자유의 상징과 같은 낯선 이국땅 알렉산드리아에 있는 동생 '나'의 상황이 대조적으로 설정되어 있다. '나'는 이 소설의 서술자이자, 서울과 알렉산드리아라는 상반된 두 공간을 연결해 주는 역할을 하는 인물이다. '나'는 반공이데올로기와 같은 정치적 폭력 앞에 철저히 순응하는 인물이다. 스스로도 밝힌 것처럼, '나'는 의견이란 것이 없는 채로 살아가며 나아가 적극적으로 사상의 위험성을 경계하고 부정하기까지 한다. 이런 '나'에 반해 형은 금지규정을 거부하고 타개하려는 노력이야말로 인간의 존재를 드러낼 수 있는 가치 있는 행위라고 생각하며 스스로도 금지규정을 자각함으로써 인간이 되고자 부단히 노력하는 인물로, '나'와 상반된 사고와 태도를 지니고 있다. 그가 지금 수감되어 있는 이유 또한 그가 쓴 두 편의 논설이 문제가 되었기 때문이다.

> 형은 아마 이천 편 이상의 논설을 썼을 것이다. 그중에서 단죄받은 논설이 두 편이 있다. 그 논설 가운데 다음과 같은 구절이 있었다.
>
> "조국이 없다. 산하(山河)가 있을 뿐이다."
>
> "이북의 이남화가 최선의 통일방식, 이남의 이북화가 최악의 통일방식이라면 중립통일은 차선의 방법은 되는 것이다. 그런데 이것을 사악시하는 사고방식은 중립통일론 자체보다 위험하다."
>
> "이 이상 한 사람이라도 더 희생을 내서는 안되겠다. 그러면서 어떻게 해서라도 통일은 이룩해야 하겠다. 이것은 분명 딜레마다. 이 딜레마를 성실하게 견디고 해결하려는 노력에서 비로소 활로가 트인다."
>
> 대강 이상과 같은 구절이 유죄판결의 근거가 되었다. "조국이 없다."라는 말엔 진정하게 사랑할 수 있는 조국이 없으니 그러한 조국을 만들어야 한다는 뜻과 설명이 잇달아 있었지만 그런 것이 통할 리가 없었고 더욱이 중립통일을 주장하지는 않았을망정, 그러한 표현이 위험하다는 것은 틀림이 없는 일이다. 더더구나 어떻게 해서라도 통일을 해야 한다는 대목에 이르러서는 반공국시가 뚜렷한 이 나라에선 용납될 리 만무한 것이다.
>
> **「소설·알렉산드리아」, 21~22쪽**

중립통일론을 표방하는 형의 주장 어디에도 공산주의나 북한에 대해 우호적인 시각은 찾아볼 수 없다. 형은 공산주의자도 아닐뿐더러 오히려 공산주의에 대한 비판을 전제로 하고 있다. 그러나 이런 형의 생각도, 현실 정치와 정권 등에 대한 일체의 비판적 생각을 단속하고 억압하는 반공이데올로기의 기준에서는 분명 처벌 대상이 된다. 폭력이 덤비면 당하고 있을 '나'로서는 세상과 충돌을 일으키는 사상을 가진 형을 이해할 수 없으며, 사상을 가진 대가로 형의 감옥행은 정당하다고까지 생각한다. '나'의 이런 위험한 사고는 소급법에 관한 대화에서도 드러난다. '나'는 "벌해야 할 사람을 벌하는데 소급법이면 어떻구 법률이란 수단을 거치지 않으면 어때."(「소설·알렉산드리아」, 23쪽)라는 말로 간단하게 소급법의 필요성을 인정해 버린다.

'나'의 이런 생각은 반공이데올로기의 논리와 유사하며, 선험적 판단을 내려놓은 상태에서 소급법 형식의 법률을 적용해 사람들을 단속하던 당시 정치적 폭력의 구현방식과도 닮아 있다. 이렇게 위험하고 문제적인 사고방식을 지닌 서술자 '나'의 발화 내용을 독자는 당연히 신뢰할 수 없다. 서술자인 '나'의 생각과 서술내용을 믿을 수 없게 됨에 따라 자연히 독자의 시선은 '내'가 비판하는 형에게로 향한다. 마치 「치숙」에서 서술자의 어리석고 문제적인 생각을 보여 줌으로써, 오히려 서술자가 비판하고 있는 아저씨의 생각과 태도에 주목하게 하는 것과 같다. 소설의 중반부에 이르면 '나'는 자신의 생각을 직접적으로 드러내는 언술보다는 형의 편지를 한스와 사라에게 전하는 매개자로서의 역할에 충실하게 된다. 이후 '나'는 다만 형의 편지를 전해 주고, 형의 생각을 대신 말해 주는 형의 그림자일 뿐, 알렉산드리아에서 한스와 사라와 대화를 나누는 대상은 편지로 구체화된 형의 목소리이다. 형의 편지가 '나'의 목소리를 거치지 않은 채 그대로 텍스트 전면에 드러나기도 하면서 실질적 서술자는 형으로 바뀌게 된다.

이렇듯 작가는 처음부터 자신의 진의를 대변하는 형을 서술자로 내세워 서술하지 않고 '나'라는 신뢰할 수 없는 서술자를 통해 형의 목소리를 우회적이고 위장적으로 드러내는 전략을 취한다. 작가의 분신이자 상당한 분석력과 비판력을 지닌 형의 목소리가 텍스트 전면에 직접적으로 드러나게 되면 자칫 교조적이고 계몽적인 성격이 강한 논설문 형식의 글이 될 위험이 있다. 그렇게 되면 독자의 공감과 상상력의 여지는 줄어들 수밖에 없고, 작가가 애초에 말하고자 했던 메시지 또한 제대로 전달되지 못할 가능성이 크다. 그러나 '나'라는 신뢰할 수 없는 서술자를 전면에 내세우면 독자의 신뢰가 자연스럽게 형의 진술로 향할 수 있다. 또한 감옥이라는 신체적 구속 상태에 있는 형을 대신해 자유롭게 공간을 옮겨 다니고 다른 인물들과 관계를 확장할 수 있는 '나'를 내세움으로써 형을 서술자로 했을 때의 단조로움도 극복할 수 있다. 이것이 바로 실질적 서술자 역할을 하는 형을 대신해 '나'라는 위장적 서술자를 텍스트 전면에 내세운 까닭이다.

실질적 서술자인 '형'의 목소리는 직접적 언술이 아닌 편지를 통해 간접적으로 드러난다. 편지, 즉 글쓰기는 형의 무한한 상상과 방대한 사고가 펼쳐지는 공간이다. '나'의 역할이 형의 진술을 대신하여 전하는 것으로 축소되고 형의 목소리가 본격적으로 드러나기 시작하면서 형의 비판적 견해는 텍스트 전면에 직접적으로 제시된다. 형은 편지에서 자신이 살고 있는 사회와 그 사회의 법체계에 관한 생각부터 인간의 존재나 자유와 같은 철학적 물음과 미국 대통령 암살사건에 이르기까지 아주 다양한 문제에 대해 자신의 의견을 피력한다.

'존재'란 이 금지규정에 의해서 비로소 성립된다. '있다'는 것은 '없다'는 걸 조건으로 한다. '먹어선 안 된다'는 건 '먹어야 산다'는 절실한 사정 위에서만 있을 수 있는 금지규정이다. 우리는 '먹어선 안 되는' 만 가지 물건 속에서 먹으며 산다. 우리는 '해선 안 된다'는 사상 속에서 무슨 짓이든 하고 산다. '안 된다'는 규정을 수록한 목록의 틈서리에 '된다'는 여유를 개척하는 것이 우리의 생활이다. 인류가 스스로의 생의 바탕에 이 금지규정을 자각하기까지 얼마만한 대가를 치루어야 했던가. (…) 사람은 이 금지규정을 어김으로써 동물의 우등생으로선 실격하고 인간으로 비약 혹은 전락하게 된 것이다. 금지규정을 어기고 난 뒤의 인간과 여호와의 관계는 처음으로 학교의 교칙을 어겼을 때의 학생의 의식 속에 재현된다. 자유의 대가는 매력과 전율이다.

「소설·알렉산드리아」, 55~56쪽

인용문은 '내'가 사라에게 읽어 준 형의 편지의 일부이다. 편지에는 인간이라는 존재와 자유에 관한 형의 생각이 드러나 있다. 이 편지의 내용에 따르면, 스스로 금지규정을 위반한 형이야말로 인간으로서의 존재가치를 확실히 입증하고 있음을 알 수 있다. 형이 스스로를 가리켜 '황제'라고 칭하는 것 또한 이런 이유에서이다. 그는 자신이 '고독한 황제'라는 환각 속에 빠져 있다. 인간으로서의 확실한 존재가치를 가지고, 누구로부터도 침해받지 않는 자기만의 사고와 내면의 세계를 구축하고 있는 형은 분명 그 세계의 '황제'라 할 수 있다. 또한 형은 스스로를 '황제'라 칭함으로써 환상의 세계 속에 자신을 들여놓는다.

"(…) 나는 그러한 건물과 수목 사이를 걸어 세면장으로 가면서 오면서 북구라파의 어떤 설국(雪國)의 어떤 대학의 캠퍼스를 걷고 있는 것 같은 환각을 가져보았다. 그랬는데 지금의 나는 너와 더불어 알렉산드리아에 있다는 환각을 얻으려고 애쓰고 있다. 진짜의 나는 너와 더불어 알렉산드리아에 있고,

여기에 이렇게 웅크리고 있는 나는 나의 그림자, 나의 분신에 불과하다는 환각을 키우려는 것이다. 사랑하는 아우. 웃지 말라. 고독한 황제는 환각 없인 살아갈 수 없다. ……" 「소설·알렉산드리아」, 9~10쪽

감옥이라는 폐쇄된 공간과 신체적 자유의 구속은 그것의 반대급부로 내면세계를 무한대로 만드는 효과를 낳는다. 자신이 만든 환상의 세계 속에서 황제가 된 형은 결국 분신과도 같은 동생을 통해 알렉산드리아라는 낯선 이국땅에 이르게 된다. "이슬람 문명과 헤브라이 문명, 그리고 헬레닉 문명을 종합·흡수해서 배양하고, 유럽 정신·유럽 문명의 요람이 되었던"(「소설·알렉산드리아」, 104쪽) 알렉산드리아는 하나의 사상이나 문화로 규정할 수 없는, 말 그대로 다양함이 공존하는 곳이다. 오직 하나의 사상만이 허용되는 형이 갇힌 감옥과는 극단적 대조를 이루는 공간이기도 하다. 그래서 형은 늘 알렉산드리아에 가기를 꿈꾼다.

그리고 그곳에서 형은 한스와 사라를 만나게 된다. 세 사람의 공통점은 모두 정치적 폭력에 희생당한 경험을 가지고 있다는 것이다. 한스와 사라는 모두 히틀러와 독일 나치에게 가족을 잃은 경험이 있으며, 형은 현재 정치사상범으로 수감 중이다. 게르니카 학살은 무고한 민간인들의 목숨을 앗아 간 한국 전쟁을 연상케 하고, 독일의 강제수용소는 형이 수감되어 있는 감옥과 사형장의 모습으로 이어진다. 그리고 이들은 모두 부당하고 모순적인 상황에 처해 있음에도 불구하고 이를 처벌할 법률이 없는 법의 한계 상황에 직면해 있다는 공통점도 있다. 그러나 한스와 사라는 이 상황에서 개인적 복수를 통해서라도 정의를 가리겠다는 적극적 대응자세를 취하고 그것을 행동으로

옮길 수 있는 데 비해, 형은 분명히 법적 한계와 모순을 직시하고 있지만 그것에 대한 일체의 비판과 대응이 불가능한 제한된 공간에 놓여 있다. 작가는 한스와 사라라는 인물들을 통해 알렉산드리아라는 이국땅에서 형이 처한 상황에 대한 비판적 대응을 대신하는데, 이는 '나'라는 매개적 역할을 하는 서술자와 편지, 환상성이라는 설정들을 통해 가능하게 된다.

> 막연한 관념적 추리 위에 관념적 다수를 위해서 구체적이고 생명 있는 한 사람을 희생시키거나 부당하게 엄벌하는 일이 있어서는 안 됩니다. (…) 법률이 보장해주지 않는 인권은 개인 스스로가 보장해야 하지 않겠습니까. 법이 처리하지 못하는 불법은, 혹은 고의로 처리해주지 않는 불법은, 그것이 결정적으로는 불법이라는 단정이 내린 것이라면 당사자 개인이 이를 처리할 수 있다는 어떤 모럴이 허용되어야 하지 않겠습니까. 법률은 자체의 미급함을 항상 반성하고 법률에 우선하는, 그러나 법률화할 수 없는 이러한 도의를 인정해야 옳지 않겠습니까. 법률만이 모든 것을 처리하고, 법에 위배한 일체의 처리는 그것이 인정에 패반(悖反)됨이 없고, 공의에 어긋나는 점이 없음에도 부당하다고 생각하는 건 법률의 오만이 아니겠습니까. 그러한 오만이, 법률이 본래 존귀하게 보장해야 할 인간의 가치를 하락시킴으로써 법률 본래의 목적에 위배하는 결과가 되지 않겠습니까. 불법이지만 정당하고, 합법이지만 부당한 인간행위가 있는 것입니다. **「소설·알렉산드리아」, 113~114쪽**

관념적 다수를 위한 구체적 개인의 희생이 부당하며, 불법이지만 정당한 행위를 처벌하는 것은 법률의 오만이라고 비판하는 사라와 한스의 변호인의 진술이 궁극적으로 변호하고 있는 대상은 대한민국의 감옥에 있는 수감되어 있는 형이다. 법률로써 인권이 보장되지 않는 시대에, 스스로가 자신의 인권을 지키고자 행한 불법행위를 문제적

법으로 단죄하는 것은 부당하며, 그것은 결코 "인간을 위한 법운용이 아니고 법률을 위한 법운용"(「소설·알렉산드리아」, 114쪽)이라는 요지의 변론은 형이 받고 있는 부당한 처벌에 관한 문제 제기에 더 가까워 보인다.

여기서 알렉산드리아라는 환상에 가까운 이국적 공간이 설정된 이유가 다시 한 번 확인된다. "다섯 종류의 인종이 붐비고, 다섯 종류의 언어가 소음을 이루고, 몇 타스의 교리가 서로 반목하고 질시하고 있는 도시"(「소설·알렉산드리아」, 35쪽)인 만큼 이곳에서는 어떤 의견도 표현될 수 있고, 어떤 사상도 수용될 수 있다. 엄밀히 말하자면, 이 소설에서 형이 수감되어 있는 1960년대 남한 사회를 배경으로 이루어지는 진술은 하나도 없다. 형을 제외한 모든 인물들은 알렉산드리아라는 전혀 다른 세계에 살고 있으며, 형 또한 비록 신체는 한국의 감옥에 제한되어 있지만 편지를 통해, 그리고 환상성의 힘을 빌려 알렉산드리아라는 자유의 공간에 가 있기 때문이다. 그러나 알렉산드리아를 배경으로 한 형의 편지와 한스와 사라의 행동을 통해 작가가 전하고자 한 것은 분명 1960년대 대한민국의 법률이 갖는 모순과 한계에 대한 비판이었다.

「소설·알렉산드리아」에서 사용된 환상성의 효과는 남정현의 「부주전상서」에서 더욱 극대화된다. 짐승인 된 인간이라는 설정은 그 자체만으로도 비현실적이다. 소설의 가장 기본적 요소를 이루는 배경과 상황 설정부터 비현실성을 전제로 하고 있는 만큼, 짐승이 된 인물이 서술자로 설정된 상황 역시 상식적으로는 쉽게 신뢰할 수 없는 것이다.

> "그분이라니?"
>
> 판사님 말입니다. 일국의 법을 좇아 잘잘못을 공정하게 판결해 주신다는

그 위대한 판사님 말씀입니다. 바로 그분이 짐승이라는 딱지를 저에게 붙여 주셨으니깐요.

"뭐, 판사님?"

그렇습니다. 판사님은 재판 사상 그 유례가 없는 영구보존(永久保存)이란 명칭의 기이한 판결을 저에게 내려준 것입니다. 저와 같은 짐승을 향하여 사형(死刑)을 선고한다는 것은 판사 자신의 위신에 관계될 뿐더러 나아가서는 인간만을 상대로 한 법의 존엄성에 똥칠을 하는 결과가 될지도 모른다는 판사님의 그 용의주도한 조심성 때문이었습니다. 그리하여 사람의 모양을 한 저와 같은 괴상한 짐승은 학문의 재료로서 뿐만이 아니라 관광용으로 외화(外貨)를 벌어 들이는 데 있어서도 영구보존할 가치가 있다는 결론에 의하여 창경원을 정원으로 삼고 만판 이렇게 세월을 보내게 된 것이 아니겠습니까.

「부주전상서」, 308~309쪽

용달이 재판을 받고 판사로부터 짐승이 되는 형을 선고받아 갇히게 된 창경원은 분명 감옥이라 할 수 있다. 용달이 감옥으로 비유되는 창경원에 갇히게 된 진짜 이유는 짐승이 된 그가 아버지에게 쓴 편지 내용을 보면 알 수 있다. 용달이 자갈이 물린 채 창경원의 동물원 우리 속에 갇히는 벌을 받게 된 것은 아내를 살해했기 때문이다. 그러나 살인은 용달이 처벌받게 된 표면적인 이유일 뿐, 실제 이유는 각종 국가정책과 사회문제에 대한 용달의 불만과 비판 때문임을 짐작하게 하는 정황이 소설 곳곳에서 드러난다.

상황 설정과 서술된 내용은 모두 비현실적이고 과장된 것이지만, 소설의 마지막 부분에 있는 편지를 쓴 날짜(서기 1964년 5월 10일)는 허구적이고 환상적인 이 소설을 실제적이고 현실적인 것으로 보이게 하는 결정적인 역할을 한다. 따라서 용달이 쓴 편지 내용을 제대로 분석하기 위해서는 편지가 쓰인 시대 상황을 간과해서는 안 된다. 1964

년은 한일협정 반대 등의 국민적 저항을 탄압하기 위한 규제와 단속이 더욱 강화되었던 시기로, 당연히 국가정책이나 지배이데올로기를 비롯해 정치·사회 전반에 관한 비판적 언급 자체가 불가능한 시기였다. 그러나 이런 시기를 배경으로 한 용달의 편지에는 아주 과감하고 솔직한 비판과 반대의 내용들이 가득하다. 용달의 비판적 생각이 가장 분명하게 드러나는 대목은 아내가 가족계획을 명분으로 낙태한 사실을 알게 된 장면이다.

> 가족계획이란 도대체 뭐냐구요? 누가 뭐라고 변명을 하든 간에 가족계획이란 살인계획(殺人計劃)인 것입니다. 우리가 이렇게 못사는 이유며 원인은 사람이 많은 데 있으니 앞으로는 이 이상 더 사람이 생기지 못하도록 자궁 내에서 완전히 처형을 시키자는 계획인 것입니다. 참으로 가공스러운 계획이지요.
>
> 당신께 조용히 말씀이지만 우리가 이 지경으로 헐벗고 굶주리는 원인(原因)이 정말 사람이 많아서인가요, 정치를 개똥같이 해서인가요. (…) 사람이 많아서 양식이 모자라니 사람을 죽여야 한다고 떠벌리는 것이 정책인가요. 그것이 소위 경제정책이냔 말입니다. (…) 흘러넘친다는 이 풍부한 인적자원을 경제개발에 효율적으로 이용하기만 하면 젠장 못 할 일이 무엇이겠습니까. 안 하니깐 그렇지요. 빌어먹을, 정치를 한다는 자식들이 그동안 눈에 초롱을 달고 처먹을 것이나 찾고 세금이나 받아 갈 생각을 했지, 뭣 한 가지 국민을 위해서 성사를 시킨 것이 있어야죠. **「부주전상서」, 324~325쪽**

낙태를 한 아내가 표면적으로 드러난 비판의 대상이지만 실제로 용달의 비판적 논조가 가리키는 대상은 무능하고 부패한 정치인들과 우리나라의 정치 상황이다. 용달의 거침없는 비판은 아내를 살해하게 된 직접적 계기가 된 낙태문제와 인구정책뿐 아니라, 사회 전반에 걸쳐 과감하게 이루어진다. 심지어 그는 국가 안보는 물론이고 북한과 반공이데올로기, 통일에 관한 주제에 대해서도 서슴지 않고 서술한다.

> 그럼 아버진 최근에 일어난 '공공호' 침몰사건도 믿으시지 않나요. 어로(漁撈) 작업 중 대낮에 소위 마(魔)의 지역이라는 공산 치하로 끌려 갔다가 천신만고 조국을 선택하여 되돌아오던 어선(漁船) '공공호' 말입니다. 꿈에도 잊지 못하던 조국의 영해(領海)에 들어오긴 했지만 거들떠 보지도 않는 조국, 만 이틀간이나 방치된 채 우왕좌왕 하다가 심한 풍랑 속으로 사라져버린 공공호의 참상을 말입니다. 뭐라구요, 아버지. 그들은 뭐 침몰한 것이 아니라 자살을 한 걸거라고요. 나라에는 물 샐 틈없이 바다를 지키고 있다는 해군이 있고 해양 경찰이 있는데 설마 그럴 리가 있겠느냐 말씀이지요. 아버지, 천만의 말씀이십니다. (…) 그들도 믿었을 것입니다. 공산치하에서도 이렇게 정정히 살아온 자기네가 설마 조국의 영해에서 죽기야 할라구, 그들은 마음을 터 놓았을 것입니다. 열렬하게 흔드는 환영의 꽃다발은 기대하지 않았을망정 그러나 그들은 자기네가 세금(稅金)을 바치는 정부(政府)의 다정한 손길이 곧 출현하여 줄 것이라고 믿었을 겁니다. 하지만 거센 풍랑과 싸우기 연 이틀. 급기야 배가 뒤집히고 그리하여 풍랑 속으로 몸이 잠기면서 그들은 겨우 깨달았을 겁니다. 만각(晩覺). 믿고 살던 정부란 그게 실은 하나의 신기루(蜃氣樓)였다는 사실을 깨닫고 그들은 늦게나마 통곡했을 것이란 이야기인 것입니다. **「부주전상서」, 312쪽**

경제적으로도, 정치적으로도 국민들의 안전한 삶을 보장해 주지 않는 국가와 정책에 대한 비판은 아버지에게 보내는 용달의 편지 곳곳에서 발견된다. 표면적인 편지의 목적은 짐승이 되어 우리 속에 갇혀 있는 자신의 상황과 이유에 대한 설명이지만, 그 이면에 담겨 있는 것은 국가와 정책, 각종 사회현황에 대한 솔직하고 비판적인 자기 생각이다. 그리고 이것이 바로 용달이 짐승이 되어 동물 우리 속에서 영구보존형을 받게 된 진짜 이유이다. 작가는 정부나 정책에 대한 비판은 물론 사회의 다른 요소들에 대한 비판까지 단속과 제재의 대상이 되는 시대에 대해, 인간이 아닌 짐승이라는 위장된 설정으로 서술함으로써 보다 더 신랄하고 날카로운 비판을 가한다. 비판적 목소리를 낸 인간은 모두 정치적 탄압의 대상이 되므로 인간 대신 동물이라는 설정을 통해 그러한 탄압을 피하겠다는 희화화된 방식을 전면에 내세운 것은 분명 상대에 대한 비판을 넘어 조롱하고자 하는 작가의 의도로 볼 수 있다. 인간이 아닌 짐승을 서술자로 설정하여 허구성과 비현실성을 극대화함으로써 오히려 비판하고 있는 내용의 진실성과 설득력을 높이는 역설적 발상은 용달이 쓴 편지 내용 중에서도 찾을 수 있다.

그 후 제가 읽고 들은, 그러한 믿을 수 없던 기사의 전부가 실은 전연 허위보도가 아니고 어디까지나 우리의 현실에서 일어난 사실 그대로임을 깨달았을 때 저는 다만 망연히 하늘을 쳐다볼 뿐이었습니다. 하늘은 파랗게 개어 있더군요. 아버지, 당시의 제 꼴이 무엇이 되었겠습니까. 믿어야 할 일을 믿지 않았다는 그 수치감, 망신, 저는 얼굴을 붉히며 한참 울었습니다. 그리고 성냥을 드윽 그어 보고 있던 소설(小說)책에 불을 질렀거든요. 좀 유식하게 말하자면, 갱유분서(坑儒焚書)는 아닙니다만 소위 분서(焚書)를 한 셈이지요. 어려서부터 침식을 잃을 정도로 그렇게도 좋아 탐독하던 소설책에 불을 지른 저의 심정을 당신은 좀 이해하여 주실는지요. 아버지, 도대체 소설이란 무엇입니까. 한 인간의 상상력(想像力)의 소산물이 아니겠습니까. 픽션. 그리하여 재미가 난다는 거겠지요. 그런데 한 인간의 상상력을 가지고는 도저히 추정할 수 없는, 그렇게 기이하고도 엉뚱한 일들이 출몰(出沒)하는 이 땅의 현실(現實)과 충돌했을 때 저는 당황했습니다. (…)

현실에 참패(慘敗)한 픽션.

픽션을 제압(制壓)한 현실.

이것이 곧 카오스의 세계요, 또한 이 땅의 생생한 리얼리즘이 아니겠습니까. 그렇습니다 아버지. 소설에서나 있을 수 있는 이야기는 이젠 분명히 현실에서나 있을 수 있는 이야기로 대치(代置)되어버린 그러한 토지 위에서 우리들은 생활하고 있는 것입니다. 「부주전상서」, 310~311쪽

상상력으로 구성된 소설보다 더 믿을 수 없이 황당한 상황들이 연출되는 현실에 대한 비판을 "현실에 참패한 픽션. 픽션을 제압한 현실"(「부주전상서」, 311쪽)이라는 역설적 표현으로 설명한 것이다. 작가 남정현이 「분지」를 비롯해 「천지현황」이나 「사회봉」과 같은 대부분의 작품에서 희화화된 인물과 과장되고 비현실적인 상황을 설정하여 풍자의 방식으로 서술하는 것은 소설보다 더 허구적이고 비현실적인 상황들이 전개되는 현실에 대한 비판의 의도를 극대화하기 위함이다.

군대와 감옥을 소재로 한 소설들이 공통적으로 비판하는 것은 집단의 이익을 명분으로 개인의 정치적 자유를 억압하는 상황이다. 이러한 문제들은 현실에서는 쉽게 비판할 수 없으며, 심지어 언급하기조차 꺼리는 것들이다. 군대와 감옥이라는 두 공간이 보여 주는 폐쇄성만큼이나 정치적 폭력에 속하는 문제들은 폐쇄적이고 권위적인 성격을 띠고 있다. 감옥은 접근 자체가 쉽지 않은 곳이며, 군대는 당시의 시대적 분위기에서 성역화되다시피 한 곳이라 이곳에서 일어나는 문제의 심각성은 더욱 커질 수밖에 없고 개선이나 해결의 여지가 전무한 것이 특징이다. 무엇보다 이 문제들이 오랫동안 합법적으로 자행되면서 많은 사람들에게 당연한 것으로 인식되었던 점도 간과해서는 안 된다. 이러한 국가폭력의 문제 또한 1960년대의 인권 상황을 논하는 데 있어 중요한 문제임에 틀림없다.

소설은 이렇게 은폐되고 성역화된 문제 대상을 가시화하여 공공연

한 담론의 대상으로 만드는 역할을 한다. 단순히 문제가 발생하는 상황만 재현하는 것이 아니라 그러한 문제 상황을 만들고 정당화하는 근원적 메커니즘까지 폭로하고 비판하는 것이다. 이를 위해 작가는 이런 문제들을 서술하는 역할을 맡은 작중 인물로 광기나 강박증에 시달리는 비정상적 인물이나 불합리한 사고를 하고 있는 인물을 내세우거나, 심지어 서술이 이루어지고 있는 상황 자체를 비현실적인 것으로 설정하기도 한다. 이는 인물들의 강박적 심리상태나 광기 어린 행동이 집단의 폭력성과 억압적 메커니즘에서 야기된 것이며, 한 개인의 정신 상태와 가치관, 행동까지도 모두 비정상적으로 바꿔 놓을 수 있을 만큼 정치적 폭력이 대단히 위험하다는 것을 폭로하기 위해 계획된 설정이다. 또한 비정상적 사고와 행동을 하는 인물을 서술자로 설정한 이유에는 독자로 하여금 서술자를 신뢰할 수 없도록 하려는 의도도 포함되어 있다. 서술자의 진술을 의심하고 경계하게 된 독자는 서술자의 진술 내용이나 행동을 비롯해 사건이나 주변 상황에 대해 의심하고 경계하는 태도를 갖게 된다. 즉, 서술자의 진술을 무조건 신뢰하고 의존하는 것이 아니라 독자 자신이 직접 사건에 대해 살펴보고, 은폐되거나 왜곡된 사실들을 추론해 보거나, 인물의 문제적 진술이나 행동의 인과관계를 따져 보는 등 적극적으로 사고하고 판단하도록 유도하는 것이다. 나아가 현실의 문제 상황을 의식하는 것으로까지 이어지기를 기대하는 것이다. 소설이 현실세계의 문제를 고발하는 일차적 목적은 직접적인 문제해결이나 변화를 꾀하고자 함이 아니라 소설을 읽는 독자로 하여금 자신들이 살고 있는 세계의 은폐된 모습이나 이면에 대해 문제의식을 갖도록 하는 것이다. 따라서 텍스트 전면에 문제 대상의 실체를 직접적으로 드러내 보이거나 친절하게 알려주는 방식의 서술보다는, 독자 스스로 문제의식을 갖고 직접 문제 제기를 할 수 있도록 유도하는 것이 문학 본연의 모습에 더 부합하는 방식이라 할 수 있다.

제5장

문학적 인권담론의 가능성

법적 인권담론의 한계와 새로운 가능성으로서의 문학

1960년대의 문제적 인권 상황에 맞서 소설은 개인의 자율성과 분배적 평등, 정치적 자유를 주장했다. 이러한 가치는 인권을 구성하는 기본적 요소이자, 인권을 실현하기 위해 선결되어야 할 최소한의 조건이다. 또한 박정희 정권이 만든 제도적 인권담론에서 배제되거나 억압된 것이기도 하다. 국가 주도로 만들어진 인권담론은 '제도적 인권담론'이라는 명칭에서도 알 수 있듯 법제도의 형태로 구성되고 법과 정치의 원리로 운용되는 것이 특징이다. 박정희 정권 시기에는 인권을 보호하고 권장해야 할 정책과 법률이 오히려 인권침해를 정당화하고 합법화함으로써 더 큰 문제를 낳았지만, 사실 법과 정치는 인권문제를 해결하는 가장 보편적이고 효과적인 방법이다.

이 책이 궁극적으로 제기하는 문제 역시 박정희 정권과 같이 법이 정치권력의 정당화를 위한 기제로 전락한 예외적 경우가 아니라 법의 원리를 기반으로 제도화된 일반적인 인권담론에 있다. 법과 정치를 기반으로 인권문제에 접근하는 방식은 매우 규정적이고 보수적이며 권위적이다. 특히 법은 "인간 사회에서 통용되는 예절이나 윤리의 최소한으로서, 인간 삶의 어떤 꼴을 틀 짓고 규정"하는 것으로, "인간 공동체의 유지와 존속을 위하여 인간이 어떤 행위를 하면 안 되고 또 해도 되는지를 원칙적으로 규정하는, 다분히 처방적(prescriptive)이고 규범적인 양식"이다.[59] 이러한 법에 근거해 인권문제를 풀어 가는 방식은 문제 상황을 판단할 이론과 기준, 그것을 해결할 제도와 규범이 이미 확고하게 정해진 상태에서 일방적인 법적용과 심판을 통해 이루어진다. 그렇기에 법적 접근 방식은 인권침해가 이루어진 다음 사후적으로 처리되며, 문제의 다양한 측면을 고려하지 못하는 한계를 지닐 수밖에 없다.

이에 반해 문학은 절대적 조건이나 판단 기준을 선험적으로 규정해 놓거나 추구하고자 하는 가치를 직접적으로 명시해 두고 독자들에게 이를 따르도록 요구하지 않는다. 법을 중심으로 구축된 인권담론과는 상반된 속성이다. 상상력을 기반으로 "인간이 추구해야 할 삶은 어떤 것인가를 끊임없이 묻고, 또 그런 삶을 위해서는 어떤 인식의 전환이 수반되어야 할 것인지 등을 탐색"[60]하는 것은 독자의 몫이다. 가령 4장에서 살펴본 소설들은 군대와 감옥으로 상징되는 정치적 폭력의 문제를 다루지만 문제가 어떻게 개선되어야 하며, 지향하고자 하는 이상적 사회의 모습이 어떠해야 하는지에 대해서는 구체적으로 언급하지 않는다. 심지어 문제 대상에 대한 비판조차 서술자가 직접 하지 않는다. 문제에 대한 비판은 물론이고 구체적 대응방법이나 지향

---

59 김경수, 앞의 글, 100쪽.
60 같은 곳.

하고자 하는 이상적 세계의 모습을 독자 스스로 발견하도록 하는 것이다. 적극적으로 사고하고 비판하는 과정에서 독자들의 인권의식이 강화되며, 이렇게 되면 자연히 인권침해 상황이 발생할 확률이 줄어들 것이라는 점에서 문학적 인권담론은 사전적·예방적 성격을 띤다.

법적 방법으로 인권문제에 접근할 경우 우려되는 또 다른 문제는, '피해자-가해자'라는 이분법적 구도 속에서만 문제를 판단하는 법의 특성상 사건과 직접적 관계가 없는 제3자는 고려하지 않는다는 것이다.[61] 스탠리 코언은 인권문제에 접근할 때 기존의 법적·정치적 담론에서 사용하던 '피해자-가해자'의 이분법적 구도의 한계를 지적하며 '피해자-가해자-방관자(관찰자)'라는 세 개의 요소로 나누어 바라볼 것을 주장한다. 특히 그는 그동안 아무도 주목하지 않았던 '방관자(관찰자)'에 초점을 맞추고 있는데, 방관자(관찰자)의 묵인이나 방관으로 인해 제2, 제3의 인권 침해가 일어날 수도 있기에 이 또한 넓은 의미에서의 인권침해로 볼 수 있다는 것이 코언의 주장이다.[62] 이런 방관자의 전형은 나치 시대의 홀로코스트에서 찾아볼 수 있다. 홀로코스트의 집행관들이 보이는 공통된 태도가 바로 '행동하지 않음, 무관심, 무감각'이었던 것이다. 이들은 고통받는 이웃을 보고도 팔짱을 끼고 있었고, 피해자들을 못 본 척했을 뿐 아니라 피해자의 지위나 재산을 차지하고도 아무렇지 않게 생각했다고 한다.[63]

---

61 이에 대해서는 소시민형의 인물을 분석하는 2장에서도 잠깐 언급한 바 있다. 2장에서는 방관자 혹은 소극적 가해자가 될 수밖에 없도록 만든 억압적인 사회 제도와 분위기를 비판하는 데 초점을 맞추었다면, 이 장에서는 '공감' 개념을 중심으로 개인(방관자)의 인식과 태도가 변하는 과정을 살피는 데 주력하고자 한다.

62 스탠리 코언, 앞의 책, 70~77쪽 참조.

63 홀로코스트 집행관들의 방관자적 태도에 관한 보다 구체적인 설명은 스탠리 코언의 책을 참고할 것.

이렇듯 방관자의 존재는 인권문제를 심화·확대할 수도 있다는 점에서 중요한 대상임에 틀림없지만, 명백한 인권침해 사실이 인정되지 않는 한 사법처리 대상에 포함되지 않는 법의 특성상 그동안 간과되었던 것이 사실이다. 특히 법제도와 정치제도가 진보함에 따라 인권에 대한 법적·정치적 영역에서의 관심이나 논의 수준이 상당해진 것에 비해, 대중들의 인권의식, 특히 타인의 인권침해 상황에 대한 관심과 문제의식은 여전히 부족한 것이 사실이다. 오히려 사회가 점차 개인화·원자화되면서 타인의 문제에 대해 무관심한 채로 방관하는 태도는 이전에 비해 더 증가했다고도 볼 수 있다.

타인의 인권침해 상황에 대해 무관심하고 소극적인 다수의 방관자들이 문제를 시인하고 적극적인 해결에 나서도록 변화시킬 수 있는 방법을 문학에서 찾을 수 있다. 문학작품을 읽는 과정에서 독자는 소설의 등장인물에게 적극적으로 몰입하는, 이른바 공감의 경험을 하게 된다. 이렇게 훈련된 공감능력은 현실세계로까지 확장되어 자신과 다른 상황에 처해 있는 타인에 대한 공감으로 발현된다. 타인에게 공감을 느끼는 순간, 타인이 겪는 어려움은 더 이상 그의 문제가 아니라 자신의 문제가 되며, 문제 해결의 책임 또한 공유하게 된다.

법·정치를 토대로 구성된 제도적 인권담론이 1960년대만의 특징이 아닌 것처럼, 사람들의 인권감수성을 자극하고 저항적 성격의 인권담론을 구축하는 것 또한 1960년대 문학에서만 발견되는 현상은 아닐 것이다. 이 장에서는 인권문제에 무관심하고 소극적인 인물(독자)의 변화를 이끌어 낸 문학적 인권담론의 또 다른 예를 오늘날의 소설에서 확인해 보고자 한다. 물론 우리나라의 인권상황과 그에 대응하는 문학적 인권담론을 제대로 논의하기 위해서는 앞서 살펴본 1960년대

뿐 아니라 1970년대부터 현재까지를 아우르는 논의로 확장되어야 하지만 필자의 부족한 역량 탓에 그 방대한 작업은 이후 과제로 남겨 두고자 한다. 대신 비교적 최근에 발표된 소설을 대상으로, 앞서 살펴본 문학적 인권담론의 특징과 그것의 가치가 1960년대뿐 아니라 현재에도 여전히 의미 있는 논의임을 확인하는 것으로 이 책의 마지막을 갈음하고자 한다.

1964년의 「무진기행」과 2009년의 『도가니』

이 장에서 살펴볼 소설은 2009년에 발표된 공지영의 『도가니』이다. 『도가니』는 광주의 청각장애인학교에서 실제로 일어났던 성폭력사건에 관한 짧은 보도기사 한 줄에서 시작된 소설이다. 『도가니』는 장애아동들의 인권을 유린한 기득권층의 비리와 이를 묵인하고 방관한 법제도의 부조리를 고발하여 우리 사회에서 인권의 사각지대로 남아 있던 장애인인권에 대해 문제 제기했다는 점에서 상당한 평가를 받았다. 그러나 다른 한편에서는 가해자와 피해자라는 이분법적 구도가 너무 뚜렷하여 가해자에 해당되는 인물인 교장, 목사, 변호사, 의사, 교육감은 전형적인 악인의 표상으로 그리는 반면 피해자에 해당되는 장애아동들에 대해서는 가해자의 폭력성을 상대적으로 부각시키기 위해 착한 이미지로 묘사하거나 아무것도 할 수 없는 연약한 희생양의 이미지만을 강조했다는 지적 또한 제기되었다.[64]

---

64 정혜경, 「소설 형식의 시국선언과 기억의 윤리—공지영 장편소설 『도가니』론」, 『창작과 비평』 통권145호, 창비, 2009.9.; 한금윤, 「글쓰기의 윤리적 탐색과 서사적 효과—공지영의 『도가니』를 중심으로」, 『우리말글』 50호, 우리말글학회, 2012.12.

이는 장애인처럼 인권피해의 사각지대에 놓인 이들에게 접근할 때 간과해서는 안 될 중요한 지적이다. 그러나 이분법적 인식으로부터 자유롭지 못한 것은 작가만이 아니다. 이러한 지적을 한 연구자들 또한 이분법적 틀에 갇혀 있기는 마찬가지다. 연구자들이 분석한 것처럼 가해자와 피해자라는 구도를 전제로 『도가니』의 인물들을 분석하게 되면 강인호라는 인물이 놓일 자리가 애매해진다. 분명 이 소설의 주인공은 강인호다. 그러나 강인호는 가해자나 피해자 중 하나로만 정체성을 규정하기가 모호한 지점에 서 있다. 강인호는 가해자라 할 수 있는 인물들처럼 문제 상황을 마주하고도 모른 척하고 이들과 타협하기도 하지만, 한편으로는 피해자인 아이들에게 공감하고 이들의 편에서 적극적으로 싸우기도 한다. 따라서 선과 악, 피해자와 가해자라는 이분법적 구도로는 강인호라는 인물을 쉽게 설명할 수 없다. 그러나 강인호를 제외하고 『도가니』를 분석하는 것 또한 불가능하다. 작가가 단지 장애아동들의 성폭력사건을 사회에 알리고 고발하여 사건의 가해자를 처벌할 목적이었다면 강인호라는 인물을 굳이 작품의 전면에 등장시킬 이유가 없다. 40여 년 전 소설인 「무진기행」을 차용할 필요는 더욱 없을 것이다. 따라서 작가가 「무진기행」의 주요 모티프를 빌려오고 강인호라는 인물을 전면에 내세운 이유를 분석하지 않고서는 작가가 전하고자 하는 진의를 제대로 파악할 수 없다.

『도가니』는 시작부터 '무진시'라는 결코 흔하지 않은 지명과 '안개'가 주는 특유의 분위기를 전경화하면서 자연스럽게 김승옥의 「무진기행」을 떠올리게 한다.

> 강인호가 자신의 승용차에 간단한 이삿짐을 싣고 서울을 출발할 무렵 무

진시(霧津市)에는 해무(海霧)가 밀려들기 시작했다. 거대한 흰 짐승이 바다로부터 솟아올라 축축하고 미세한 털로 뒤덮인 발을 성큼성큼 내딛듯 안개는 그렇게 육지로 진군해왔다. 안개의 품에 빨려들어간 사물들은 이미 패색을 감지한 병사들처럼 미세한 수증기 알갱이에 윤곽을 내어주며 스스로를 흐리멍덩하게 만들어버렸다. 『도가니』, 7쪽

'무진'이 실재하는 도시가 아니라 김승옥이 만들어 낸 가상의 공간이라는 사실은 이미 알려진 바다. 그 가상의 도시는 이름만큼이나 '안개'로 유명한 곳이다. "마치 이승에 한이 있어서 매일 밤 찾아오는 여귀(女鬼)가 뿜어내놓은 입김"(「무진기행」, 159쪽)과도 같은, 그래서 "사람들의 힘으로써는 그것을 헤쳐버릴 수"(「무진기행」, 160쪽) 없는 「무진기행」 속의 안개와 "가느다란 그물을 펼치듯이 서서히 사물들을 지워가고"(『도가니』, 8쪽), "모든 것을 빨아들이고"(『도가니』, 9쪽) 있는 『도가니』 속 안개는 분명 닮은꼴이다. 두 소설에서 '안개'는 인물과 사건에 대한 설명보다 먼저 소설의 첫머리에 등장함으로써 소설의 주제와 관련된 중요한 상징물임을 노골적으로 드러낸다. 「무진기행」의 '안개'와 『도가니』의 '안개'는 모두 외부로부터 차단 역할과 함께 모든 것을 덮어 버림으로써 사람들을 죄책감과 의무로부터 자유롭게 만드는 역할을 한다.[65]

---

65 "한 소년이 철길을 걷고 있었다. 안개는 아직 육지를 완전히 점령하지는 못했지만 가느다란 그물을 펼치듯이 서서히 사물들을 지워가고 있었다. (…) 소년은 철길을 따라 걸었다. 몸 어딘가가 불편한 듯 소년은 다리를 절룩였는데 시간이 조금 흐르자 바다 쪽에서부터 스며들기 시작한 안개 때문에 그 표정은 지워져 거의 보이지 않게 되었다. 소년은 그렇게 안개 속으로 휩싸여 들어갔다. 소년의 발길이 닿는 철길로 규칙적이고 작은 진동들이 감지되기 시작했다. 소년은 그것을 느꼈다. (…) 안개는 모든 것을 빨아들이고 있었다. 어둠이 한번도 빛을 이긴 적이 없다,는 성경말씀이 봉독되는 중에도 안개는 발광한 헤드라이트 빛을 빨아들이고 있었다. (…) 소년의 몸은 기차에 부딪혀 팝콘처럼 가벼이 튕겨나갔고 붉은 피가 천천히 젖은 땅으로 흘러내렸다. 안개는 그 붉은빛을 덮었다. 그렇게 기차가 지나가고 주위는 아주 조용했다. 깊은 물속 같았다. 소년의 눈꺼풀이 마지

뿐만 아니라 안개에 대한 설명에 이어지는 내용 역시 1964년의 「무진기행」과 2009년의 『도가니』는 매우 유사하다. 「무진기행」에서 '나'의 무진행은 아내의 권유로 인해 마지못해 이루어진 것이다. 이 가기 싫은 심부름의 대가는 제약회사의 전무님이라는 사회적 지위, 부와 명예 등이다.

> 그는 기간제교사로 임시발령을 받아 무진으로 가는 길이었다. 그것 또한 아내가 힘써주지 않았다면 어림없는 일이긴 했다. 우연히 만난 아내의 여고 동창이 마침 무진에 있는 자애학원의 일가였고 붙임성 좋은 아내가 친구에게 남편의 일을 부탁한 모양이었다. 그는 대학을 졸업하고 잠시 교직에 몸담았으나 곧 친구와 함께 작은 의류업을 시작했다. 지난해 지구촌을 뒤덮은 불경기의 여파만 아니었다면 그는 오늘 같은 일요일에 중국 현지 공장으로 가는 비행기를 타고 있었을지도 모른다. 교직을 다시 떠올린 것은 아내였다. 육개월을 실업자로 지낸 뒤였고 어떻게든 살아야 했다. 『도가니』, 10~11쪽

『도가니』에서도 강인호의 무진행은 아내의 권유로 이루어진다. 「무진기행」에서처럼 그럴듯한 사회적 지위와 부를 담보하는 것은 아니지만, 『도가니』에서의 무진행 역시 교사라는 안정된 직업과 생계와 같은 세속적 가치를 위한 아내의 제안에서 비롯된 것이라는 점에서 두 소설은 또 한 번 오버랩된다.

그리고 무진행이라는 표현에서 짐작할 수 있듯 두 소설은 모두 서

막으로 파르르 떨리고 이어 안개가 점령한 유백색 허공에 고정되었다."(『도가니』, 8~9쪽) 이 부분에서도 '안개'는 한 소년의 죽음을 묻어 버리는 기능을 한다. '안개' 때문에 소설 속 인물들이나 독자들은 이 소년의 죽음에 대한 죄책감이나 책임감, 의무로부터 자유로워질 수 있다.

울-무진-서울로 이어지는 구조로 구성되어 있다는 점에서도 닮아 있다. 물론 「무진기행」에서의 무진행과 비교했을 때 기간제교사로 취직되어 가게 된 『도가니』의 무진행이 도피성의 일시적인 여행은 아니다. 그러나 어떻게 해서든 서울로 자리를 옮겨 볼 수 있으리라 기대하는 아내나 "갈 곳 없는 곳까지 자신 또한 흘러와 있"(『도가니』, 22쪽)다고 생각하는 강인호, 그리고 그런 강인호에게서 '서울 냄새'를 느낀 서유진은 모두 강인호의 무진행을 완전한 정착이나 이주로 여기지 않고 잠깐 머물렀다 가는 곳으로 인식하고 있다. 또한 「무진기행」에서와 마찬가지로 『도가니』 역시 무진으로 내려올 때 그러했던 것처럼 아내에게 이끌려 다시 서울로 돌아가는 것으로 끝이 난다. 결정적으로 강인호의 입에서 "김승옥의 소설 「무진기행」"(『도가니』, 12쪽)이라는 표현이 정확하게 언급됨으로써 두 소설이 모종의 긴밀한 관계로 연결되어 있음이 분명해진다. 이 대목에서 『도가니』의 작가 공지영은 '무진'이라는 지명을 우연히 사용한 것이 아님을 분명히 밝히고 있다. '하인숙'이라는 인물까지 언급함으로써 『도가니』를 읽는 독자들에게 「무진기행」의 실체는 더 또렷하게 각인된다.

이런 정황들은 『도가니』라는 소설이 한편으로는 실제 일어났던 사건을 모티브로 하고 있지만, 다른 한편으로는 「무진기행」을 중요한 창작 기반으로 삼고 있음을 보여 준다. 전자가 소설의 내용과 주제를 형성하는 제재였다면, 후자는 인물과 플롯, 상징적 소재 등 소설의 형식적 구성에 필요한 요소들이다. 지금까지 『도가니』에 대한 대부분의 논의는 전자, 즉 장애인의 인권유린 문제와 그것을 바라보는 우리 사회의 시선, 그리고 작가 개인의 참여의식과 정치의식 같은 주제적 측면에만 주목했다. 그러나 문학의 사회적 역할, 문학과 정치의 상관관계 같은 화두를 제대로 이해하기 위해서는 소설의 주제나 작가의 실제 경험만으로 작품을 판단해서는 안 된다. 문학이 가진 가장 큰 힘은 주제나 메시지 자체가 아닌, 그것을 구성하고 전하는 과정에서 발휘된다. 따라서 『도가니』라는 현실참여적이고 사회비판적인 소설을 제대로 이해하기 위해서는 이야기 속 사건의 성격이나 작가의 메시지뿐 아니라 그 메시지를 구성하고 전하는 방법에도 주목할 필요가 있다. 공지영이 1964년의 「무진기행」을 2009년에 소환한 까닭은 바로 이 때문이다.

「무진기행」과 『도가니』의 닮은 점 중 소설의 주제와 관련해 가장 중요한 것은 '무진'도 '안개'도 아닌 두 주인공이 느끼는 '부끄러움'(혹은 '수치심')이다. 앞서 2장에서 살펴본 것처럼 「무진기행」의 주제는 "나는 심한 부끄러움을 느꼈다."(「무진기행」, 194쪽)라는 마지막 한 문장에 담겨 있다고 해도 과언이 아니다. '부끄러움'의 감정은 자성(自省)에서 비롯되는 것으로, 「무진기행」에서의 '부끄러움'은 세속적 성공을 추구하는 소시민적 삶에 대한 반성이자 비겁한 행동에 대한 책임을 어머니와 아내에게 돌린 자기기만적 태도에 대한 반성의 의미로 해석할 수 있다. 이러한 '부끄러움'이 「무진기행」을 이해하는 결정적 단서였듯, 『도가니』의 분석에서도 강인호라는 인물의 변화와 그 변화의 원동력이 되는 '부끄러움'이라는 감정이 중요하다. 강인호는 무진에 내려왔을 때만 해도 "예정된 월급을 꼬박꼬박 받아서 사는 계획적이고 소시민적인 기쁨을 누리자는 결심"(『도가니』, 26쪽)을 한 채 다른 사람들이 비아냥하는 소리에도 그저 웃으며 머리를 조아리는 전형적인 소시민이었다. 강인호는 기간제교사의 대가가 '작은 거 다섯 장'이라는 사실을 알게 된 순간 "사람들 많은 길거리에서 혼자만 벌거벗고 걸어가는 악몽 속의

한 장면 같이 당황스럽고 수치스러"(『도가니』, 27쪽)운 기분을 느낀다. 하지만 결국 다른 사람도 이렇게 살 것이라는 자위와 함께 "마지막으로 한번만 이 배반을, 타협을, 무책임을 긍정하자고 마음 먹"(『도가니』, 44쪽)[66]고는 돈다발이 든 쇼핑백을 행정실장에게 건넨다. 그의 이런 소시민적 자세는 화장실에서 나는 비명소리를 듣고서도 "비명소리에 개입하는 순간 그의 생은 전혀 엉뚱한 방향으로 흘러갈 것이라는 섬광 같은 예감"(『도가니』, 39쪽) 때문에 묵인하고 회피하는 소극적인 행동에서도 드러난다.

물론 대가성 뇌물 이야기를 듣고 돈을 건네기까지, 자신의 반 아이가 맞고 있는 모습을 보고 이에 개입하기까지, 강인호에게 아무런 고민과 의심이 없었던 것은 아니다. 어쩔 수 없이 상황의 논리와 다수의 힘 앞에 타협하고 소심해져야 했을 때 강인호가 느낀 수치심은 분명 그가 이런 상황을 문제적으로 인식하고 있음을 보여 준다. 그러나 이 때의 수치심은 어디까지나 자신의 선택과 행동에 대한 성찰의 결과라기보다는 타인의 시선에 비춰진 자신의 모습이 초라하고 보잘것없어 보이는 상황을 의식한 감정이다. 이는 모욕감과 유사하다고 할 수 있다. 모욕감은 강인호의 표현을 빌리자면 "오물 가득한 욕탕에 들어가 머리끝까지 푹 잠긴 기분"(『도가니』, 51쪽)으로, 자존감이 훼손되고 무시당했을 때 느끼는 감정이다. 이런 감정을 소시민적 행동에 대한 부끄러움이나 자성(自省)으로 보기는 어렵다.

---

66 이 부분 역시 짧지만 「무진기행」의 한 대목을 연상하게 한다. "그래서 전보와 나는 타협안을 만들었다. 한 번만, 마지막으로 한 번만 이 무진을, 안개를, 외롭게 미쳐가는 것을, 유행가를, 술집 여자의 자살을, 배반을, 무책임을 긍정하기로 하자. 마지막으로 한 번만이다. 꼭 한 번만, 그리고 나는 내게 주어진 한정된 책임 속에서만 살기로 약속한다."(「무진기행」, 193쪽)

그러나 서유진에게서 아이들의 성폭행 사실을 듣는 순간, 그리고 자신이 모른 척했던 화장실에서의 비명소리가 그 사건과 관련된 것임을 깨닫는 순간 강인호가 느낀 수치심은 분명 앞서의 감정과는 성격이 다르다.

> 그는 서유진에게서 얼른 시선을 피했다. 가슴이 쿵쾅거리며 뛰기 시작했다. 무진시에 도착하던 날, 자신을 잡아끄는 창녀를 보고 서유진의 얼굴에 어리던 수치심이 이제 그의 얼굴에도 어리고 있었다. 그날 그 자신이 그녀에게 농담을 건넨 대로, 세상 유흥가가 다 그녀 책임이 아니듯 부임한 학교 교장의 인격이 절대 그의 책임은 아니지만, 그는 다시 한번 치욕스러워졌다. 그리고 그 현장에 있던 증인으로서, 선생으로서 쓰라림을 느꼈다. 그런 곳까지 흘러왔다는 수치심 때문이었을까. 그는 그녀에게 그날 자신이 화장실 밖에서 그 비명을 들었다는 말을 할 수가 없었다. 『도가니』, 72쪽

여기서 강인호가 느낀 수치심과 치욕스러운 감정의 원인은 그가 말한 것처럼 "절대 그의 책임은 아니"(『도가니』, 72쪽)다. 이와 유사한 형태의 수치심은 성폭행 당시를 진술하는 유리의 수화를 통역하던 젊은 통역사에게서도 발견된다.

> 젊은 통역사는 고개를 숙인 채 이를 악물고 있었다. 마치 자신이 유리를 성폭행한 범인이라도 되는 것처럼 그는 수치심에 떨었다. 어쩌면 그는 남자로서, 아니 한 사람의 성인으로서, 아직 여자를 모르는 동정으로서, 이 장애인 여자아이 앞에서 더는 고개를 들고 입을 열 수 없을 만큼 부끄러웠는지도 모른다. 그는 고개를 떨군 채로 양옆으로 흔들었다. 한손으로도 들릴 만큼 작은, 새처럼 가벼운 이 여자아이를 짓밟는 그들과 같은 세상에서 함께 숨을 쉬고 있는 것이 갑자기 끔찍했는지도 모른다. 『도가니』, 116쪽

강인호와 젊은 통역사가 느낀 수치심이 앞서 강인호가 느낀 수치심과 다른 점은 이것이 자신들과 무관한 타인의 문제에서 비롯된 감정이라는 것이다. 물론 강인호의 경우 문제의 사건 현장에 있었던 것은 사실이지만 그가 성폭행 행위의 직접적 가해자는 아니다. 이렇듯 사건과 직접적 관련이 없는 이들이 수치심을 느낀 까닭은 부조리하고 폭력적인 사회에 문제적인 이들과 "같은 세상에서 함께 숨을 쉬고"(『도가니』, 116쪽) 살아가고 있기 때문이라는 통역사의 말에서 단서를 찾을 수 있다. 같은 세상에 살고 있으면서도 그동안 무관심했고 모른 척했던 것에 대한 부끄러움과 미안함이 바로 이들이 느끼는 수치심의 정체인 것이다. 무관심하고 모른 척하는 태도는 '척'이라는 표현에서 드러나듯 분명 그 사람의 의지가 반영된 고의적 행동이다. 그것이 "비명소리에 개입하는 순간 그의 생은 전혀 엉뚱한 방향으로 흘러갈 것이라는 섬광 같은 예감"(『도가니』, 39쪽) 때문이든, 자신과 딸을 위해서 한 번만 눈감아 달라는 아내의 애원 때문이든, 강인호의 무관심은 분명 얼마든지 개입할 여지가 있었음에도 불구하고 스스로 선택한 의식적인 행동이었다.

'솔직히 말해. 너는 서유진에게 말했듯 세상에 좋은 일을 하기 위해서 여기 온 게 아니야. 너는 월급을 받기 위해 왔을 뿐이야. 물론, 월급 받으면서 좋은 일 한다는 건 좋은 일이지. 오케이! 하지만 거기까지라구. 서른네 해를 살고도, 그렇게 수없이 패배하고도 아직 그걸 모른다면 너 역시 지적장애 3급 판정을 받을 거야. 그러면 동사무소에서 기본연금은 나오려나. 농담이야. 그러니 이제 적당히 걱정스러운 표정으로 그들에게 물어보고 그리고 돌아서서 적당히 모른 척하며 여길 빠져나가. 그만하면 넌 너의 할 바를 다했어. 대답하지 않은 건 아이들이라구. 어차피 넌 어제 여기 도착했고 아무것도 몰

라. 추리영화 찍냐? 인마!' (…) 그걸 바라보던 서유진이 어이가 없는 얼굴로 "강인호! 너 정말 그렇게 살고 싶니?" 하고 물으면, "그렇게 살고 싶진 않았지, 그런데 어쩔 수가 없잖아. 다들 그러니까" 하고 대답하면 될 것이었다. 「도가니」, 54~55쪽

인용된 이 부분은 연두를 걱정하며 유리에게 연두의 행방을 묻는 순간에 강인호의 내면에서 일어났던 갈등을 보여 준다. 자신의 책임이 아니며, 다들 그렇게 산다는 강인호의 자기합리화식 말투는 「무진기행」에서 윤희중의 말버릇이기도 하다.

그때는 어머니가 살아 계실 때였다. 6·25 사변으로 대학의 강의가 중단되었기 때문에 서울을 떠나는 마지막 기차를 놓친 나는 서울에서 무진까지의 천여 리 길을 발가락이 몇 번이고 불어터지도록 걸어서 내려왔고 어머니에 의해서 골방에 처박혀졌고 의용군의 징발도 그후의 국군의 징병도 모두 기피해버리고 있었다. 내가 졸업한 무진중학교의 상급반 학생들이 무명지에 붕대를 감고 '이 몸이 죽어서 나라가 산다면……'을 부르며 읍 광장에 서 있는 트럭들로 행진해 가서 그 트럭들에 올라타고 일선으로 떠날 때도 나는 골방 속에 쭈그리고 앉아서 그들의 행진이 집 앞을 지나가는 소리를 듣고만 있었다. 전선이 북쪽으로 올라가고 대학이 강의를 시작했다는 소식이 들려왔을 때도 나는 무진의 골방 속에 숨어 있었다. 모두가 나의 홀어머님 때문이었다. 「무진기행」, 164쪽

징병을 피해 고향집에 내려와 골방에 숨어 있었던 것과 전무 승진을 앞두고 잠시 무진에 내려온 것은 모두 일종의 도피 행위라 할 수 있다. 그러나 윤희중은 그 두 번의 무진행은 모두 어머니와 아내의 권유에 따른 것일 뿐 자신의 의사가 아니었다고 강조한다. 윤희중의 자

기합리화는 하인숙과의 관계에 대해서도 그대로 이어진다.

> 나는 그 방에서 여자의 조바심을, 마치 칼을 들고 달려드는 사람으로부터, 누군지가 자기의 손에서 칼을 빼앗아주지 않으면 상대편을 찌르고 말 듯한 절망을 느끼는 사람으로부터 칼을 빼앗듯이 그 여자의 조바심을 빼앗아 주었다. 그 여자는 처녀는 아니었다. 「무진기행」, 190쪽

윤희중은 하인숙과의 관계는 어디까지나 하인숙의 조바심에서 비롯되었으며, 심지어 하인숙이 처녀가 아니었다고 말함으로써 그녀에 대한 책임과 부담감으로부터 벗어나려 한다. 윤희중에게 있어 하인숙을 책임지는 것은 아내 덕분에 누리고 있던 세속적 성공의 박탈을 의미하기 때문이다. 때문에 윤희중은 하인숙에 대한 책임을 회피하는 대신 비겁하게 세속적 가치를 선택한 것이다. 윤희중이 무진을 떠나면서 느낀 심한 부끄러움은 용기 없고 무책임한 자신의 소시민적 모습에 대한 자성(自省)의 결과였다.

『도가니』에서 강인호와 젊은 통역사가 느낀 수치심 또한 윤희중이 마지막에 느낀 '부끄러움'과 유사한 감정이다. 불의의 상황을 일부러 모른 척하고 자신의 책임이 아니라며 자기합리화했던 그동안의 제 모습에 대한 부끄러움과 반성이 수치심의 형태로 나타난 것이다. 자기 눈앞에서 문제적인 상황이 벌어지고 있었고 그 상황을 해결할 수 있는 선택의 여지가 있었음에도 불구하고 "적당히 모른 척하며 여길 빠져나가"(『도가니』, 54쪽), "어쩔 수가 없잖아. 다들 그러니까"(『도가니』, 55쪽)와 같은 변명만을 늘어놓으며 상황을 부인한 것은 분명 책임회피이며 문제적 행동이다.

「무진기행」의 윤희중과 『도가니』의 강인호는 모두 자기합리화에 급급했던 전형적인 소시민이었다. 그러나 이들은 어느 순간을 계기로 자신들의 소시민적 행동을 자성하게 되는데 이는 '부끄러움'(혹은 수치심)이라는 감정의 형태로 표현된다. 이렇듯 「무진기행」과 『도가니』에서 주인공이 느낀 '부끄러움'은 두 소설의 주제와 밀접하게 관련된 중요한 감정이다. 그러나 「무진기행」에서는 윤희중이 '부끄러움'을 느끼는 것으로 소설이 끝나는 데 비해, 『도가니』에서 강인호가 느낀 '부끄러움'은 이후의 사건 확장과 갈등해결에 중요한 역할을 한다. 이 점에서 『도가니』는 "나는 심한 부끄러움을 느꼈다"(「무진기행」, 194쪽)로 끝나 버린 「무진기행」의 연장선상에 있다고도 볼 수 있다. 『도가니』의 강인호는 '부끄러움'을 느끼는 것에서 그치지 않고 그러한 자기반성을 토대로 무관심했던 타인에게 공감하며 애써 부인했던 상황을 시인하기 시작한다.

문제적 행동에 수치심을 느끼는 것은 자신이 부인했던 상황을 시인했음을 의미한다.[67] 거칠게 표현하면 부인은 인권침해에, 시인은 인권존중에 가깝다고 할 수 있다. 인권침해 상황을 목격하거나 알고 있는 많은 이들은 시인보다는 부인의 반응을 보이기 마련이다. 부인은 현실에서 생겨난 죄책감, 불안 또는 심란한 감정에 대응하는 무의식적 방어기제라 할 수 있는데, 상상하기조차 끔찍하고 참아 내기 힘든 정보를 우리 정신이 차단해 버리는 것을 말한다. 다시 말해 어떤 생각

67 인권문제를 해결하는 데 있어 방관자의 역할에 주목했던 스탠리 코언은 방관자의 태도를 '시인'과 '부인'의 개념으로 설명한 바 있다. 부인은 인권침해와 인간의 사회적 고통을 조장하고 악화시키는 행위를, 시인은 그것을 경감하고 해결하려는 행위를 뜻한다. '시인/부인' 개념은 '방관자'와 함께 스탠리 코언이 사용하는 중요한 개념으로 이에 대한 보다 자세한 설명은 그의 저작 『잔인한 국가 외면하는 대중』을 참조할 것.

이 의식 속에 들어와 지식이 되지 못하도록 무의식이 장벽을 쳐 버리는 것이다.[68] 『도가니』에서 자주 언급되는 "침묵의 카르텔"(『도가니』, 196쪽)이야말로 부인의 전형적인 예라 할 수 있다. 또한 "그래, 그놈들 나쁜 놈들이지. 당신이 하려는 그거 옳은 일이지. 그 아이들 불쌍하지. 그런데 하지 마. 당신은 하지 마. 부탁이야, 여보. 손 떼고 돌아와. 그냥 와."라며 남편을 말리는 강인호의 아내가 보이는 이런 반응 또한 부인 행위라 할 수 있다. 강인호의 아내뿐 아니라 무진시 주민들이 "입에 담기조차 힘든 사건"(『도가니』, 165쪽)이 진실이 되고 기정사실화되는 것을 막기 위해 사건의 존재 자체를 부정하고 차단해 버리는 행동도 모두 엄연한 부인 행위이다.

그러나 코언은 이러한 부인행위를 비판하거나 탓하지 않는다. 오히려 인간에게 부인의 심리는 예외가 아니라 정상이라고 설명한다. 다만 모든 사람들이 늘 부인하는 것만은 아니며, 아무리 상황이 어려워도 타인의 고통에 공감하고 문제 상황을 시인하는 이타적 인간은 언제나 존재한다는 사실에 주목한다. 인간성에 대한 신뢰와 낙관을 전제로 코언은 자신의 소극성을 자책하는 사람들의 수치심을 사회적 행동의 원동력으로 역이용할 수 있으며, 이것이 바로 인권운동에서 가장 기본이 되어야 할 요소라고 주장한다.[69] 코언의 주장처럼, 문제 상황에 대한 시인을 의미하는 수치심의 감정은 이후 강인호의 변화를 이끄는 데 중요한 역할을 한다.

모른 척하고 무관심했던 과거 자신의 행동에 대해 부끄러움을 느끼

---

68 스탠리 코언, 앞의 책, 54쪽.
69 스탠리 코언, 앞의 책, 26~28쪽.

며 문제적 사건의 실체에 직면하는 순간 강인호가 보인 첫 번째 반응은 연민과 분노이다.

"유리야, 아무것도 두려워하지 마. 이제부터 우리가 모두 널 도울거고 널…… 지켜줄 거야."

지켜준다,는 말을 하면서 강인호는 이제 자신이 결국 어떤 모퉁이를 돌고 있다는 것을 깨달았다. 유리는 어린아이처럼 그의 품에 힘없이 얼굴을 묻었다. 발작 끝에 유리는 힘이 다 빠져버린 것 같았다. 아이는 열다섯살이라고는 믿을 수 없을 만큼 가벼웠다. 고치에서 갓 나온 여린 나비 같았다. 아니, 누가 지었는지 그 이름 그대로 곧 깨어져버릴 유리만 같았다. 『도가니』, 105쪽

강인호는 성폭행 당시를 진술하던 중 흥분한 유리를 진정시키면서 "자신이 결국 어떤 모퉁이를 돌고 있다는 것을 깨"(『도가니』, 105쪽)닫게 된다. 여기서 '모퉁이를 돈다'는 것은 부인의 상태에서 시인의 상태로 바뀌었음을 의미하는 상징적 표현으로 해석할 수 있다. 이렇게 어린 유리를 가엾어하고 안타까워하는 강인호의 마음은 약자를 보는 연민의 시선이다. 그러나 피해자들에 대해 연민의 감정만 느끼기에는 사건의 실상이 너무 참혹하고 폭력적이었으며, 사건의 실상을 알게 될수록 분노의 감정이 연민의 감정을 앞서게 된다.

강인호는 차마 그 광경을 다 지켜볼 수 없다. 아이에 대한 연민보다 그 광경에 대한 혐오가 더 커진다.

혐오, 신이 기괴하거나 비뚤어진 것으로부터 연약한 인간을 보호하기 위해 준 제일 감각.

강인호는 고개를 돌린다. 도망치고 싶지만 차마 그 아이를 버리고 갈 수가 없다. 벌레들은 조금씩 아이의 땀구멍에서 더 길게 뻗어나와 온몸을 흔

> 들어댄다. 아이의 얼굴은 무표정하다. 아이는 과자를 먹고 있다. 가느다란 벌레들이 춤을 추는 손을 뻗어 무심히 과자를 집는다. 아이는 민수고 아이는 유리고 아이는 연두고 아이는 딸 새미다. 다가가 새미의 팔뚝을 잡는다. 안돼,라고 말하려는데 자신의 팔 위로도 그 벌레들이 길게 나와 춤을 추고 있다. 『도가니』, 141쪽

결국 강인호의 감정선은 연민과 동정에서 분노와 혐오의 상태로 옮겨간다. 그러나 혐오의 감정을 느끼는 순간에도 강인호는 여전히 도망치고 싶어 한다. 오히려 혐오스럽기 때문에 피하고자 하는 본능이 더 강하게 충동할지도 모른다. 하지만 끝내 강인호가 그 상황에서 도망치지 않았던 것은 민수와 유리, 연두가 자신의 딸 새미처럼 여겨졌기 때문이다. 피해 아이들을 자신과 무관한 타인이 아니라 자신의 딸과 동일하게 여기는 이러한 인식은 제3자의 입장에서 타인의 인권유린 문제를 대할 때 반드시 요구되는 것이다. 피해자에 대한 연민과 동정, 가해자에 대한 분노와 혐오의 감정은 비교적 쉽게 느낄 수 있는 감정이다. 그러나 연민과 동정은 타인에 대해 갖는 상대적 감정이므로 일시적이고 제한적일 수밖에 없다. 연민의 대상이 눈앞에서 사라지는 순간 연민의 감정 또한 쉽게 잦아지기 마련이다. 분노와 혐오의 감정 또한 마찬가지다. 위의 인용문에서 강인호가 보인 반응처럼 혐오의 대상 앞에서 인간이 보이는 본능적 반응은 대개 고개를 돌리고 도망치는 것이다. 따라서 이 또한 지속적일 수 없으며 행동의 변화를 이끌 만큼의 강한 힘을 발휘하지 못한다.

이에 반해 상대와 나를 동일시하게 되면 혐오와 분노의 상황은 더 이상 남의 일이 아니게 되고, 자연히 문제 해결에 적극적으로 나서게 된다.

강인호는 순간 어떤 뜨거운 것이 끝없이 자신의 내부로부터 올라오는 것을 느꼈다. 분노이지만 그것만은 아니었고, 이번 재판에서 꼭 이겨야겠다는 결심이지만 꼭 그것만도 아니었으며, 이 아이들이 겪어야 하는 운명에 대한 연민이지만 역시 또 그것만도 아니었다. 이 아이들의 고통과 슬픔 뒤에 하나의 거대한 세계가 숨겨져 있다. 어둠의 세계, 공포의 세계, 위선과 가증과 폭력의 세계. 그는 자신이 이 아이들과 이미 하나가 되었으며 이들과 운명을 같이하는 일이 하찮은 일이 아니라는 것을 깨닫게 되었다. 먹이를 찾아 무진으로 쫓기듯 왔던 그는 이제 스스로의 내부로부터 어떤 빛이 비치고 있다는 것을 깨달았다. 그것은 따스하고 밝았다. 그리고 그 빛은 그의 존재를 존엄하게 비추어주는 것 같았다. 너는 먹이를 찾는 한낱 짐승이 아니다,라고 말해주는 것 같았다. 『도가니』, 210쪽

강인호는 자신의 감정이 분노나 연민만은 아니라고 설명한다. "내부로부터 올라오는 것"(『도가니』, 210쪽)의 실체는 바로 "자신이 이 아이들과 이미 하나가 되었으며 이들과 운명을 같이"(『도가니』, 210쪽)한다는 인식에서 비롯된 것이다. 타인과의 객관적 거리 두기가 아닌, 내가 곧 그 사람이 되어 생각하고 느끼는 이러한 행위가 바로 공감이다. 장애인과 비장애인의 간극만큼이나 자신과는 다른 상황에 놓여 있는 장애아동들에게 이질감과 두려움을 느끼던 강인호는 그들의 상황을 알게 되면서 조금씩 그들을 동정하기 시작한다. 그리고 마침내 양자 간의 불평등한 상태를 전제로 한 연민과 동정이 아니라 그들과 자신이 결코 다르지 않은 동등한 존재임을 깨닫는 상태에까지 이르게 된다.

세속적이고 이기적인 태도에 대한 반성에서 비롯된 '부끄러움'의 감정이 타인에 대한 관심과 공감 그리고 부조리한 사회적 문제의 시인으로 이어지는 이러한 일련의 과정은 수동적이고 소극적인 방관자였던 소시민이 타인의 인권문제에 적극적으로 개입하여 문제를 해결해

감으로써 성숙한 시민으로 성장하는 과정이기도 하다. 그동안 인권담론에서 제3자라는 이유로 배제되고 소외되었던 방관자의 시선에서 접근하는 이러한 문학적 방법은 가해자와 피해자라는 이분법적 구도로만 접근했던 기존의 법적 해결방식의 한계를 보완한다는 점에서 의의를 찾을 수 있다.

공감과 시인의 문학적 인권담론

앞서 여러 차례 언급한 것처럼 인권문제에 대한 기존의 접근법은 가해자와 피해자를 가려내고 가해자를 처벌하는 것이었다. 물론 실제로 문제가 되고 있는 인권침해 상황 중 상당수가 현행법상 불법행위에 해당되기 때문에 이러한 식의 해결은 마땅히 필요하다. 그러나 가해자 처벌에 중점을 둔 법적 해결방법은 가해자나 피해자 혹은 그 상황과 직접적으로 관련된 사람을 제외한 대부분의 사람들이 보이는 무관심과 소극적 태도를 간과한다는 점에서 한계가 있다. 『도가니』를 읽은 독자 가운데 장애를 가졌거나 장애인을 가족으로 둔 사람 혹은 성폭행 경험이 있는 사람이 상대적으로 많지는 않을 것이다. 다시 말해 대부분의 독자는 강인호처럼 피해자도 가해자로 아닌, 사건과 조금 떨어진 지점에서 사건을 목격하고 관찰하는 입장에 놓여 있다. 이런 입장에 놓이면 대개 수동적이고 무관심해질 수밖에 없다. 인권문제의 가해자는 당연히 사법처리를 받음으로써 죗값을 치르겠지만, 수많은 방관자들이 수동적이고 무관심한 채로 남아 있다면 이로 인해 제2, 제3의 인권문제가 발생할 수도 있다. 방관자의 존재를 인권문제에서 중요한 대상으로 고려해야 되는 것은 바로 이런 이유 때문이다.

물론 코언의 지적처럼 대다수의 사람들이 보이는 무관심과 부인의 모습이 비판받아야 할 문제적 행동은 아니다. 문제는 다수를 이루는 수동적 방관자들에게 인권문제를 어떻게 이해시키고, 이들의 태도를 어떻게 부인에서 시인으로 바꾸는가이다. 작가 공지영이 '강인호'라는 인물을 전면에 배치한 이유도 바로 수동적 방관자로 머물러 있을 다수의 독자들에게 보다 효과적으로 다가서기 위함이다. 『도가니』 속 사건과 유사한 경험이 없는 독자들이 피해자인 장애아동이나 그의 가족들에게 공감을 느끼기란 쉽지 않다. 장애아동들을 보면서 연민과 동정의 감정은 느끼겠지만 이러한 일시적이고 감상적인 반응으로 인식과 행동을 변화시키기란 어려운 일이다. 독자들을 소설 속 사건에 강하게 몰입시키고 그들의 의식과 행동의 변화를 이끌어 내기 위해서는 무엇보다 공감의 작용이 이루어져야 한다. 이를 위해 강인호라는 인물이 필요한 것이다. 대부분의 독자와 비슷한 상황에 놓인 강인호는 『도가니』의 다른 등장인물에 비해 독자와의 심리적 거리가 좁아서 독자들이 쉽게 동일시할 수 있다는 장점을 가진다.

강인호가 장애아동들과 처음 만났을 때 보인 낯설고 불편한 느낌이나 성폭행사건을 처음 접했을 때 연루되고 싶지 않아 외면하려는 모습에서 독자들은 자신의 모습을 발견한다. 즉 강인호로 인해 독자들은 장애아동의 성폭행이라는, 쉽게 시인하고 싶지 않은 문제에 대한 거부감을 최소화한 상태에서 사건에 접근하게 되는 것이다. 그리고 타인의 인권침해 문제에 무관심했던 강인호가 '부끄러움'을 느끼면서 부인의 상태에서 시인의 상태로 바뀌는 순간 강인호가 느낀 '부끄러움'의 감정은 자연스럽게 독자들의 감정이 된다. 그리고 독자들이 느낀 '부끄러움'의 감정은 현실세계에서 그들의 행동을 변화시키는 계

기로 이어진다.[70]

이렇듯 『도가니』의 핵심은 강인호가 느낀 '부끄러움', 궁극적으로는 독자들이 느낀 '부끄러움'이며, 이 소설이 「무진기행」에 가장 크게 빚진 것이 있다면 바로 이 '부끄러움'이라는 감정일 것이다. 가해자에 대한 분노, 피해자에 대한 연민과 동정의 감정이 전경화되면서 가려졌던 강인호라는 인물과 그가 느끼는 '부끄러움'이라는 감정이야말로 『도가니』를 이해하는 관건이라 할 수 있다. 가해자에 대한 분노나 피해자에 대한 연민은 일시적이지만, '부끄러움'이라는 감정의 경험은 소설의 마지막에서 강인호가 보여 주듯 오랫동안 기억될 뿐 아니라 양심을 자극하는 역할을 하기도 한다. 문학은 가해자도 피해자도 아닌, 단지 방관자이고 목격자일 뿐인 많은 독자들에게 '부끄러움'의 감정과 타인에 대한 공감을 간접적으로나마 경험하게 하며, 그것이 현실세계에서의 변화로 이어지게 만든다. 이것이 바로 문학이 현실의 인권문제에 접근하는 방법이다.

무엇보다 공감의 작용으로 형성된 인권의식은 개인의 자율성을 전제로 이루어진다는 점에서 중요한 의의를 지닌다. 공감과 같은 감성적 작용은 이성적으로 이루어지는 사고나 인식과는 달리 결코 외부의 강제에 의해 이루어질 수 없다. 또한 공감은 자신과 타인이 독립된 존

---

70 실제로 영화 〈도가니〉 상영 이후 많은 사람들이 사건의 진상을 알게 되면서 가해자들에 대해서는 공분의 감정이, 피해아동들과 가족들에 대해서는 안타까워하고 공감하는 반응들이 SNS 등을 통해 집중적으로 형성되었다. 대중들이 느낀 가해자에 대한 분노나 피해자에 대한 슬픔과 연민의 감정은 그동안 사회적 약자의 인권문제에 무관심하고 무책임했던 자신들의 모습에 대한 부끄러움과 반성으로 연결되었는데, 이런 과정이 바로 코언이 말하는 '시인'의 행동이다. 결국 대중들의 관심과 사회적 반향은 실제 사건의 가해자에 대한 엄중한 처벌과 속칭 '도가니법(성폭력범죄의 처벌 등에 관한 특례법)'이라고 하는 법제도의 개선으로 이어졌다.

재로 서로 대등하다는 사실을 전제로 하는 감정이기에 개성적이고 독립적인 개인에 대한 자각이 선행되었을 때 가능한 작용이다. 무엇보다 일방적이고 시혜적인 형태를 띠는 연민이나 동정과 달리, 상호 간의 이해와 존중을 기반으로 이루어진다는 점 또한 공감의 가치에 주목해야 할 중요한 이유 중 하나다. 공감이라는 행위에서 발견되었던 개인의 자율성에 대한 자각, 타인에 대한 이해와 존중의 태도는 인권의식의 형성에 반드시 필요한 가치일 뿐 아니라, 민주 시민이 갖추어야 할 중요한 덕목이기도 하다. 인권의식이 형성되는 과정이 곧 민주시민으로서 성장해 가는 과정이겠으나, 그중에서도 문학적 상상력의 작용으로 이루어지는 공감의 행위는 시민의식의 근간을 이루는 가장 중요한 요소라 할 수 있다. 인권문제를 비롯해 간과하기 쉬운 사회문제에 관심을 갖고 상황의 옳고 그름을 판단하는 행동은 전체주의의 압제에서 벗어나 무기력하고 무비판적인 태도를 개선하는 데 도움이 된다. 또한 공감을 통해 타인에 대한 존중과 이해의 태도를 키워가는 것은 심화되는 개인주의를 극복하는 방법이기도 하다. 나아가 공감의 경험은 공동체 혹은 연대를 형성하는 데 있어 중요한 열쇠이며, 이러한 공감을 토대로 형성된 연대는 국가권력을 견제하고 비판할 수 있는 시민사회의 형성으로까지 이어진다. 바로 이 점이 문학적 상상력을 '공공의 상상력'으로 부를 수 있는 이유이며, 그러한 상상력을 기반으로 한 문학적 인권담론에 주목해야 하는 이유이다.

인용 작품 출처

※ 이 책 본문에서 편의상 제목과 쪽수로만 표기한 인용 소설의 출처는 아래와 같다.

제2장 개인의 발견과 자성(自省)의 서사

김승옥, 「환상수첩」, 『환상수첩: 김승옥 소설전집2』, 문학동네, 2004.
김승옥, 「무진기행」, 『무진기행: 김승옥 소설전집1』, 문학동네, 2004.
김승옥, 「역사」, 『무진기행: 김승옥 소설전집1』, 문학동네, 2004.
남정현, 「자수민」, 『남정현문학전집 1』, 국학자료원, 2002.
이청준, 『조율사』, 열림원, 1998.
이청준, 「전쟁과 악기」, 『예언자』, 열림원, 2001.
이청준, 「마기의 죽음」, 『예언자』, 열림원, 2001.
이청준, 「소문의 벽」, 『소문의 벽』, 열림원, 1998.
이청준, 『씌어지지 않은 자서전』, 열림원, 2001.
이호철, 『심천도: 이호철 문학선집1』, 국학자료원, 2001.
이호철, 「부시장 부임지로 안 가다」, 『이호철 문학선집5』, 국학자료원, 2001.

제3장 분배적 평등과 공감의 서사

김정한, 「평지」, 『김정한전집3』, 작가마을, 2008.
김정한, 「굴살이」, 『김정한전집3』, 작가마을, 2008.
김정한, 「모래톱 이야기」, 『김정한전집3』, 작가마을, 2008.
김정한, 「축생도」, 『김정한전집3』, 작가마을, 2008.
김정한, 「제3병동」, 『김정한전집3』, 작가마을, 2008.
김정한, 「곰」, 『김정한전집3』, 작가마을, 2008.
박태순, 「정든 땅 언덕 위」, 『정든 땅 언덕 위 외: 한국소설문학대계 50』, 동아출판사, 1995.
박태순, 「한 오백년」, 『정든 땅 언덕 위 외: 한국소설문학대계 50』, 동아출판사, 1995.
방영웅, 「첫눈」, 『살아가는 이야기』, 창작과비평사, 1974.

오유권, 「가난한 형제」, 하근찬 외, 『수난이대 외: 창비 20세기 한국소설18』, 창비, 2005.
하근찬, 「삼각의 집」, 하근찬 외, 『수난이대 외: 창비 20세기 한국소설18』, 창비, 2005.
황석영, 「야근」, 『삼포 가는 길: 황석영 중단편전집 2』, 창비, 2000.
황석영, 「삼포 가는 길」, 『삼포 가는 길: 황석영 중단편전집 2』, 창비, 2000.
황석영, 「객지」, 『객지: 황석영 중단편전집 1』, 창비, 2000.
황석영, 「돼지꿈」, 『삼포 가는 길: 황석영 중단편전집 2』, 창비, 2000.

제4장 정치적 자유와 저항의 서사

김정한, 「과정」, 『김정한전집3』, 작가마을, 2008.
남정현, 「부주전상서」, 『남정현문학전집 1』, 국학자료원, 2002.
서정인, 「후송」, 『강』, 문학과지성사, 1996.
송기원, 「경외성서」, 『다시 월문리에서』, 창작과비평사, 1984.
이병주, 「예낭풍물지」, 『마술사』, 한길사, 2006.
이병주, 「소설·알렉산드리아」, 『소설·알렉산드리아』, 한길사, 2006.
이제하, 「손」, 『초식』, 문학동네, 1997.
이청준, 「공범」, 『예언자』, 열림원, 2001.
이청준, 「줄뺨」, 『숨은 손가락』, 열림원, 2001.
황석영, 「돌아온 사람」, 『객지: 황석영 중단편전집 1』, 창비, 2000.
황석영, 「탑」, 『객지: 황석영 중단편전집 1』, 창비, 2000.
황석영, 「낙타누깔」, 『삼포 가는 길: 황석영 중단편전집 2』, 창비, 2000.
오영수, 「안나의 유서」, 『은냇골 이야기』, 현대서적, 1968.
천승세, 「황구의 비명」, 남정현·천승세, 『분지·황구의 비명 외: 한국소설문학대계 43』, 동아출판사, 1995.
조해일, 「아메리카」, 『술래야 술래야 外』, 동아출판사, 1995.
이문구, 「해벽」, 『해벽』, 창작과비평사, 1974.

제5장 문학적 인권담론의 가능성

공지영, 『도가니』, 창비, 2009.
김승옥, 「무진기행」, 『무진기행: 김승옥 소설전집1』, 문학동네, 2004.

참고문헌

1. 기본 자료

공지영, 『도가니』, 창비, 2009.

김승옥, 『김승옥 소설전집』, 문학동네, 2004.

김정한, 『김정한 전집』, 작가마을, 2008.

남정현, 『남정현문학전집』, 국학자료원, 2002.

박태순, 『정든 땅 언덕 위 外』, 동아출판사, 1995.

방영웅, 『살아가는 이야기』, 창작과비평사, 1974.

서정인, 『강』, 문학과지성사, 1996.

송기원, 『다시 월문리에서』, 창작과비평사, 1984.

이문구, 「해벽」, 『해벽』, 창작과비평사, 1974.

이병주, 『이병주 전집』, 한길사, 2006.

이제하, 『초식』, 문학동네, 1997.

이청준, 『이청준 문학전집』, 열림원, 1998-2001.

이호철, 『이호철 문학선집』, 국학자료원, 2001.

조해일, 『술래야 술래야 外』, 동아출판사, 1995.

하근찬 외, 『하근찬·한무숙 외』, 창비, 2005.

황석영, 『황석영 중단편전집』, 창비, 2000.

2. 국내 단행본

강만길 외, 『4월혁명론』, 한길사, 1983.

강준만, 『한국현대사 산책: 1970년대편』, 인물과사상사, 2002.

______, 『한국현대사 산책: 1960년대편』, 인물과사상사, 2004.

공진성, 『폭력』, 책세상, 2009.

구모룡 외, 『파시즘미학의 본질』, 예옥, 2009.

권오룡, 『이청준 깊이읽기』, 문학과지성사, 1999.

권인숙, 『대한민국은 군대다』, 청년사, 2005.
권혁범, 『국민으로부터의 탈퇴: 국민국가, 진보, 개인』, 삼인, 2004.
김경수, 『공공의 상상력』, 랜덤하우스중앙, 2005.
김두식, 『불편해도 괜찮아』, 창비, 2010.
박원순, 『국가보안법연구1』,역사비평사, 1989.
박정희, 『우리 민족의 나갈 길』, 동아출판사, 1962
_____, 『국가와 혁명과 나』, 상문사, 1963.
신진욱, 『시민』, 책세상, 2008.
안경환, 『법과 문학 사이』, 까치, 1995.
여성한국사회연구회 엮음, 『남성과 한국사회』, 사회문화연구소, 1997.
우찬제·이광호 엮음, 『4·19와 모더니티』, 문학과지성사, 2010.
이재선, 『현대 한국소설사』, 민음사, 1991.
이재승, 『국가범죄』, 앨피, 2010.
이진경, 『자본을 넘어선 자본』, 그린비, 2004.
임지현 외, 『우리 안의 파시즘』, 삼인, 2000.
조국, 『양심과 사상의 자유를 위하여』, 책세상, 2001.
조효제, 『인권의 문법』, 후마니타스, 2007.
_____, 『인권의 풍경』, 교양인, 2008.
조희연, 『동원된 근대화』, 후마니타스, 2010.
조희연·조현연, 『국가폭력, 민주주의 투쟁, 그리고 희생』, 함께읽는책, 2002.
차병직, 『인권』, 살림, 2006.

3. 국내 논문

곽상순, 「김승옥의 〈무진기행〉 연구」, 『국제어문』 44집, 2008.12.
김경수, 「소설의 정치학: 〈법과 문학〉의 조세희론」, 『우리말글』 통권 24호, 2002.4.
_____, 「2005년의 〈무진기행〉」, 『작가세계』 제17권 제2호, 2005.6.
_____, 「법과 문학, 문학법리학」, 서강대학교 국제지역문화원 인문세미나 교재개발 위원회, 『현대사회와 인문학적 상상력』, 서강대학교출판부, 2007.
_____, 「한국 현대소설의 문학법리학적 연구」, 『현대소설연구』 38, 2008.
_____, 「이병주 소설의 문학법리학적 연구」, 『한국현대문학연구』 43, 2014.

김명인 외, 「좌담: 88상반기 소설작품을 중심으로 한 민족문학 주체논쟁」, 『오늘의 소설』, 1988.
김영찬, 「이청준 격자소설의 정치적 (무)의식」, 『한국근대문학연구』 제6권 제2호, 2005.10.
김예리, 「법과 문학, 그리고 '위반'으로서의 시적 정의」, 『한국현대문학연구』 43, 2014.
박숙자, 「1970년대 타자의 윤리학과 '공감'의 서사」, 『대중서사연구』 제25호, 2011.6.
박태순, 「민주, 민족이념을 추구하다 쓰러진 〈사상계〉」, 『역사비평』 39호, 1997.5.
윤충로·강정구, 「분단과 지배이데올로기의 형성·내면화」, 『사회과학연구』 6권, 1998.
안경환, 「미국에서의 "법과 문학" 운동」, 『문학과 영상』 2권 1호, 2001.
이나영, 「기지촌의 공고화 과정에 관한 연구: 국가, 성별화된 민족주의, 여성의 저항」, 『한국여성학』 제23권 4호, 2007.12.
이봉범, 「반공주의와 검열 그리고 문학」, 『상허학보』 제15집, 2005. 8.
이정은, 「한국에서의 인권개념형성과 인권운동에 관한 연구」, 서울대학교 석사논문, 1999.
______, 「제도로서의 인권과 인권의 내면화」, 『사회와 역사』 79호, 2008.
______, 「해방 후 인권담론의 형성과 제도화에 관한 연구, 1945년~1970년대 초」, 서울대학교 박사논문, 2008.
정혜경, 「소설 형식의 시국선언과 기억의 윤리－공지영 장편소설 『도가니』론」, 『창작과비평』 통권145호, 창비, 2009.9.
최경도, 「전기, 자서전, 소설: 자기표현 양식의 변화」, 『외국문학연구』 제30호, 2008.5.
______, 「헤라클레스의 활: 법과 문학의 서사전략」, 『새한영어영문학』 제51권 3호, 2009.
한금윤, 「글쓰기의 윤리적 탐색과 서사적 효과－공지영의 『도가니』를 중심으로」, 우리말글학회, 『우리말글』 50호, 2010.12.
황지성, 「소위 '도가니법'(장애인 성폭력 관련법)의 내용, 의의, 과제」, 『여/성이론』 26호, 도서출판여이연, 2012.6.

4. 번역서 및 국외 논저

가라타니 고진 지음, 박유하 옮김, 『일본근대문학의 기원』, 민음사, 1997.

게오그르 루카치 지음, 반성완 옮김, 『소설의 이론』, 심설당, 1985.

데이비드 로지 지음, 김경수·권은 옮김, 『소설의 기교』, 역락, 2010.

루이 알튀세르 지음, 이진수 옮김, 『레닌과 철학』, 백의, 1997.

리몬 케넌 지음, 최상규 옮김, 『소설의 현대 시학』, 예림기획, 1997.

린 헌트 지음, 전진성 옮김, 『인권의 발명』, 돌베개, 2009.

마사 누스바움 지음, 박용준 옮김, 『시적 정의』, 궁리, 2013.

매튜 에델 지음, 최병두·한지연 옮김, 『자본주의 도시화와 도시계획』, 한울, 1990.

스탠리 코언 지음, 조효제 옮김, 『잔인한 국가 외면하는 대중』, 창비, 2009.

앤드류 클래펌 지음, 박용현 옮김, 『인권은 정치적이다』, 한겨레출판, 2010.

위르겐 트라반트 지음, 안정오·김남기 옮김, 『훔볼트의 상상력과 언어』, 인간사랑, 1998.

이언 와트 지음, 전철민 옮김, 『소설의 발생』, 열린책들, 1988.

제러미 리프킨 지음, 이경남 옮김, 『공감의 시대』, 민음사, 2010.

제롬 브루너 지음, 김경수·강현석 옮김, 『이야기 만들기』, 교육과학사, 2010.

패트릭 오닐 지음, 이호 옮김, 『담화의 허구』, 예림기획, 2004.

피터 브룩스 지음, 이봉지·한애경 옮김, 『육체와 예술』, 문학과지성사, 2000.

한나 아렌트 지음, 김선욱 옮김, 『예루살렘의 아이히만』, 한길사, 2006.

James Boyd White, *Heracles' Bow: Essays on the Rhetoric and Poetics of the Law*, The University of Wisconsin Press, 1985.

Joseph Slaughter, *Human Rights, Inc.*, Fordham University Press, 2007.

Martha C. Nussbaum, *Poetic justice*, Beacon Press, 1995.

__________________, *Cultivating Humanity*, Harvard University Press, 1997.

__________________, *Not For Profit*, Princeton University Press, 2010.

Peter Brooks, *Troubling Confessions*, The University of Chicago Press, 2000.

Richard Posner, *Law and Literature*, Harvard University Press, 2009.